U0451075

山东师范大学马克思主义学部出版基金资助

近代以来济南同业公会研究

马德坤 著

中国社会科学出版社

图书在版编目（CIP）数据

近代以来济南同业公会研究 / 马德坤著. -- 北京：中国社会科学出版社，2025.5. -- ISBN 978-7-5227-4797-2

Ⅰ. F279.275.21

中国国家版本馆 CIP 数据核字第 20250L3K47 号

出 版 人	赵剑英
责任编辑	杨晓芳
责任校对	刘 娟
责任印制	张雪娇

出　　版	中国社会科学出版社
社　　址	北京鼓楼西大街甲 158 号
邮　　编	100720
网　　址	http://www.csspw.cn
发 行 部	010-84083685
门 市 部	010-84029450
经　　销	新华书店及其他书店

印　　刷	北京君升印刷有限公司
装　　订	廊坊市广阳区广增装订厂
版　　次	2025 年 5 月第 1 版
印　　次	2025 年 5 月第 1 次印刷

开　　本	710×1000　1/16
印　　张	17.75
插　　页	2
字　　数	264 千字
定　　价	98.00 元

凡购买中国社会科学出版社图书，如有质量问题请与本社营销中心联系调换
电话：010-84083683
版权所有　侵权必究

目　录

绪　论 ……………………………………………………………（1）
　一　研究缘起和意义 ……………………………………………（1）
　　（一）研究缘起 ………………………………………………（1）
　　（二）研究意义 ………………………………………………（2）
　二　国内外研究现状 ……………………………………………（4）
　　（一）近代同业公会研究 ……………………………………（4）
　　（二）近代济南同业公会研究 ………………………………（5）
　三　研究思路与架构 ……………………………………………（9）
　　（一）研究思路 ………………………………………………（9）
　　（二）研究架构 ………………………………………………（9）
　四　研究方法与创新 ……………………………………………（10）
　　（一）研究方法 ………………………………………………（10）
　　（二）创新之处 ………………………………………………（11）
　五　研究时段划分与界定 ………………………………………（11）

第一章　近代济南同业公会产生的根基 …………………………（13）
　一　工业发展 ……………………………………………………（13）
　二　商业发展 ……………………………………………………（19）

第二章　近代济南同业公会的演变历程 ……………………… (33)
一　传统公所、会馆（1911年以前）………………………… (33)
二　同业公会的兴起与发展（1912—1948）………………… (42)
（一）北京政府时期（1912—1928）……………………… (43)
（二）南京国民政府时期（1929—1937）………………… (47)
（三）沦陷时期（1937.12—1945.8）……………………… (54)
（四）南京国民政府时期（1945.8—1948.9）…………… (62)
三　调整与消亡 ……………………………………………… (72)

第三章　近代济南同业公会的治理结构 ……………………… (79)
一　会员构成 ………………………………………………… (79)
（一）会员概况 …………………………………………… (79)
（二）会员代表 …………………………………………… (92)
二　组织结构 ………………………………………………… (94)
（一）司月制 ……………………………………………… (94)
（二）会董制 ……………………………………………… (95)
（三）委员制 ……………………………………………… (96)
（四）会长制 ……………………………………………… (105)
（五）理事制 ……………………………………………… (109)
三　组织系统 ………………………………………………… (110)
（一）会员大会 …………………………………………… (111)
（二）执行委员会 ………………………………………… (113)
（三）常务委员会 ………………………………………… (114)
（四）专项办事机构 ……………………………………… (115)

第四章　近代济南同业公会的运作机制 ……………………… (117)
一　会员管理 ………………………………………………… (117)
（一）会员资格及代表的相关问题 ……………………… (117)

（二）入会制度 ……………………………………… (119)
　　（三）会员的权利与义务 …………………………… (130)
　　（四）违规会员的处罚 ……………………………… (131)
　二　经费管理 …………………………………………… (132)
　三　基本制度 …………………………………………… (138)
　　（一）选举制 ………………………………………… (138)
　　（二）任期制 ………………………………………… (143)
　　（三）定期议事制 …………………………………… (149)
　　（四）调控制 ………………………………………… (152)

第五章　近代济南同业公会的经济功能 ………………… (155)
　一　调解同业纠纷 ……………………………………… (156)
　二　制定行业规则 ……………………………………… (162)
　三　维护行业利益 ……………………………………… (171)
　四　参与经济解决 ……………………………………… (180)

第六章　近代济南同业公会的社会功能 ………………… (184)
　一　业内救济互助 ……………………………………… (184)
　　（一）同业救济 ……………………………………… (185)
　　（二）同业教育 ……………………………………… (186)
　二　业外慈善公益 ……………………………………… (188)
　　（一）社会救济方式 ………………………………… (189)
　　（二）社会救济内容 ………………………………… (199)

第七章　近代济南同业公会的监督管理 ………………… (216)
　一　组织程序监管 ……………………………………… (216)
　二　运行机制监管 ……………………………………… (222)
　　（一）监管同业公会组织选举 ……………………… (222)

（二）经费 …………………………………………………（224）
　三　日常业务监管 ……………………………………………（227）
　　（一）严格审核章程 ………………………………………（227）
　　（二）把关各同业公会规约 ………………………………（230）
　　（三）核定物价标准 ………………………………………（231）
　四　矛盾纠纷监管 ……………………………………………（232）
　　（一）监管依据 ……………………………………………（232）
　　（二）直接参与日常纠纷监管 ……………………………（233）

结　语 ……………………………………………………………（248）

附录　部分同业公会业务规则 ………………………………（252）

参考文献 …………………………………………………………（272）

后　记 ……………………………………………………………（278）

绪　论

一　研究缘起和意义

（一）研究缘起

同业公会是由同一行业内的手工业者、工业企业、商业实体或其他相关行业主体，基于共同利益与追求自发组建而成的民间自治性组织。同业公会通过制定章程及行业规则等，在参与政治活动、经济发展、社会公益等方面都发挥过重要作用，成为推动近代中国社会变迁的一个重要力量和缩影。在本书研究期间，济南依次经历了北京政府时期、国民政府前期、沦陷时期、国民政府后期四个历史时期。在不同历史时期，随着政府更迭与时局变迁，同业公会所扮演的功能角色亦呈现出多样化面貌。尽管同业公会由政府主导建立，但它产生的意义深远。

商人组织建制发展变化。济南是中国第一个"自开商埠"的内陆省会城市，由原来的政治中心城市逐渐转变为华北主要经济中心之一。早在明清时期，济南就出现了会馆。进入清朝，其经济功能也日益凸显出来。大量外地商人涌入济南，这些商人为了保护自身利益以更好地生活，便联合同乡、同业建立了自己的会馆。然而，入会原则严格遵循地域划分，允许同一地域的工商业者加入以该地域命名的会馆，从而将非同一地域的工商业者拒之门外。并且会馆与会馆之间互为壁垒，由此造成商人组织规模不能扩大，也无法产生规模效应。

随着近代工商业的发展，济南逐渐出现很多同业公会。1918年4月27

日，北京政府农商部颁布了《工商同业公会规则》和《工商同业公会规则施行办法》，这是中国历史上第一个关于同业公会的法规，标志着同业公会合法性及其法人地位的获得。济南同业公会组织数量迅速增长，逐步确立了自身在市场经济中的关键地位，成为一股不可忽视的社会力量。同业公会成立后，一是会员数量比单个会馆大得多，二是在运行机制上开始建构起选举与任期制度、集体决策制度和会费制度等。这标志着商人组织规模发生变化，而且组织治理体系也发生转变。

商人发挥重要作用，产生规模效应。同业公会成立后，商人组织发挥出的重要作用，具体表现为，经济上维护同业利益，调解经济纠纷，整顿规范市场秩序。积极参与社会公益事业，业内救助同行并兴办学堂，业外参与慈善救济，积极发挥商人组织的规模效益。

近代以来济南同业公会在政治、经济和社会等方面发挥了重要作用。新时代新征程，如何从近代济南同业公会的曲折发展中汲取智慧和力量，为当前行会组织发展提供合理借鉴，既是一项重大的理论问题，也是一项重要的现实问题。因此，加强对于近代以来济南同业公会的研究，无论在学术上还是在现实上都具有重大意义。

(二) 研究意义

1. 学术价值

"同业公会是中国近代特别是民国时期普遍成立的新式工商行业组织。它的产生，称得上是中国工商行业组织从传统的行会向现代行业组织发展变化的重要标志。"[①] 济南同业公会自创立以来，在捍卫各行业同业权益、调解同业间争端、确立行业标准等方面均展现出了引人注目的卓越贡献与影响力，而且在参与社会公益、促进商人与政府关系的协调中起着不可或缺的作用。

探讨济南同业公会的发展轨迹，可在在一定程度上推动近代同业公会

---

① 朱英：《近代中国商会、行会及商团新论（增订本）》，华东师范大学出版社2022年版，第275页。

的研究。显而易见，同业公会作为新式行业经济组织的典范，同时也是近代中国民间社团中独树一帜的团体，地位之独特不言而喻。通过分析同业公会组织机构、日常运作、主要职能以及与政府之间的关系，可以深入剖析其在近代中国社会转型与变迁历程中所发挥的作用与影响，进而形成对近代中国民间社团乃至整个民间社会发展演变特性的具体认知。作为"自开商埠"的内陆城市，"自开商埠，与约开通商口岸不同，其自主之权仍存未分。该处商民将来所立之工程局，征收房捐，管理街道一切事宜，只应统设一局，不应分国立局。内应有该省委派管理商埠之官员，并该口之税务司，督同局中董事，办理一切……以示区别而伸主权。"① 不言而喻，这类城市普遍倾向于积极吸纳现代化的经验与经济发展模式，然而，政府权力往往也相应较为集中。经济层面积极向西方取经的主动姿态，与政治层面对权力的过度强调，共同构成了这类城市最为鲜明的特征。在这样的城市环境中，工商业社团组织在生存与发展的道路上，不可避免地会受到这种特殊政治生态的深刻影响，而同业公会同样难以置身事外。对这一类型城市同业公会组织演变、与政府关系变迁等一系列重要问题进行深入且细致的考察与分析，将使我们能够更加具体而清晰地洞察近代中国民间社会与政府之间的相互作用模式，进一步丰富同业公会的区域性研究，凸显同业公会研究的学术价值及意义。

2. 实践意义

"以史为镜，可以知兴替。"历史的经验总能为后人提供某种借鉴。新中国完成社会主义改造后，同业公会一度在国内销声匿迹。改革开放40余年以来，中国经济社会发展取得历史性成就，商会与行业协会的发展及其作用也随之显得越来越重要，《中共中央关于建立社会主义市场经济体制若干问题的决定》明确提出："发展市场中介组织，发挥其服务、沟通、公证、监督作用……发挥行业协会、商会等组织的作用。"② 新时代新征

---

① 《总署咨行自开商埠办法》，《申报》1898年7月31日第1版。
② 中共中央文献研究室编：《十四大以来重要文献选编》（上），人民出版社1996年版，第529页。

程，中国经济发展正处在一个历史关键期，必须充分发挥同业公会或行业协会的积极作用，进而调动各方面力量积极投身到以中国式现代化全面推进中华民族伟大复兴伟业。尽管现代的同业公会或行业协会与近代的同业公会存在一定的差异，但它们在维护市场秩序、规范企业行为、加强行业自律、调解同业纠纷以及促进与政府沟通等方面，均扮演着至关重要的角色，重要性不言而喻。如何依据中国国情构建并规范同业公会或行业协会，并有效发挥其作用？地方政府与这些组织应如何建立并维持良性的互动关系？通过深入研究近代济南同业公会，我们可以发现一系列富有启示意义的经验。因而对近代济南同业公会的研究不仅是对中国近代同业公会发展史缩影的回顾，更是对当下市场经济发展、政府职能转换、行业自律规范等现实问题具有深刻现实意义的重要研究课题。

二　国内外研究现状

（一）近代同业公会研究

目前，已有研究者对近代同业公会研究进行系统综述。魏文享的论文《近代工商同业公会研究之现状与展望》[①] 围绕同业公会的产生与发展及其与会馆、公所的关系，同业公会与商会以及同业公会之间的相互关系，同业公会与政府的关系，同业公会的行业管理及社会功能，同业公会的性质及其特点五个方面对学界的研究现状进行了分析和展望。朱英、向沁的论文《近代同业公会的经济与政治功能：近五年来国内相关研究综述》[②] 从行业史与市场史视野下的同业公会研究，同业公会与政府、商会的关系研究，进一步拓展同业公会研究的几点思考三个方面对 2010 年至 2015 年这五年期间学界的研究现状进行了探讨分析。朱英的《近代中国商会、行会及商团新论（增订本）》[③] 从民国时期、1949 年至 1980 年、1990 年以后

[①] 魏文享：《近代工商同业公会研究之现状与展望》，《近代史研究》2003 年第 2 期。

[②] 朱英、向沁：《近代同业公会的经济与政治功能：近五年来国内相关研究综述》，《中国社会经济史研究》2016 年第 4 期。

[③] 朱英：《近代中国商会、行会及商团新论（增订本）》，华东师范大学出版社 2022 年版。

三个时间段对学界同业公会研究成果进行了归纳总结。王迪、张宪功的论文《关于同业公会近五年的研究综述》①总结了2016年至2022年这五年学界有关同业公会的研究，认为无论是上海等大城市，还是偏远的城市同业公会的各类行业研究都不断深入与细化，逐步丰富。这些研究综述为了解学界关于同业公会的考察提供了全面系统的视角。为此，笔者对目前学界的同业公会研究现状不再赘述。

审视既有研究，不难发现同业公会研究尚存诸多不足之处：（1）总体而言，当前研究成果在选题范围上仍显狭窄。行业维度上，主要聚焦于银行业、保险业、丝织业、粮食业等有限领域；地域层面，则主要集中于上海、天津等沿海"约开商埠"的发达城市，而对于"自开商埠"等其他城市的研究则明显缺乏深入性和全面性。（2）多数研究者倾向于孤立地探讨同业公会本身，而对其与社会大环境的相互作用以及在社会生活中所扮演的角色和定位等关键问题的研究不够充分。

（二）近代济南同业公会研究

目前有关近代济南的研究，主要集中在两个方面。

一是有关近代济南城市史的研究。

1980年以来，中国的城市史研究逐渐吸引了学术界的广泛关注。同时，作为自开商埠的标志性城市，济南也日益成为研究热门。鲍德威的《中国的城市变迁：1890—1949年山东济南的政治与发展》一书是国外较早且深入地从政治、经济、社会文化等方面探讨济南的权威之作。②王守中、郭大松的《近代山东城市变迁史》③研究了山东城市化过程中商业与金融业的深刻变革，是探讨济南城市历史变迁不可或缺的宝贵资料。党明德、林吉玲的《济南百年城市发展史——开埠以来的济南》④深入剖析了

---

① 王迪、张宪功：《关于同业公会近五年的研究综述》，《秦智》2023年第10期。
② ［美］鲍德威：《中国的城市变迁：1890—1949年山东济南的政治与发展》，张汉等译，北京大学出版社2010年版。
③ 王守中、郭大松：《近代山东城市变迁史》，山东教育出版社2001年版。
④ 党明德、林吉玲：《济南百年城市发展史——开埠以来的济南》，齐鲁书社2004年版。

济南在不同历史时期的城市功能布局与结构演变，以及城市生活环境的变迁与居民社会生活的丰富多样性。聂家华的《对外开放与城市社会变迁——以济南为例的研究（1904—1937）》①研究了济南早期城市现代化进程的启动、演变及其在城市各个子系统中的多层次展现状态与特征，深入剖析了济南早期城市现代化变迁的深远影响与重大意义。应当说，当前学术界在济南城市史研究方面已累积了颇为丰硕的成果，然而这些研究大多未能聚焦于城市中的民间组织，更鲜有探讨民间组织在城市发展历程中的核心地位与关键作用，这无疑是济南城市史研究中一个不容忽视的空白与遗憾。

二是有关近代济南商人组织的研究。

目前学术界对济南商人组织的研究相较于上海、武汉、成都、天津等地的商人组织研究而言，显得颇为薄弱。然而，在中外学术界的共同努力下，关于近代济南商人组织的研究已取得了一系列值得瞩目的成果。庄维民的《近代山东的商人组织》②深入探究了近代山东商人组织——商帮、会馆、商会的演变历程、组织结构及其在社会中的功能与作用，明确指出"行帮、会馆、商会之间并非遵循固定的递进关系，而是常常表现为新旧交织、并存共荣的复杂状态"，尽管缺乏详尽入微的剖析，但仍为探索济南商人组织的历史面貌提供了一份简明扼要且实用的资料。在针对济南商人组织的深入探索中，对于商会学者们倾注了极大的心血，并取得了相对丰硕的成果。崔恒展、党明德的《济南商会的历史演进及其启示》③探讨了济南商会的历史演变轨迹及其在社会剧烈变革时期所展现的积极影响，着重指出济南自辟商埠的举措极大地推动了商会的蓬勃发展，并致力于从历史脉络中挖掘新时代背景下商会持续健康发展的有效路径。本文亦对济南同业公会的成长历程进行了简要概述。赵秀芳的《济南开埠与民间商会

---

① 聂家华：《对外开放与城市社会变迁——以济南为例的研究（1904—1937）》，齐鲁书社2007年版。
② 庄维民：《近代山东的商人组织》，《东岳论丛》1986年第2期。
③ 崔恒展、党明德：《济南商会的历史演进及其启示》，《济南大学学报》2005年第6期。

的发展》①认为济南商会的功能并不仅限于经济范畴，而是广泛渗透至政治与社会各层面，尤其显著地体现在辅助工商管理、积极参与政策制定的职能上。这一趋势彰显出民间组织与政府在社会治理中理应构建的协同互补模式，同时孕育出中国民族资产阶级独有的政治参与意识与觉悟。赵宝爱、杨旻的《济南商会的慈善公益活动述论（1905—1937）》②整理了济南商会在慈善领域的多元化举措，凸显了其在慈善事业中的核心作用，深入剖析了商会参与慈善的具体途径与广泛领域。同时，文章也敏锐地指出，受限于城市功能定位、社会阶层结构等外部因素，商会的慈善行为常展现出一定的被动性，为深入理解商人组织与社会之间的关联及其功能定位提供了宝贵的视角与探索。

部分研究生已将济南商人组织选定为毕业论文的研究主题，尽管这一群体数量尚少。王婷的《中间团体与近代自治研究（1900—1928）——以济南商会为例》③聚焦于中间团体的独特视角，以商会组织为关键核心，并以济南商会组织为贯穿全文的线索。论文依托详尽的档案与珍贵史料，采用历史叙事的手法，精心布局，深入剖析并探讨近代中间团体在地方自治进程中所扮演的角色与所发挥的积极作用。王音的《近代济南商会初探（1902—1927）》④深入剖析了济南商会在清末民初时期的创立过程与发展轨迹，同时详尽论述了近代济南政治、经济环境的深刻变迁对商会性质与结构所产生的重大而深远影响。桂晓亮的《济南商埠研究（1911—1928）——以商埠商会为例》⑤探讨了济南商埠商会与资本主义经济发展、地方政府、社会变迁及反封建运动的复杂互动关系，这一探讨为以动态视

---

① 赵秀芳：《济南开埠与民间商会的发展》，《长春工程学院学报》（社会科学版）2010年第2期。
② 赵宝爱、杨旻：《济南商会的慈善公益活动述论（1905—1937）》，《济南职业学院学报》2006年第4期。
③ 王婷：《中间团体与近代自治研究（1900—1928）——以济南商会为例》，硕士学位论文，山东师范大学，2012年。
④ 王音：《近代济南商会初探（1902—1927）》，硕士学位论文，山东大学，2003年。
⑤ 桂晓亮：《济南商埠研究（1911—1928）——以商埠商会为例》，硕士学位论文，山东师范大学，2007年。

角深入研究商会提供了宝贵尝试。石会辉的《民国时期山东商业历史考察（1912—1937）——以青岛、济南、烟台等城市为例》[①] 以民国时期的青岛、济南、烟台三座城市为例，深入探讨了山东地区商业的繁荣景象，其间亦不乏对当时商业组织形态的初步审视。文中详尽地汇总了自1912年至1919年，山东商会数量的持续增长情况，这一组鲜明的递增数据，直观明证了山东商会蓬勃发展的迅猛态势。进一步而言，随着商会的繁荣，同业公会如雨后春笋般不断涌现，为推动山东商业的多元化与精细化发展注入了新的活力。孟玲洲的《传统与变迁：工业化背景下的近代济南城市手工业（1901—1937）》[②] 重点对近代济南城市手工业变迁的深厚背景及其演变历程进行了详尽阐述，深入剖析了限制济南城市手工业蓬勃发展的多重因素，并细致探讨了手工业与济南城市社会经济整体发展之间错综复杂、相互依存的关系。尽管论文对手工业行业组织变迁的探讨有所涉及，但较为简略。

目前学界专门以同业公会为题的研究成果有王琨的《民国时期济南同业公会研究（1929—1948）》[③]，该论文探讨了同业公会的概况、组织沿革、主要活动及外部关系。此外，笔者利用档案文献资料围绕民国时期济南同业作了分析探讨。[④]

总体而言，关于济南商人组织的研究尚处于初级阶段，高质量的专业著述罕见，特别是针对同业公会这一重要商人组织的研究更是凤毛麟角。

[①] 石会辉：《民国时期山东商业历史考察（1912—1937）——以青岛、济南、烟台等城市为例》，硕士学位论文，南昌大学，2008年。

[②] 孟玲洲：《传统与变迁：工业化背景下的近代济南城市手工业（1901—1937）》，硕士学位论文，华中师范大学，2011年。

[③] 王琨：《民国时期济南同业公会研究（1929—1948）》，硕士学位论文，山东师范大学，2012年。

[④] 《民国济南同业公会研究的回顾与反思》，《东岳论丛》2011年第8期；《民国时期的济南同业公会》，《河北大学学报》（哲学社会科学版）2013年第2期；《民国济南工商业组织的经济职能及评价》，《云南民族大学学报》（哲学社会科学版）2013年第3期；《民国时期政府对同业公会的监督与控制》，《贵州社会科学》2013年第10期；《论民国同业公会的组织制度与运作机制——以济南为考察中心》，《兰州学刊》2014年第3期；《近代工商业组织"自治"性刍议——以同业公会为例》，《学术界》2015年第8期；《民国时期工商业组织纠纷及其解决——以同业公会为考察中心》，《兰州学刊》2016年第7期。

这一现象显然与济南作为山东五大商埠之一的显著地位极不相符，同时也对近代商会研究的全面发展构成阻碍。

三 研究思路与架构

（一）研究思路

本书依据以下逻辑线索逐步展开：近代济南同业公会的诞生基础与演变轨迹、治理结构及其运作模式、核心职能以及监督管理体系。基于此，本研究共分为四大主要部分：一是聚焦于历史深度，探讨近代济南同业公会的深厚根基及其逐步发展的历程；二是从组织结构的视角出发，深入剖析近代济南同业公会的治理框架及其实际运作机制；三是转向功能视角，细致考察近代济南同业公会在经济与社会层面的多重功能；四是着重探讨外部关联，深入分析近代济南同业公会与政府之间的相互作用与关系。

（二）研究架构

全书除绪言及结语外，共由七大章节构成。

第一章"近代济南同业公会产生的根基"，深入剖析了晚清以降工商业的蓬勃发展，此即为近代济南同业公会孕育与成长的逻辑基石与起始点。通过对工商业历史脉络的细致梳理，我们能够更加清晰地勾勒出济南经济社会变迁的壮阔图景。

第二章"近代济南同业公会的演变历程"，详尽论述了济南同业公会的发展历程。依据近代政治、社会历史的阶段性特征，并紧密结合济南政治局势的变迁，将其划分为传统会所、会馆时期（1911年以前）、同业公会兴起与发展阶段（1912—1948）以及调整消亡期（1949年之后）三个时期，全面梳理了近代济南同业公会的发展脉络，力图生动再现其演变历程全貌。

第三章"近代济南同业公会的治理结构"，从组织模式的核心要素出发，深入探讨了近代济南同业公会的会员构成及内部组织结构的设置情

· 9 ·

况。以时间维度为轴，近代济南同业公会的组织结构历经了司月制、会董制、委员制、会长制及理事制等多种制度形态的演变。

第四章"近代济南同业公会的运作机制"，逐一解析了近代济南同业公会的内部运作机制。通过对会员管理、经费管理及其相关基本制度的深入剖析，全面审视了近代济南同业公会的动态管理过程。

第五章"近代济南同业公会的经济功能"，从调解经济纠纷、制定行业规范、维护行业权益、参与经济解决四个维度，对近代济南同业公会在经济领域的自律角色及其职能进行了详尽考察。

第六章"近代济南同业公会的社会功能"，聚焦于近代济南同业公会参与及发起的社会活动，特别是对同业公益活动及同业外的慈善公共活动进行了深入剖析，揭示其社会活动的特色与深远影响。

第七章"近代济南同业公会的监督管理"，从组织程序监管、运行机制监管、日常业务监管及矛盾纠纷监管四个方面，全面阐述了政府对同业公会的严密监管。同时，分析了近代济南同业公会为谋求合法地位而对政府的强烈依赖，揭示了其"自治"背后实则是政府行政权力有限让渡的实质。

四 研究方法与创新

（一）研究方法

主要采取以下几种研究方法，力求做到依据史料事实，客观公正还原历史面貌，自然得出历史结论。

第一，运用宏观研究与微观研究相结合的研究方法，选取同业公会为研究对象，从总体上探讨近代济南同业公会的发展历程、治理结构、运作机制、主要职能以及监督管理。在相关论述板块选取钱业同业公会为个案，加以详细考察以便深化和细化对近代济南同业公会组织的演变、社会变迁等一系列问题的研究。

第二，运用历史学的研究方法，重实证研究。客观公正地研究近代济南同业公会组织的演变、经济社会职能,就要用历史科学的方法,把研究视角放在近代济南这一特定的历史环境中。同时借鉴社会学、经济学、政治学等相关学科的理论知识,多学科对话和交叉研究相结合。

第三,运用文献学的研究方法。本研究查阅山东省档案馆和济南市档案馆大量翔实可靠的原始文献资料,并对原始文献进行分析解读,基本观点都有可靠的档案史料支撑,同时参阅了大量有关地方省市志和文史资料。

(二) 创新之处

第一,选题创新显著。尽管学术界在近代同业公会的宏观研究领域已取得显著成就,但个案实证研究的丰富性仍有待提升。针对近代济南商人组织的研究尚处于初级阶段,本选题跨越1904年至1956年的广阔时间范围,旨在全面而系统地探讨并梳理近代济南同业公会的治理结构、运作机制、核心职能及监管措施,完整再现近代济南商人组织从公所、会馆逐步演进至同业公会,直至最终消亡的发展历程,从而进一步丰富近代同业公会的个案研究宝库。

第二,资料运用创新独特。在资料运用层面,本研究不仅深度挖掘并运用了大量近代济南同业公会的原始档案资料,还巧妙结合了报刊、市志、文史资料等多源信息,为相关问题的论证提供了强有力支撑,显著增强了观点的真实性与客观性。

第三,学术观点创新深刻。针对当前学界关于近代同业公会性质的争议,如"传统组织""中间组织"等观点,本研究结合近代济南同业公会的治理结构、运作机制及其与政府的互动关系,创新性地提出近代济南同业公会实为拥有"自治权"的新型组织。从某种角度而言,这种"自治权"是政府权力的一种有限让渡,但同时又受到政府的严格监管,这一观点开拓了学界相关研究的视野维度。

五 研究时段划分与界定

本研究时段从1904年至1956年。民国时期是济南同业公会发展变化的重要时期,纵跨不同政权当局掌管济南,其组织沿革、治理结构、运作机制、主要职能以及监督管理等,都主要体现在这一时期同业公会的发展变迁上。为了全面展现济南同业公会从诞生、兴盛直至最终消逝的完整历程,即从最初的公所、会馆,逐步演变为同业公会,直至1956年社会主义三大改造完成后同业公会的消失,本书将题目定为《近代以来济南同业公会研究》。同时,鉴于研究要求,本书将研究的时间范围扩展至1956年,以确保全面覆盖相关历史阶段。

第一章　近代济南同业公会产生的根基

鸦片战争后，外国资本主义势力加速了对中国的渗透。在帝国主义的沉重压迫下，中国在军事、政治、经济、社会等多个领域均发生了深刻而重大的变革。济南，这座坐落于山东省西部、泰山北麓与黄河南岸的城市，以其独特的名泉、湖泊与山峦闻名遐迩。作为一座历史悠久的封建内陆城市，济南的近代化转型始于1904年，这一年，商埠区的设立标志着济南传统城市结构的打破，为近代工商业的发展开辟了一片经济开发区，成为内陆城市对外开放的先锋。这一变革不仅重塑了济南的城市面貌，更促使其由原本的政治中心城市逐步蜕变为华北地区的重要经济中心之一。

一　工业发展

开埠前，济南的工业还非常落后。19世纪70年代，济南创立了山东第一家机器工业企业——"山东机器局"，1901年，机器局已发展成为涵盖炮厂、枪子厂、翻砂厂、熟铁厂、轧钢厂、火药厂、电料厂、木工厂八大生产部门的综合性工业基地，生产能力显著增强，能够自主制造包括火炮、枪械、枪弹以及锅炉、火药、电灯、电池等在内的多种产品。

济南的开埠为济南城市工业的发展提供了契机。开埠初期，外国资本开始涌入并激起国内投资者的热情，实业家本着实业救国的热情投资建厂，抵制洋货，济南工业发展蒸蒸日上。近代企业陆续建立，基本情况见

表1—1。

表1—1　　开埠后建立企业一览表（1905—1910年）①

企业名称	创办人	创立年代	资本	经营形式及概况
济南电灯公司	刘福航等	1905	40000两	商办，起初仅能供院前、院后及西门一带照明用电
志诚砖瓦公司	徐锵鸣	1905	不详	商办，用机器生产砖瓦
大公石印馆	沈景臣	1905	100两	商办，印刷《简报》，又名《简报馆》
林木培植会	不详	1905	30000两	不详
协成铁工厂	不详	1906	不详	商办
济南济农公司	不详	1906	不详	商办
大经丝厂	不详	1906	200000两	商办
泺源造纸厂	丁道津	1906	不详	后改为成丰造纸厂，1917年改为行华造纸厂
小清河轮船公司	唐荣浩	1906	100000两	商办
中安烟草公司	唐世鸿等	1907	200000两	商办
济合机器公司	周庆勉等	1907	不详	商办
永阜草编公司	不详	1907	不详	商办
通惠公司	不详	1907	不详	商办
琴记雪茄公司	不详	1908	不详	商办
东兴货栈公司	不详	1908	300000两	商办
济南电话公司	不详	1908	不详	初为官办企业，后改组为股份公司
山东理化器械所	丁立璜	1908	13500两	官督商办，制造学生理化实验所需的器具、药料
兴顺福机器油坊	张采丞	1909	15000两	商办，使用德国榨油机器，每天最多可榨大豆15吨，后来发展成为兼制面粉的面粉厂
普济草绳公司	黄绍斌	1910	50000两	商办
金启泰铁工厂	黄全材	1910	20000两	商办，安装车床4部，制造水车等器械
津浦铁路机车厂	不详	1911	不详	属津浦铁路官办企业，有各种机器设备82台

① 济南市志编纂委员会：《济南市志资料》（第3辑），内部发行，1982年，第1—2页；济南市社会科学研究所编著：《济南简史》，齐鲁书社1986年版，第386—387页；济南市史志编纂委员会编：《济南市志》（第1册），中华书局1997年版，第29—38页。

国民政府前期，济南的工业较清末又有了较大发展。据统计，1912年至1927年的16年间，济南历年创设资本额在5000元以上的工业企业达66家，资本总额为16439000元，具体见表1—2。

表1—2　　　　济南历年设立的五千元以上民用
工业企业概览表（1912—1927年）①

年份	企业名称	资本额（千元）	产品
1912	济安蓄冰公司	8	冰块
1913	兴顺福铁工厂	150	机器
	郭天成铁工厂	5	轧花机布机
	南洋兄弟烟草公司	500	纸烟
	济南胜绍公司	20	鲁酒
	上海食品公司	200	食品
	美业烟卷公司	10	卷烟
	兴顺福面粉厂	50	面粉
1914	振业火柴公司	500	火柴
	大东制帽公司	300	草帽
	胶东制革厂	6	轻革
1915	兴华造胰公司	40	肥皂
	义昌永	5	地毯
	鲁丰纱厂	220	棉纱
1916	丰年面粉厂	1000	面粉
	庆年公司	5	机制挂面
1917	恒丰铁工厂	30	机器
	天成永	20	地毯
	普利玻璃工厂	30	灯变、灯罩
	泰康食品公司	10	馒头、糕点
	兴顺福咸料公司	20	洋碱
	中国精益	70	眼镜
	眼镜公司		
	东元盛漂染厂	10	染布
1918	茂新面粉工厂	500	面粉
	惠丰面粉公司	300	面粉
	中华魁料器厂	40	玻璃瓶、灯罩、灯壶
	济新砖瓦公司	15	洋式砖瓦

①　何炳贤主编：《中国实业志·山东省》，民国实业部国际贸易局1934年版，第1—836页；孙宝生编：《历城县乡土调查录》，历城县实业局1928年版，第87—88、148—170页；周传铭：《1927济南快览》，齐鲁书社2011年版，第224—234页。

续表

年份	企业名称	资本额(千元)	产品
1919	华兴造纸厂	1000	各种纸张
	普利工厂	32	洋式砖瓦
	济丰工厂	20	砖瓦
	中国裕兴颜料公司	100	煮青
1920	溥益公司	5000	糖、火酒
	民安面粉厂	1100	面粉
	全盛铁工厂	5	轧花机、切面机
	益华烛皂厂	5	肥皂、洋烛
	厚德贫民工厂	46	面粉袋
1921	成丰面粉公司	1000	面粉
	恒兴面粉公司	400	面粉
	华庆面粉公司	500	面粉
	正利厚面粉工厂	200	面粉
	齐鲁铁工厂	40	锅炉、引擎、造胰机、印刷机
	义和东	15	洋式砖瓦
	丰华针厂	100	针
	合盛祥榨油厂	30	豆油
	新民织布厂	5	布
1922	大业制革厂	5	皮革
	德昌工厂	2000	地毯
	北洋料器厂	7	玻璃器皿
	山东印刷公司	200	印刷书刊报纸
	乐山森林公司	5	造林、木材
1923	同丰面粉工厂	200	面粉
	合祥工厂	5	肥皂、洋烛
	履丰制衫公司	100	洋袜
	济新公司	15	洋灰
	陆大铁工厂	5	柴油机、缺床、凹泥船
1924	东裕隆榨油厂	100	花生油
	瑞兴和丝边厂	10	丝边
	裕顺窑厂	25	砖瓦
1925	恒兴永制革厂	10	皮革
	大兴窑厂	30	洋式砖瓦
1926	裕昌窑厂	30	洋式砖瓦
1927	绍兴南酒厂	5	烧酒、黄酒
	泰华烛皂厂	5	洗衣皂、蜡烛
不详	裕华发网公司	5	发网
	德昌发网工厂	5	发网
	达隆发网工厂	10	发网

通过表1—2统计数据看,1914—1918年第一次世界大战的五年间,新设企业19家,资本总额310万元;大战后的1919—1923年五年间,新设企业28家,资本总额1200余万元,新设企业比大战期间的五年多了9家,资本总额则接近前五年的4倍。

对于国民政府前期济南的工业发展情况,时人调查认为"工业发达,工厂林立,故出品日增,前途发展未可限量"[1]。这一时期,济南新开设的工业各行业中比较大的行业有机制面粉工业、棉纺织业、机器五金业、化学工业。有关国民政府前期济南新开设的工业行业分布情况见表1—3。

表1—3　　　济南新开设的民用工业企业行业分布一览表[2]

行业	企业家数 实数	%	资本额 实数（千元）	%
面粉业	10	4.1	5200	28.2
其他饮食品业	64	26.6	5488	29.7
棉纺织业	39	16.2	2409	13.1
其他编织品业	49	20.4	2075	11.2
机器五金业	36	15	413.3	2.2
化学工业	18	7.5	789	4.3
造纸及印刷业	10	4.1	1036.2	5.6
建筑材料业	8	3.3	150.5	0.8
卷烟业	2	0.8	510	2.8
其他	5	2	385	2.1
合计	241	100	18456	100

---

[1] 孙宝生:《历城县乡土调查录》,历城县实业局1928年版,第148页。
[2] 何炳贤主编:《中国实业志·山东省》,民国实业部国际贸易局1934年版,第1—836页;孙宝生编:《历城县乡土调查录》,历城县实业局1928年版,第87—88、148—170页;周传铭:《1927济南快览》,齐鲁书社2011年版,第224—234页。

1928年，日本在济南制造了"五三"惨案，工业遭到严重破坏。九一八事变后，全国掀起了实业救国的浪潮，在此背景下济南的工业也出现了第二个发展高峰。1933年，济南工业已有35个行业，各类企业已达449个；职工25109人，占全省总人数的26.4%；资本总额为8880255元，生产总值为33058743元，分别占全省总额的20.5%和29.7%。

1937年，日军占领济南后，济南的工业遭到日本帝国主义的严重掠夺和摧残。日军在占领济南后第二天，就派兵进驻成大纱厂，实行"军管理"。抗战胜利后，国民党李延年军事集团和国民党山东党部、省政府成立的山东省党政接收委员会接收了许多工厂、企业，国民政府行政院又成立敌伪产业处理局、信托局，在济南设点全权接收。1946年，国民政府接管济南后对各行业进行了调查，具体情况见表1—4。到1948年秋，工业方面除军工及官僚资本支持的个别行业外，其余各厂每年平均开工时间不足3个月。火柴、面粉、纺织等各业生产能力也大大下降。官办的成大纱厂原有纱锭28016枚，到1947年年底，仅存10180枚；济南电业公司1947年1月最高发电量近300万千瓦时，到8月下降到不足10万千瓦时。到1948年9月，国民政府官办企业共有18家，另有3家民用企业中的部分官股，但均已十分萧条衰败，到了崩溃的边缘。

表1—4　　　　　　　　济南市工业行业调查一览表[①]

公司名称	资本额（万元）	公司名称	资本额（万元）
仁丰纱厂	40000	恒泰火柴厂	3000
成通纱厂	30000	振业火柴厂	3000
成大纱厂	20000	山东第二造纸厂	2000
山东第一造纸厂	8000	丰华针厂	2000
华庆面粉厂	8000	山东志成企业公司	2000

① 济南市工商业联合会、济南市总商会编印：《济南工商文史资料》（第2辑），1996年，第259页。

续表

公司名称	资本额（万元）	公司名称	资本额（万元）
成丰面粉厂	5500	益华火柴厂	1000
成记面粉厂	5500	鲁西火柴厂	1000
丰年面粉厂	5000	洪泰火柴厂	1000
东亚面粉厂	5000	中华针厂	1000
惠丰面粉厂	5000	山东民生企业公司	1000
宝丰面粉厂	5000	益中造纸公司	500
裕兴化工厂	3000	惠鲁当店	500

二 商业发展

济南商埠的设立，打破了传统城市的封闭格局，将其与广阔的资本主义世界紧密相连，城市经济结构发生深刻变革，对外贸易一跃成为城市经济不可或缺的支柱。与此同时，城市的社会结构亦发生了显著变迁，新式商人、工厂企业主以及具备近代思想的知识分子群体逐渐崛起，而雇佣工人数量也随着工商业、交通运输业等蓬勃发展而日益增加。[1]

1904年胶济铁路的开通和1905年济南的自开商埠，使得济南在城市面貌和结构方面具备了近代城市的一些特点，并且也使城市经济脱离封建经济的框架而染上资本主义经济色彩。

济南开埠前，其传统商业涵盖绸布、药材、鞋帽、首饰、典当、估衣、京货、南货、纸张、山果、银钱及汇兑等诸多领域，这些行业大多被山西、陕西、河南及本地章丘的商人所掌控。随着胶济铁路的开通和济南的开埠，其商业结构发生了显著变化，外国商业资本逐渐涌入济南，这座

---

[1] 刘文俊：《自开商埠与中国城市近代化》，《广西师范大学学报》（哲学社会科学版）1997年第2期。

城市作为内陆商业中心的地位日益重要。鉴于当时山东为德国的势力范围，因此在济南开设的欧美商行中，德国商行占据主导地位。晚清时期，短短十几年间，济南便汇聚了19家欧美洋行，其中德国商行多达10家，法国与英国各3家，美国1家，俄国2家。①

辛亥革命后，济南商埠内洋行数量大增。其中德日两国的洋行和商店最多，英美洋行虽然户数较少，但其危害并不次于德国洋行。除欧美洋行之外，日本人在济南开设的洋行数量最多。截至1915年3月，日本人在济南所开设了包括三井洋行、大东公司、白鸟洋行、久保田洋行、赤井洋行支店、泰东公司、赤松洋行、东亚烟草株式会社以及吉田洋行等。② 特别是1914年山东成为日本的势力范围后，日本人在济南从事的职业更广泛，约有600人。总之，这一时期外国在济南开设洋行的具体情况见表1—5。

表1—5　　外国在济南开设的银行、洋行一览表（1912—1919年）

业别	名称	国别	地址	开设时间	营业项目
洋货	太隆	德国	经七路纬七路	1912	经销发网、自行车
洋货	又利洋行	德国		1912	经销五金、百货
洋货	义利洋行	德国	经二路纬一路	1912	五金、百货、自行车
炭业	平田洋行	日本	经一路	1912	贩运煤焦
药房业	文明公司	日本	经二路	1912	药材
石油	美孚石油公司	美国	铁道北	1912	煤油批发
书业	华净书局	德国		1912.1	印销外文版宗教杂志、经本
石油	亚细亚石油公司	英国		1913.1	石油
棉花业	瀛华	日本	经七路	1913.7	收购棉花、油料
保险业	高田店	日本	经七路	1913.5	
木料	恒丰洋行	美国		1914	批发美国松

---

① 王守中、郭大松：《近代山东城市变迁史》，山东教育出版社2001年版，第285页。
② 王守中、郭大松：《近代山东城市变迁史》，山东教育出版社2001年版，第287页。

续表

业别	名称	国别	地址	开设时间	营业项目
洋货	卜内门洋行	英国		1914	经销碱料、化肥
药房业	茂源大药房	日本	纬一路	1914.4	药材
土产业	土桥洋行	日本	纬六路	1914.6	收购土产、杂骨
棉花业	新利洋行	日本	经四路	1914.3	收购棉花、油类
洋广业	森本百货店	日本	万紫巷	1914.3	化妆品、鞋帽、布匹
机电	慎昌洋行	美国	经四路纬五路	1915	电机医疗器械、电料、冰箱
新闻业	《济南日报》	日本		1916	报纸
药房业	安源药房	日本	经二路	1916	药材
转运业	中和公司	日本	经一路	1916	日中联运
饭店	石太岩饭店	德国	经一路	1916	饭店、旅店
炭业	东和公司	日本	经一路	1916.9	贩运煤焦
金融	万国储蓄会	美国	经二路	1916.2	
洋广业	东亚公司	日本	经二路	1916.7	化妆品、鞋帽、布匹
煤油	德士古洋行	美国	铁道北	1917.1	
新闻业	山东新报社	日本	纬二路	1917.7	
机器	恒丰洋行	美国	经四路	1917.7	制造机器
木料	祥太洋行	英国		1917	经销木材
药房业	顺天堂	日本	经二路	1917.1	药材
杂货业	三义洋行	日本	小纬六路	1918.9	杂货、食品
面粉业	铁岭满洲制粉会社济南分厂	日本		1918	
发网	大利洋行	德国	经七路	1918.3	收购发网
保险	安利保险公司	英国		1918	
保险	华隆洋行保险公司	英国		1918	
关服业	木尾原洋服店	日本	纬四路	1918.9	成衣、卖衣

续表

业别	名称	国别	地址	开设时间	营业项目
火柴	青岛火柴公司济南分厂	日本		1918	
盐业	日中盐业株式会社	日本		1919.10	加工、贩卖食盐
蛋粉	东亚二厂	日本		1919	
蛋粉	新华蛋场	日本		1919	
蛋粉	大兴公司	日本		1919	
蛋粉	中华蛋厂	日本		1919	
蛋粉	安泰骨粉厂	日本		1919	
烟卷	英美烟公司	英国	纬七路	1919.4	经销卷烟
保险	南英商保险公司	英国		1919	
橡胶	邓禄普	英国		1919	经营橡胶
药房业	瑞生堂	日本	小纬二路	1919.8	药材
药房业	华北公司	日本	经二路	1919.7	药材
土产业	瑞昌洋行	日本	纬六路	1919.9	收购土产、杂骨
棉花业	靖喜洋行	日本	经二路	1919.1	
五金	亨利洋行	德国	经六路	1919.4	五金、机器
颜料	瑞来洋行	德国	经六路	1919.4	颜料、机器
新闻业	《大民主报》	中美		1919.11	

资料来源：安作璋主编：《山东通史·近代卷》（下册），山东人民出版社1995年版，第583—586页。

从清末至1914年，济南的"西关五大行"、盐业与当铺业均呈现出持续繁荣的景象。其中，国药门市店的数量攀升至78家，彰显出中医药市场的蓬勃发展。杂货行亦不甘示弱，数量激增至80余家，其经营范围之广，可谓"上至绸缎之华贵，下至葱蒜之日常"，无所不备。绸布业亦呈现兴旺之态，74家店铺林立，不仅囊括了传统的土布、绸缎，还大量引进了洋布，展现了市场的开放与商品的多元化。此外，百货、京货、碎货行等近百家商户，如城内的裕源和、广立顺、治香楼、西关吕万聚、商埠通惠公司、润昌、华昌、华丰等，均以较大的经营规模成为业界佼佼者。皮货行与估衣行亦各自增长至20余户，满足了市民对于多样化商品的需求。尤为值得一提的是，茶叶行已从杂货行中脱颖而出，独立成行，成为专门的一个经营领域。在西药、五金、颜料等行业，众多商号纷纷涉足进口商品的经营，如西药店中的五洲、中法、中西、齐鲁、老德记等，它们多以日德药品为主，体现了当时国际商品交流的频繁与深入。①

在济南的中国商号中经营进出口贸易的有周锐记、天诚、复诚、立诚、北意诚、协诚春、天祥永、公聚和、益祥、隆聚兴、源聚号、大昌号、长兴和、恒聚泰等，其中以经营药材、皮货、估衣、古董的店铺居多。根据日本人1915年3月的调查，中国商人在济南开设的各种店铺中中药铺有72家，西药铺有7家，皮货店有26家，估衣铺有22家，古董商店有22家，生皮店有10家，书籍商店有10家，蜡烛铺有9家，棉花店有7家，铁器店有6家，纸商有9家，漆店有6家，烟草店有2家，瓷器店有2家，锡器店有1家。② 当然，这个统计显然并不全面，比如绸布、茶叶、粮食等传统行业就没有包含在内。

1919年的实地调查显示济南商号有：洋行25家、书坊13家、中药铺78家、西药房11家、皮货店28家、估衣店24家、碎货铺16家、南纸铺9家、棉花行9家、杂货铺587家、香货铺9家、缎庄127家、布店6家、笔铺9家、当铺9家、茶叶铺10家、洋货铺162家、京货铺22家、铁器铺17家、钟表铺28家、山果行13家、古玩铺23家、酒店49家、丝线铺27家、漆行6家、炭行83家、钱庄98家、银行10家、银楼8家、堆栈业35家、粮栈50余家。各种公司及其他营业共有392家。③

1920年至1927年，济南商业有了不同程度的快速发展。发展较快的

---

① 济南市社会科学研究所编著：《济南简史》，齐鲁书社1986年版，第487—488页。
② [日]天成生：《济南》前编《济南事情》，1915年，第18—19页；转引金亨洌《近代济南经济社会研究——以近代济南商业发展为中心（1895—1937）》，博士学位论文，南京大学，2006年。
③ 林修竹：《山东各县乡土调查录》（第1册），商务印书馆1920年版，第11—14页。

有四种类型：第一种类型主要是出口品行业，如牛栈、花行、蛋行等。发展最为突出的是牛栈，其次是蛋品及粮行，再次为发网、草帽辫，专业牛栈已达30余家，蛋行10余家，花行30余家。另外，还有50余家土产行栈，也多以经营牛、鸡蛋、棉花为主要业务。第二种类型主要是进口品行业，如五金、颜料、钟表、新药等行业。其中有的在前期已经出现，如颜料、钟表、新药、照相。经营进口商品的新药业发展较快，户数增到30余家，较大的为上海分设的五洲大药房，而势力较强的则是日商洋行，如日华、东亚、山东等公司。颜料业户数增加到近30户，其中资力雄厚而在颜料业中占有重要地位者为太生东，它是德国颜料商在山东的代理商。照相户数也有所增加，约30户，有一部分同时兼营镶牙业务，原料全部来自进口。第三种类型主要是贵重品及服务行业，涵盖绸缎、百货、金银首饰等高档商品，以及饭馆、糕点铺、旅栈、澡堂、茶社、戏院等服务性场所。首饰店达到130多户，绸缎店（不包括布店、布庄）增加到29户，沪杭两地所产绸缎花色与产品较为新颖，其首批成品大多优先运抵济南进行销售。百货业的发展更是高歌猛进，大大小小的百货商店激增至400余家，所售商品中，日货占据了高达80%的市场份额，而国产商品则近乎销声匿迹。鞋帽店户数大增，已有500余户，男鞋、坤鞋、皮鞋、童鞋，无不具备。糕点业、餐饮业、服务性行业及娱乐场所皆迎来了前所未有的繁荣景象。食品商店数量增加至百余家，大中型中西餐馆同样激增至百余户，肉食商店更是多达200余户，果品店也紧随其后，达到了150余户。茶园、剧场、澡堂、客栈业务，均很兴旺。第四种类型主要是建设材料和日用品行业，如木材、新炭、茶、布、杂货等。这一类型的商业，也处于一个发展上升阶段。由于城市建设及工业发展的需要，木材业发展较快，专业木材行达到30余户，木材行多集中在小北门一带。炭行户数增加到90余家，资金较多者多分布在经一路车站附近及北关、黄台一带，中小户多分布在城埠各地。茶叶行有较大发展，1920年济南茶叶行栈发展到40余家，直接深入产地采购薰窨的户数已达到10户左右。经营的品种也逐渐扩大，六安茶仍为大宗，另如茉莉大方、寿眉、毛峰、银针等，均已成为畅销货。①

进入20世纪30年代以后，济南市社会秩序较为安定，商业振兴思潮风起云涌，一定程度上促进了济南工商业的发展与繁荣。据1933年的调查，济南市商业有47个行业1228个店号，资本达5209760元，年营业额达9135余万元。工业方面的几个大纱厂如成通、仁丰，织染业如东元盛、中兴诚、厚德等都是在30年代前期设立的，成通、仁丰的资本达103.8万元；机器制造、织染、面粉、火柴、颜料、制碱、机制卷烟、榨油、印刷、砖瓦等行业的户数都有明显增加，生产技术有明显进步。②1934年出版的《中国实业志·山东省》对济南的商贸状况进行了概述，现摘录如下：据最近调查，该省出品集中于济南者，农产中以棉花、小麦、高粱、大豆、花生为主，牲畜中以牛、驴、鸡、皮、蛋等为主，工业品则有发网、帽维、土布、绸缎、苇席、棉纱、面粉、料器、阿胶等，矿物中有煤、盐等，外省出品集中于济南者，为米漆、桐油、茶叶、药材、兽皮、纸烟、烛皂、陶瓷、搪瓷、电料、机器、书籍、文具、针织品等，以上各种出品，棉花、花生、牛皮、鸡蛋、发网、帽维、料器等，为山东出口货之大宗，集中济南，除一部分向上海输出外，余皆运集青岛，土布、绸缎、苇席、棉纱、面粉、阿胶、煤、盐及省外货物，集于济南后，由商号分销本省内外，外洋运来货物在济南推销者，布匹、木材、煤油、糖干、咸鱼、纸张、铜铁货件、棉纱、钟表、车辆、颜料、火柴、材料等为大宗，销售范围以山东西部、河南北部、河北南部、山西中部为主。③

1936年出版的《中国经济年鉴》续编有一份《济南市商业调查表》，即真实反映了各行业的状况。具体见表1—6。

---

① 济南市志编纂委员会编印：《济南市志资料》（第3辑），1982年，第36—39页。
② 济南市工商业联合会、济南市总商会编印：《济南工商文史资料》（第2辑），1996年，第183页。
③ 何炳贤主编：《中国实业志·山东省》，民国实业部国际贸易局1934年版，第38页。

表1—6 济南市行业状况一览表[1]

行业	家数	国籍	资本额（万元）最高	资本额（万元）最低	资本额（万元）普通	经营范围	全年交易额（元）	从业人数	最大商号
棉花	64	中52 日12	3	0.1	0.5	棉花	24882000	453	中棉历记
土产业	130	中95 日34 德1	5	0.2	0.5	花生、兽骨、牛皮、杂粮、米面	23366755	1852	佰聚成
广货	412	中399 日13	4	0.05	0.2	化妆品、装饰品、布匹、呢绒、羊绒	27571800	5641	福东
医院	41	中33 日5 德2 美1	50	0.8	10	内外妇科	4500000	1425	济南医院
当铺	22	中1 日20 英1	36.05	10	20	专当物品	6400000	360	裕鲁当
棉纱	55	中	1.5	0.5	1.5	棉纱匹头	15360400	377	阜康号
杂货	293	中280 日13	2	0.1	0.5	海味杂货	1385130	3216	裕祥佰
酱油	67	中	1	0.1	0.5	咸菜、油、酒	1511200	1500	北厚记
炭业	132	中128 日4	2	0.1	0.5	煤、焦	3610000	2088	镇兴公司

[1] 济南市工商业联合会、济南市总商会编印：《济南工商文史资料》（第2辑），1996年，第184—187页。

第一章 近代济南同业公会产生的根基

续表

行业	家数	国籍	资本额（万元）最高	资本额（万元）最低	资本额（万元）普通	经营范围	全年交易额（元）	从业人数	最大商号
绸布	139	中138 日1	20	0.3	1	绸缎布匹	7084600	1908	隆祥
卷烟	70	中64德1英1俄1日1	2	0.2	0.5	卷烟、煤油、火柴、蜡腊	7163600	1495	德源永
煤油	4	中美英俄各1	5	3	4	煤油	4604600	103	美孚
茶叶	39	中	4	0.5	1	茶叶、水烟	2988400	560	泉祥鸿记
油业	48	中47 日1	1.5	0.05	0.2	油豆、生油、棉子油、麻子油	2064950	368	福盛
估衣	35	中20 日15	0.5	0.05	0.1	新旧衣被	1378520	274	吉大
山果	46	中45 日1	0.5	0.06	0.1	山果、花生	1104300	362	周玉清
药材	264	中244 日20	5	0.05	0.5	中西药材、人参	2865960	2203	神州药房
蛋业	16	中7韩4日4英1	2	0.2	0.5	鸡蛋	2700000	507	茂昌
屠宰	54	中	0.06	0.02	0.05	牛、猪、羊类	1529800	290	庆记
五金	93	中86 日5 德2	0.6	0.1	0.5	电机、电料	392550	506	同丰
饭馆	226	中220 日5 德1	1	0.03	0.1	中西饭菜	1773600	2793	百花村

· 27 ·

续表

行业	家数	国籍	资本额（万元）最高	资本额（万元）最低	资本额（万元）普通	经营范围	全年交易额（元）	从业人数	最大商号
电料	49	中44 日4 德1	2.5	0.1	0.5	电机、电料	392550	506	同丰
纸业	104	中102 日2	0.5	0.05	0.1	宣纸色纸	1778500	970	美文斋
书店文具	68	中66 日1 英1	3	0.03	0.5	书籍文具	1937300	582	商务印书馆
瓷器	40	中36 日4	1.3	0.1	0.2	粗细瓷器	583200	208	立祥
铜器	63	中	0.2	0.03	0.1	铜锡器皿	63100	198	广聚
古玩	41	中28 日13	1.5	0.15	0.2	古玩宝石	300000	274	鸿宝斋
钟表眼镜	56	中55 日1	1.2	0.2	0.5	钟表、眼镜、戏匣	784280	323	亨得利
旅栈	95	中90 日4 德1	0.5	0.03	0.15	安寓客商	374000	1400	中西旅社
渔业	25	中24 日1	0.3	0.05	0.1	鱼虾	22760	78	德成
照相	22	中21 日1	0.2	0.04	0.1	拍照及销售材料	184500	112	兰亭
牛业	16	中	0.1	0.02	0.5	贩卖牛只	480000	120	顺兴栈
脚行	32	中	0.2	0.05	0.1	代客运输长短途货物	25000	200	公盛栈

续表

行业	家数	国籍	资本额（万元）最高	资本额（万元）最低	资本额（万元）普通	经营范围	全年交易额（元）	从业人数	最大商号
胶皮	23	中 2 日 17 德 4	5	1.2	1	输带胶鞋	1600000	95	陈嘉庚
新闻	14	中 10 日 4	0.3	0.05	0.1	各项报纸	134000	184	国民日报
蔬菜	80	中	0.1	0.02	0.05	各种蔬菜	503100	300	乂记
油漆	16	中	0.5	0.05	0.2	生漆桐油	604000	123	鸿升
颜料	26	中 22 德 3 美 1	5.002	0.08	0.15	颜料针线	233300	204	乂利洋行
鸡鸭	6	中	0.05	0.015	0.02	贩卖鸡鸭	142500	25	
料器	44	中	0.08	0.03	0.05	玻璃、琉璃	271600	170	
养蜂	19	中 18 日 1	0.3	0.15	0.2	蜂蜜	180000	252	
腌腊	63	中	0.05	0.02	0.03	熏肉酱肉	228700	329	
铺垫棚杠	43	中	2	0.1	0.5	幡杠、灯轿、棚厂、铺垫	391360	190	大兴
粉坊	11	中	0.1	0.03	0.05	鲜粉皮、面筋、锅炸	31500	46	
建筑	35	中 33 日 2	4	0.2	0.5	设计、绘图、包工	492070	120	
鞍鞯	3	中	0.15	0.08	0.12	牲畜车辆用皮件	167000	27	
鲜花	56	中	0.1	0.05	0.8	各种花木		531	

续表

行业	家数	国籍	资本额（万元）			经营范围	全年交易额（元）	从业人数	最大商号
			最高	最低	普通				
牛羊乳	17	中	0.3	0.02	0.1	牛乳、羊乳	54300	60	五大牧场
洋灰	1	中	0.5			代销唐山洋灰	60000	5	启新
汽车机器	3	英1美1日1	20	1	10	机器、汽车、肥田粉	620000	57	卜内门
储蓄保险	7	中2日3英1比1	100	5	10	储金、保险	1900000	95	万国
出货汽车马车	12	中10日1英1	10	0.25	4	出货车轿	109600	130	
戏曲	12	中10日1英1	1.2	0.1	0.3	电影、戏曲	525010	185	

共有53个行业3349个商号，其中中商3099家，日商215家，英商10家，美商3家，德商16家，韩商4家，俄与比商各1家，全年营业额167069765元，从业人数36381人。

抗战胜利后，济南社会生产及资本主义工商业经受日伪八年蹂躏后，被国民党接管。随着生产下滑与国民党实施的封锁禁运政策，商品流通愈发艰难，正当交易被抢购风潮、囤积居奇及买空卖空等投机行为所取代，商业市场看似异常"繁荣"，实则正逐步走向萎缩。在此情境下，黄金、银元、西药、棉纱、颜料等商品成为市场交易中的关键"媒介"。国民政府接管济南后对1946年各商业的调查，见表1—7。

表1—7　　　　济南市商业行业调查一览表[①]

业别	户数	资本额（万元）	业别	户数	资本额（万元）
粮业	207	109981.6	鞋帽	330	29570
颜料业	103	60100	茶叶	84	28800
钱业	39	59000	磨坊	361	27355
酱菜酒业	179	45000	炭业	218	27010
绸布呢绒	120	37570	机制卷烟	37	25885
广货	318	37208	机器铁工	92	24630
油业	179	32795	国药	177	21934
海味杂货	168	32330	卷烟	125	20580
砖瓦	14	30065	食物	93	17700
呢绒洋服	79	17281	纱布	12	4650
自行车	46	16520	鞋帽业	16	4580
钟表眼镜	97	16225	枣行	37	4300
南纸文具	115	16058.5	针织	71	4223
新药	117	15893	毛皮	98	4160
五金	17	15510	估衣	52	3570
肥皂工业	42	14250	寿材	36	3284

① 济南市工商业联合会、济南市总商会编印：《济南工商文史资料》（第2辑），1996年，第257—259页。

续表

业别	户数	资本额（万元）	业别	户数	资本额（万元）
铁货	31	12810	瓷器	13	3120
生铁	39	12650	白灰	55	3030
金银首饰	47	11830	运输	27	3010
染业	48	11642	棉业	38	2950
织布	122	11505	铁道转运	35	2906
旅栈	214	10876	黑白铁	133	2611
军服	61	10800	牛乳	23	2440
印刷	59	10185	麻袋	36	2384
澡堂	19	8660	木料	17	2250
电料	68	8520	铜锡	84	2080
色纸	39	8030	猪肉	219	2074
饭馆	146	6793	理发	186	1978.5
陶器	41	6415	牛业	33	1819
书业	63	6065	电影业	7	1800
玻璃	44	5288	洗染	59	1770
山果	111	5005	土制烟	95	1178
照相	38	4810	丝绢	5	1150
藤竹绳经	110	4763	席箔	50	1115
洋纸	22	4650	牛肉	27	1109
腌腊	36	961	渔业	39	415
漆业	12	896	刻字	66	276.8
古玩	39	754	鸡鸭	46	275
日用碎货	94	716	羊肉	21	177
制碱	5	660	天然冰	8	40
泺口肉	21	420			

随着济南开埠及胶济铁路的开通，近代济南工商业有了快速发展。作为全省工商业最为发达的省会城市，济南聚集了来自全国各地的工商业者。他们按照行业，建立起了地域性组织会馆或同业性组织。

第二章　近代济南同业公会的演变历程

工商行业组织历经本土行会的蜕变与演化，已壮大为上百个新式商人团体。在现代化进程中，工商行业组织在市场调节、社会公益、地方自治等多个领域均扮演着举足轻重的角色，其影响力至今仍不可忽视，值得我们持续关注。本章关于同业公会组织形态的判断及其兴起、发展和消亡的研究，并未完全依照有关商会、同业公会立法颁布的时间节点，而是从近代政治、社会历史的分期，结合济南政治局势的变化，分为传统会所、会馆（1911年以前）、同业公会的兴起与发展（1912—1948）和调整消亡（1949年之后）三个时期，梳理近代济南同业公会的发展历程，揭示其演进轨迹的概貌，这样更能契合相关历史背景来理解同业公会组织结构的演变及其功能作用的发挥。

一　传统公所、会馆（1911年以前）

学术界探讨近代行会的研究成果众多，基本把会馆看作一种民间社会组织，其形成与发展与明代科举制度和商品经济的发展密切相关。[①] 全汉升明确指出，会馆的名称最初见于明代，并根据《帝京景物略》卷一"文

[①] 有关中国会馆的研究成果可参见何炳棣《中国会馆史论》，台湾学生书局1966年版；中国会馆志编纂委员会编《中国会馆志》，方志出版社2002年版；王日根《乡土之链：明清会馆与社会变迁》，天津人民出版社1996年版。

丞相祠"条考证：今顺天府学，因宋文丞相义尽之柴市，祠丞相学宫中，曰教忠坊。丞相庐陵人，庐陵人祠丞相学宫外，曰怀忠会馆。教忠，长上志；怀忠，臣子志也。① 从全国范围看，会馆构成复杂，因此有关会馆的分类，学界有不同的观点。王日根将会馆分为官绅试子会馆、工商会馆和移民会馆三种类型。② 何炳棣根据会馆的构成，把会馆分为地缘性会馆、业缘性会馆和二者兼有的综合性会馆。③ 宋钻友综合近十年的研究成果，认为"会馆有五种性质各异的会馆、公所，即试馆型、同乡联谊型、同乡同业复合型、移民社区管理型、工友互助型。其中同乡联谊型、同乡同业复合型会馆、公所，在全国商镇普遍存在"④。

同业公会与会馆、公所有千丝万缕的联系，"从历史的演变看，会馆（主要指行业性会馆）、公所、同业公会具有一脉相承、不可分割的缘分，因此，应将两者的研究适当地连接起来"⑤。宋美云在深入考察天津商会时指出同业公会实为各行业公所历经演变之产物。⑥ 徐鼎新同样指出，至20世纪初期，上海的会馆与公所经历了显著的演变，其路径可明确划分为两大方向：一是逐步转型为紧密的同乡团体，二是积极响应国家法令，改组为更具行业代表性的同业公会。⑦ 彭南生指出，行会向同业公会的演变分为四条主要路径：其一，通过旧式行会的自我革新与转型；其二，源自反对旧式行会垄断势力激烈斗争的蜕变；其三，在反抗封建性苛捐杂税的抗争中，催生了新式工商业同业公会的诞生；其四，则是伴随着新兴行业的蓬勃兴起，自然而然涌现出的同业公会组织。⑧ 同样，民国时期济南的同业公会与会馆、公所之间存在深厚渊源。

---

① 全汉升：《中国行会制度史》，百花文艺出版社2007年版，第90页。
② 王日根：《乡土之链：明清会馆与社会变迁》，天津人民出版社1996年版。
③ 何炳棣：《中国会馆史论》，台湾学生书局1966年版。
④ 宋钻友：《同乡组织与上海都市生活的适应》，上海辞书出版社2009年版，第7页。
⑤ 彭南生：《行会制度的近代命运》，人民出版社2003年版，第5—6页。
⑥ 宋美云：《中国近代经济社会的中介组织——天津商会（1912—1927）》，《天津社会科学》1999年第1期。
⑦ 徐鼎新：《旧上海的工商会馆、公所、同业公会的历史考察》，《上海研究论丛》第5辑，上海社会科学院出版社1990年版，第79—91页。
⑧ 彭南生：《行会制度的近代命运》，人民出版社2003年版，第78—87页。

在明清时期，济南已初现会馆之景。尤其是进入清朝后，这座内陆之城迎来了工商业、运输业及交通业等行业的蓬勃发展，逐渐崭露头角，地位日益显赫。随着社会经济的发展，济南如磁石般吸引了众多外地商贾纷至沓来，共谋商海浮沉。为捍卫自身利益，促进生活和谐，这些远道而来的商人们携手同乡力量，凝聚同业智慧，纷纷建立了专属的会馆与会所。一般意义上，会馆通常指的是由来自相同地域的商人共同构建的聚会空间，而公所则是同一行业内的商人携手创建的集结点。值得注意的是，这两者之间并不存在绝对的界限，会馆与公所的称谓有时可相互通用，特别在济南地区，这一现象尤为显著，即便是基于共同行业背景建立的聚会场所，也常被称作会馆。提及济南会馆的初创历史，不得不提的是晋陕商人在1774年合力构建的山陕会馆，它标志着济南会馆文化的早期兴起。随后，济南估衣业于1813年通过集体捐资，创建了蜜脂殿会馆，后更名为集云会馆，进一步丰富了济南的会馆景观。而济南银钱业也不甘落后，于1817年以义合堂之名，创立了福德会馆，展现了金融领域对会馆文化的贡献。据详尽统计，至光绪朝末期，济南境内已拥有多达19处会馆[①]，多集中在旧城，其中规模较大的会馆是山陕会馆、江南会馆、江西会馆、浙闽会馆、湖广会馆、奉直会馆等。（见表2—1）

表2—1　　　　　　清末年间的19处济南会馆

序号	会馆名称	建立时间	地理位置	规模
1	山陕会馆	乾隆三十九年（1774）	历下区省府前街97号	占地3.27亩，房屋83间，建筑面积1152.28平方米
2	集云会馆	嘉庆十八年（1813）	共青团路57号	建筑面积479.7平方米
3	福德会馆	嘉庆二十二年（1817）	高都司巷19号	房屋32间，占地1.72亩
4	江西会馆	道光二十二年（1842）	明湖路166号	不详

① 各种材料记述会馆数量不一，经笔者多方考证，19处比较可信。

续表

序号	会馆名称	建立时间	地理位置	规模
5	浙江会馆	光绪二十三年（1897）	泉城路179号	占地1.48亩，建筑面积602平方米
6	闽浙会馆	同治十二年（1873）	历下区宽厚所街34号	房屋84间，建筑面积1053.5平方米
7	安徽会馆	同治十二年（1873）	皖新街29号	房屋54间，建筑面积783.2平方米
8	皖江公所	光绪三十年（1904）	大明湖南岸，辛稼轩纪念祠东	占地1.9亩
9	辽宁会馆	年代不详	后宰门街46号	房屋281间
10	河南会馆	年代不详	榜棚街21号	房屋126间
11	江苏会馆	年代不详	趵突泉路南	房屋100间
12	江南会馆	年代不详	黑虎泉西路11号	建筑面积400平方米
13	湖广会馆	年代不详	省府东街22号	不详
14	广东会馆	年代不详	经一路庆云里3号	房屋32间，占地1.76亩（1173平方米）
15	宁波会馆	年代不详	经二路小纬八路东	房屋9间，占地1.13亩（753平方米）建筑面积352.4平方米
16	登州会馆	年代不详	魏家庄100号及102号	房屋102间
17	桓台会馆	年代不详	仁里街5—7号	房屋53间
18	中州会馆	年代不详	馆驿街201号	房屋112间
19	奉直会馆（又称八旗会馆）	年代不详	南围子门里	不详

资料来源：中国人民政治协商会议山东省济南市委员会文史资料研究委员会编：《济南文史资料选辑》（第10辑），1992年，第253—255页；严薇青、严民：《济南琐话》，济南出版社1997年版，第181—182页；叶春墀：《济南指南》，中国文联出版社2004年版，第49—50页；周传铭：《1927济南快览》，齐鲁书社2011年版，第114—115页；济南市房产管理局编志办公室：《济南市房地产志资料》（第3辑），1985年，第181—185页。

明清时期，济南的会馆主要可划分为两大类别：一是同乡会馆，二是工商业行帮会馆。① 济南的会馆多数为外省在济南经商的商贾及任职的官

---

① 聂家华：《对外开放与城市社会变迁——以济南为例的研究（1904—1937）》，齐鲁书社2007年版，第73页。

宦所筹建。例如，湖广会馆由湖南与湖北两省官商合力创办，会员约计三百人，其中官吏占比约为三分之二，其余则为商界人士。浙闽会馆汇聚了浙江与福建两省官商之力，会员总数约有两百人，官商比例大致相当。中州会馆作为河南省官商携手之作，亦有两百余人，其中商界力量较为突出。山陕会馆由山西与陕西两省官商共同创办，商人群体占据主导地位。安徽会馆由安徽官商携手创建，会员总数约有三百人，官吏占半数以上。至于八旗会馆，其独特性在于由八旗子弟自发组织，旨在慈善互助，无任何商业活动。①

1904年开埠前，济南作为山东省的政治与文化核心，汇聚了众多官僚，然而其工商业并不繁荣，仅维持着消费型城市的角色。鉴于此，济南的会馆会员多以官员为主，而这些会馆在当时主要承担着联结同乡情谊的重任，此功能在会馆的楹联中得到鲜明体现。山东湖南会馆的楹联是"拔磊落奇才，是海岱松，是荆州柏；住湖山佳处，可太白酒，可伯牙琴"。济南浙闽会馆的楹联是"同是南人，四座高风倾北海；来游东国，两乡旧雨话西湖"。江南会馆的楹联是"东土征歌，问表海雄风，今乐何如古乐；南宫奏曲，听遏云高响，雅音原是乡音""骏马高车来历下，湖光山色似江南"。济南八旗会馆的楹联是"国家长白发祥，亿万年姬易姜嫄，丰镐衣冠辉帝里；海岱维青作镇，百齐邑齐风鲁颂，圣贤桑梓说宗邦"。②

除了促进乡亲间的情感交流外，济南的会馆还承载着重要的商业功能。例如，浙闽会馆便是浙江与福建两省在济南的商人们，于济南南关共同建立的交易所。当时，来自这两省的商人在济南的经营规模虽不算宏大，但所涉行业却颇为相似，主要集中在干果、茶叶、药材、红白糖等领域。鉴于此，两省的商人们携手合作，共同筹建了浙闽会馆，以加强业务联系，促进信息交流。此外，还有一类会馆是由同行业商人所修建，如估衣行业的商人们共同建立的集云会馆，以及钱业同仁合力打造的福德会

---

① 东亚同文会：《支那省别全志》（山东省），1917年，台北南天书局影印本1988年版，第920—922页。

② 解维汉编选：《中国衙署会馆楹联精选》，陕西人民出版社2006年版，第198页；孔宪雷：《济南名胜古迹楹联赏析》，黄河出版社2006年版，第305—310页。

馆。这类同业性质的会馆，其主要功能在于规范行业内部的发展秩序，同时也在一定程度上限制了不正当竞争，为行业的健康稳定发展提供了有力保障。①

会馆所承载的联结乡谊与协调商业利益的功能，在济南众多会馆的碑文中均有体现。如八旗奉直乡祠碑记（光绪二十四年），碑文如下②：

济南之有八旗奉直会馆，自同治壬申年始。冠裳会聚，称盛一时，独于乡祠则阙如也。乡前辈因经费未充，屡议辄辍。迨光绪甲午，三韩张笏臣方伯莅斯土，下车伊始，厘订会馆旧章，即以乡祠未修、善事久湮为念，谓江苏、福建诸省均有八旗奉直义地、乡祠，而山东独无，因与会馆值年天津李浚三太守相商。太守力怂恿之，遂捐资倡议兴建。时值海城李鑑堂中丞来抚斯邦，而长白毓佐臣廉访、长白丰菏廷都转又先后莅任，冠盖臻极盛焉。方伯告以增建乡祠之议，咸云善举也，宜亟行之。乃就原购历山门外南营义地二十亩圈丈四分之一，延堪舆家立坎山，其向南与千佛诸山遥遥相映，鸠工庀材，及早兴建，勿为浮华，但须坚固。四围缭以重垣，垣内建南室五楹为襄礼执事之地；二门则比枋为廊，对建北室五楹以作正厅，配以东西各宇，厨厕等屋悉列于侧；再内作殡所，凡四十五间，每间列二号，可容九十棺；中三椽为设位受吊之处，是经是程有伦有要。经始于丁酉仲春，寒暑罔懈，阅十五月，以戊戌夏全工告竣。计房八十余间，费京钱万余缗，额曰"八旗奉直乡祠"。环植松楸杨柳，以资屏蔽。是后也，浚三太守总其成，安州陈善□、长白承仲宣雨直刺，大兴刘紫绶、玉田蒋友山、长白德溪桥三明府董其事，天津刘雨田巡□□簿而佐理其之。其宏阔坚完，举乡前辈数十年所未竟之工，一旦告厥成功，俾吾乡旅櫬未能□□者，咸有所依，岂非善举哉！然非方伯主议

---

① 孟玲洲：《传统与变迁：工业化背景下的近代济南城市手工业（1901—1937）》，华中师范大学，硕士学位论文，2011年。

② 碑文由黄鹏先生提供。

兴建，太守协力赞襄，其工之成亦不能如此之□□□也。于是申明条规，勒之于石：凡停厝之枢以三年为限，过期则代葬东南隙地中，树碣□□□□迁移，其详细章程专有刊本。凡我桑梓同深观感，宜共守勿替，且祠之左右尚有余□□□□□，房舍应如何扩充，以俟夫后之来者。

整顿集云会馆碑记（光绪三十四年），碑文如下：

《记》曰：百工居肆，以成其事。古人立论与泰西合群进化之理若相发□后，□□□立制。商业之有会馆，缺集云会馆乃估衣行同业公约聚议之所，创修于嘉庆十八年，仅□□□□于道光二十三年与光绪缺，美仑美奂，而规模于是大备、位祀关圣帝君于中楹，岁时致祭，盛设飨宴、同业家之议行规、评审价者咸聚论此，历久相沿数十年，如□□也。治缺埠通商当局者有商会之设，□面新开，立法屡易，人心□□□为转移，况乎行业之疲累莫甚于掣肘既多，着手愈难，幸赖值年邓君及诸君等不辞其劳，之任其难，并遵总会定章，公议协商孔君为行中分缺业自谋进步外，而对待总会代表商情，数年来颇著成效，爰开前辈公议旧章，并谋新规，以其出货之家缺资用浩繁，公议加厘以济需用。各条之一关□□牌悬示询谋佥同相约□化是举也今虽善因实则善凡乐成易。其经营擘画之功，洵属不可泯，特殊颠末，贞诸珉石，以垂永久，并示来者。

稽古钱法之制锱铢合一原为上官（道光二十九年），碑文如下：

国帑下系民生，是以城市有钱行生理，银钱两便。更有以钱贴兑用，较之现钱尤为便捷，亦因事制宜之道。无如人心不古，私铸业主，掺和混真，亏偏间阎，以致拣换不休，挑剔勒补，甚至纠人横闹，势欲抢辱，商贾不安。伊於胡底年来，叠次禁止，挠未能清流节源，诚为市□之大害，询属各省所共愤。现已呈请县示，将私铸断绝，行使九八官板制钱，一律遵行，勿任日久复萌，更有可虞者。钱行买卖银项，将银售出，率多徐归钱价，以致卖银者未能全数济急，买银者总是一味拖延。前车之覆，后车之鉴，再遇不测，为累非轻。若公立条规数则，如有阳奉阴违，勤始怠终，按照行规议罚，咸宜破除情面，勿稍瞻徇。特将行规勒石嵌壁，用垂久远云尔。

一议买银者无论现钱、钱贴，均须当日清楚。如外贴不足，即将本贴凑足，不得逾日。

一议现钱按照新齐行规，官板制钱每京钱壹千文只许短底京钱二十文。如再有私钱短数，原主当时补换，倘有借口狡濑，抗坏行规者，按钱数多寡议罚。

一议会馆铺垫、灯彩、器皿等件，每至岁首，旧值年之家须一一点交值年之家。倘有遗漏不全，旧值年之家照数赔补。

一议凡有赁用会馆铺垫等物者，事前一日搬取，事后一日送交。如有先后参差混用，于该年是问。

一议新开字号者，纳入行京钱五十千文，旧字号无论上下改一字、添一字者，纳行规京钱拾仟文，以备公用。

一议退换钱贴，如初一日巳时以前收贴，于初三日早晚闭门者，或于初四日未开门者，系在三天之内准退原主；

初一日日落以后收贴，于初四日早晚闭门，初五日为开门者，系在三天之内准退原主。

初一日巳时以前收贴，于初四日开门，迫于起钱而又闭者，系在三天之外不准退换。

初一日日落以后收贴，于初五日开门迫于起钱而又闭者，系在三天之外不准退换。

以上诸款原为新齐行规，一律遵行。倘有参差不遵者，议罚神戏一天，神供一桌，以杜渐微而昭慎重，公同议明特此谨白。

总体而言，济南各会馆之功能，主要彰显于下述诸端：其一，崇祀神明。会馆乃同乡祭祀、聚会之圣地，多数会馆均供奉神像，每年定期举行盛大祭祀，乡人纷纷前往各自会馆，虔诚祭奠。其二，敦睦乡谊。会馆因地缘而聚，成为游子寄托思乡之情、"异地联乡情"之纽带。或春秋两季，或四季轮回，皆有联欢之会；亦有月会之制，以增乡情。其三，施医赠药，周济贫孤，兴办义举。会馆为远道而来的本乡官绅、商人提供休憩之所；对年迈无依之同乡，会馆慷慨解囊，酌给膳资；遇疾患无力医者，会馆更挺身而出，施以援手。其四，协调商业利益。一方面，会馆调解同行商人间的纷争，"消弭嫌隙"，维护商人间的和谐共处；另一方面，团结商众，共同抵御官吏的不合理盘剥，保障商业利益。①

到民国时期，会馆并没有完全消失，依然发挥着调解作用。据《1927济南快览》记载，1927年济南仍有会馆10家（见表2—2）。其主要功能："会馆之制创自前清，本为一班候补官吏旅居、祭祀、茔葬之机关。会馆凡贫寒同乡之往新疆者，皆可常驻，馆除供给火食外，并每月有银七两之津贴以资零用。会馆经费，按同乡之在伊犁有职务者，每月按其薪水之所得抽取百分之二，以为接济，盖亦以道远而乡情较重也。若在交通便利之地，则恐无此据大之会馆足庇寒士焉。"②

表2—2　　　　　　　　1927年济南会馆一览表

序号	会馆名称	概况	备注
1	湖广会馆	为湖南、湖北两省人之会馆。馆址在小布政司街，墓地及义园在新东门外，为两省军政两界之集合地，商人仅南省有数笔商而已	
2	奉直会馆	原名八旗奉直会馆，为奉天直隶及旗人之机关，馆址在院后	
3	闽浙会馆	在宽厚所街路南，为福建浙江两省之机关	
4	江苏会馆	在宽厚所街东首，为江南旅东人员团拜之所	

① 聂家华：《对外开放与城市社会变迁——以济南为例的研究（1904—1937）》，齐鲁书社2007年版，第74—75页；罗腾霄：《济南大观》，济南大观出版社1934年版，第21页。

② 周传铭：《1927济南快览》，齐鲁书社2011年版，第114页。

续表

序号	会馆名称	概况	备注
5	山西会馆	为山西商人集合之所,在大布政司街路西	
6	河南会馆	在榜棚街	
7	江西会馆	在万寿宫街,为江西旅东官幕两途集合之所	
8	福德会馆	在高都司巷,原为福德巷,今为钱商之议价地,所谓"关上"是也	
9	浙绍会馆	在西门大街路北之浙绍乡祠内,为浙江绍兴府官幕者集会之所。该府人在前清时多为幕友,故别树一帜	
10	安徽会馆	该省义地在四马路,馆址附设李公祠内,名曰"皖江公所"该省在鲁之政界者极多,乡情极重,故旅居者亦较多云	

资料来源:周传铭:《1927济南快览》,齐鲁书社2011年版,第114—115页。

清朝末年直至1927年,会馆与同业公会并存,但是以1904年1月清朝颁布《奏定商会简明章程二十六条》为标志,同业公会开始超脱传统行会向着近代工商团体蜕化演变,并最终替代会馆、公所成为工商同业组织的主体。[①]

二 同业公会的兴起与发展(1912—1948)

关于同业公会的发展历程,学术界当前的主流观点可归纳为以下三种。依据政府法令对组织演进模式的作用,有研究者将同业公会从传统迈向现代的转型历程细分为三大阶段:第一阶段始于上海开埠,迄于1904年;第二阶段自1904年1月清朝商务部发布《奏定商会简明章程二十六条》起,至1929年南京国民政府颁布《工商同业公会法》前夕止;第三阶段则自1929年8月延续至1948年。[②] 有学者基于法令演变及时局变迁揭示同业公会的数量和组织结构所经历的演变过程,并将其发展划分为五个

---

① 宋钻友:《从会馆、公所到同业公会的制度变迁——兼论政府与同业组织现代化的关系》,《档案与史学》2001年第3期。
② 参见宋钻友《从会馆、公所到同业公会的制度变迁——兼论政府与同业组织现代化的关系》,《档案与史学》2001年第3期。

阶段：第一阶段始于清末民初，直至1918年《工商同业公会规则》的颁布；第二阶段从1918年持续至1929年《工商同业公会法》的实施；第三阶段从1929年延伸至1938年《工业同业公会法》和《商业同业公会法》的发布；第四阶段覆盖了1938年至1945年抗日战争胜利时期；第五阶段则从1946年延续至1949年。① 有学者认为可以将同业公会的发展历程划分为六个阶段：初萌期（1840—1905）、发展期（1906—1928）、繁荣期（1929—1937）、异动期（1938—1945）、维持期（1946—1949）以及结束期（1949—1958）。②

依据学术界现有研究成果，并结合法令以及不同政治势力在统治济南期间对同业公会政策及其组织形态的变迁，民国时期济南同业公会的发展历程大致可以划分为以下四个阶段：北京政府统治时期（1912—1928）、南京国民政府时期（1929—1937）、沦陷时期（1937年12月至1945年8月），以及南京国民政府时期（1945年8月至1948年9月）。

（一）北京政府时期（1912—1928）

1918年4月27日，北京政府农商部颁布了《工商同业公会规则》和《工商同业公会施行办法》，其主要内容涵盖：

第一，同业公会之宗旨："以维护同业公共利益，矫正营业上之弊害。"

第二，设立同业公会组织的条件及一般程序"同业公会组织之设立，以各地方重要各营业为限，其种类范围，由该处总商会、商会认定之"，但"凡属手工业劳动及设场屋以集客之营业，不得依照本规则设立工商同业公会"。在设置程序上，"须由同业中三人以上之资望素孚者发起，并要订规章经该处总商会、商会查明，由地方长官呈候地方主管厅或地方最高行政长官核准，并报农商部备案"，规章的内容要包括"名称及所在地、

---

① 朱英主编：《中国近代同业公会与当代行业协会》，中国人民大学出版社2004年版，第135页。

② 汪耀华编著：《上海书业同业公会史料与研究》，上海交通大学出版社2010年版，第264—272页。

宗旨及办法、职员之选举方法及其权限、关于会议之规程、关于同业入会及出会之规程、关于费用之筹集及收支方法、关于违背规章者处分之方法"。

第三，同业公会之性质："不得以同业公会名义，而为营利事业。"

第四，同业公会组织机构："设立事务所，置总董一人，副董一人，董事十人至十五人，均为名誉职。"

第五，处罚规定，"如有违背法令，逾越权限，或妨害公益时，地方主管官厅或最高行政长官，得命解散并报农商部备案；工商同业公会之职员，有违背规章之重大情事时，得由公会议决除名"。

第六，有关旧式同业组织的处理方法，"本规则实行前，原有关于工商业之团体，不论用公所、行会或会馆等名称均得依旧办理"①。随着相关法令的颁布与实施，原有的各行业会馆和公所逐渐转型为同业公会。

1923年4月14日，北京政府农商部颁布第267号令，正式公布了《修正工商同业公会规则》②，同原规则相比新规则补充了三点内容：一是删除原规则中第二条规定"凡属手工业劳动及设场屋以集客之营业，不得依照本规则设立工商同业公会"；二是新规则第九条增加了"前项公所行会或会馆存在时，于该区域内不得另设该项同业公会"；三是增加一条"本规则除有法令特别规定外，于工商同业公会均适用之"。该法令的颁布不仅完善了原有规则，而且为这一时期会馆、公所与同业公会的共存提供了法律依据。因此，许多行业一方面依据《工商同业公会规则》纷纷成立了具有现代意义的同业公会组织，另一方面不少行业仍然保留着会馆、公所等行会组织。

济南同业公会主要有两种来源。

一是由同业型的会馆改组而来。如济南钱业同业公会的成立就经历了数次改革。济南最初的银钱业行会组织，即福德会馆，始建于嘉庆二十二年（1817），由当地钱业人士刘丙寅出资筹建，馆址位于高都司巷（现为济南刺绣厂分厂所在地）。根据道光元年（1821）福德会馆的"公立石碑"

---

① 彭泽益主编：《中国工商行会史料集》（下册），中华书局1995年版，第985—987页。
② 彭泽益主编：《中国工商行会史料集》（下册），中华书局1995年版，第987—988页。

记载，当时在福德会馆注册的济南钱业机构已达到163家。随着光绪三十年（1904）济南的开埠，商业重心从西关转移到了商埠区，银号也逐渐迁往商埠区。1913年，商埠区的银钱号成立了钱业公所，而到了1918年，钱业公所正式会所的建立地点定在了经四路小纬五路。1920年11月17日，济南商埠钱业公会正式由钱业公所改组成立，"为改组钱业公会禀请转咨立案事，窃查济南自商埠开辟以来，既有钱业公所之设立，关于此项公所在昔既无明文规定而相沿，既久亦未曾立案，现值商战剧烈时代，各种商业均逐渐发达而金融者，亦较往年为尤多，若不整顿划一之机关，订立完善之章程，恐不足以团结同业之团体，维持公共之利益，对于营业之进行固多障碍，对于金融之发展，亦受影响，敝同业等见及于此，特将钱业公会所照章改组为钱业公会以便共同讨论发展营业之计划，除公会规则施行办法缮具发起人姓名及同业经理人姓名册附呈外，理合禀请，呈商埠商会"[①]。自此，钱关被划分为两个部分：商埠关主要负责汇兑业务，而城内关则偏重货币兑换和存款贷款服务。1930年7月，根据《工商同业公会法》的规定，福德会馆与钱业公会合并，成立了济南市钱业同业公会，并制定了详尽的章程。同年11月，济南棉业同业公会成立，它是由1924年成立的棉业公所改组而来，会址设在经四路纬六路，由发起新鲁花行的张冠之和阜成信花行的王玉岩等人领导。新成立的钱业同业公会和棉业同业公会，相较于之前的钱业公所和棉业公所，运作更为规范，但它们与前身机构之间仍保持着千丝万缕的紧密联系。

二是由新行业促成同业公会。如清末民初，济南的新式银行业蓬勃发展，继上海、北京、天津之后，济南于1918年10月成立了银行公会，其会址位于商埠三马路，仅限本国资本银行加入。到了1921年，已有中国、交通、边业、大陆、山东、工商、东莱、丰大、齐鲁九家会员银行。银行公会内部设有九位董事组成的董事会，并选举工商银行经理马惠阶担任会长。1920年，全国银行公会联合会成立，济南与上海、北京、天津、汉口、杭州、蚌埠、南京、苏州等10个银行公会共同成为联合会的成员。联

---

① 《具禀济南商埠钱业公会成立由》，1920年11月17日，济南市档案馆藏历临77—3—1。

合会每年4月15日举行年会，济南银行公会连续参加了五届。然而到1925年，由于边业、丰大两家银行歇业，会员出现空缺且无合适银行递补，会员数量未能达到法定要求，加之会费收入无法满足支出，济南银行公会于7月21日宣布解散。直到1932年3月9日，银行业同业公会再次成立，会员银行包括中国、交通、东莱、大陆、山东商业、中国实业、浙江兴业、上海商业储蓄八家银行，会址设在交通银行内。

自1918年至1927年，共有14个行业呈文请准设立同业公会（见表2—3）。在1927年，又新成立9个同业公会组织（见表2—4）。

表2—3　　　　　　　1927年前济南市已成立的同业公会

公会名称	成立时间	发起人或行业	备注
济南商埠运转公会	1919	悦来公司	
济南商埠钱业公会	1920	李锡藩	
济南商埠车牛同业公会	1921	李梦符	
济南商埠棉业公会	1921	王协三	
济南木业公会	1921	任渐逵	
济南商埠粮业公会	1918	穆德荣	1921年备案
济南竹笔同业公会	1923	于相周	
济南商埠蛋业公会	1924	不详	
济南牛业公会	1924	不详	
山东机器面粉公会	1924	穆德荣	
济南云锦公会	1925	刘东海	
济南商埠运输业公会	1925	李梦符	
济南油业公会	不详	不详	20世纪20年代存在
中华银行公会	不详	不详	

资料来源：济南市工商业联合会、济南市总商会编印：《济南工商文史资料》（第2辑），1996年，第154—155页。

表2—4　　　　　　　1927年成立的同业公会组织

会所名称	所在地	会所名称	所在地
商业研究会	纬五路	商业公所	普利大街

续表

会所名称	所在地	会所名称	所在地
当业公会	县西巷北	报界公会	后宰门
钱行公所	公园后	木业公会	小北门内
牛业公会	小北门外	面业公会	小纬二路
律师公会	公园后	油业公会	纬五路
炭业公会	纬五路	钱业公所	旧军门巷
棉业公会	四马路纬六路	粮业公所	津浦货栈
醋业公会			

资料来源：周传铭：《1927济南快览》，齐鲁书社2011年版，第110页。

（二）南京国民政府时期（1929—1937）

1928年1月，蒋介石重新掌握了国民政府的党、政、军大权。1928年5月中旬，蒋介石成功迫使张宗昌和孙传芳的部队撤出山东，终结了北洋军阀在该地区近17年的统治。新政府成立后，立即开始对包括同业公会在内的商人团体进行改组和整顿，通过立法严格控制商人团体的改组和成立。1929年8月，南京国民政府颁布了《工商同业公会法》，紧接着在1930年1月又颁布了《工商同业公会法施行细则》，规定必须将各类工商业行业组织改组为同业公会，并对各同业公会的设立宗旨、章程、会员、经费等进行了详细规定。依据《工商同业公会法》及其施行细则，1930年12月济南当局迅速推出了《济南市同业公会组织程序》和《济南市同业公会模范章程》，以加强对各行业同业公会的管理。根据济南市当局的要求，各行业纷纷成立同业公会，据统计，截至1931年，共成立了75个同业公会。（见表2—5）

表2—5　　　　　　　1931年济南同业公会的发展情况

公会名称	所在地	负责人姓名	备考
报业公会	平民日报	王伯州	
盐业公会	运署街三十八号	郑仲明	
绸布业公会	城内商会	辛铸九	

续表

公会名称	所在地	负责人姓名	备考
茶业公会	城内商会	王宁章	
南纸业公会	后宰门华复斋	段茋华	
酱菜酒业公会	小布政司街湖广菜馆	田仲涛	
印刷业公会	西门里大街大中石印局	李馨山	
中药业公会	剪子巷广德栈	李伯成	
木料公会	小北门里泰和木厂	刘子秉	
席业公会	顺和街	谭继贵	
电料公会	估衣市街益华公司	李瑞卿	
棉带业公会	西杆石巷永祥成		
缘锦公会	院西大街一间楼	张简科	
织布公会	花店街诚记	张玉振	
铜器公会	院西大街谦和祥	李玉卿	
瓷器公会	趵突泉前门恒兴顺	王殿武	
京货公会	西门大街公升隆	王云章	
糖果公会	西门晋利街三元宫	梁绩巷	
鲜货公会	城顶聚城栈	朱爱卿	
海味杂货公会	晋利街三元宫	张聘之	
鞋帽公会	院西大街大同号	崔子鸿	
广货公会	西院门	张香圃	
生皮公会	估衣市街永顺合	杨朝彦	
皮箱公会	院西街祥兴	苣馨山	
军服公会	后宰门鼎豫公司	张益三	
皮革鞋料公会	纬四路	傅济生	
卷烟公会	四大马路三里庄东清和里	傅雨亭	
西药公会	西门大街共合药房	柴子荣	
食物公会	清和王	张文卿	
眼镜钟表公会	清和王	郑章斐	
木业公会	商埠商会	杜振生	
面粉公会	纬五路	国佐廷	
粮业公会	官扎营成丰	苗杏村	
炭业公会	商埠商业研究会	陈鲁泉	

续表

公会名称	所在地	负责人姓名	备考
棉业公会	四大马路纬六路口	张冠三	
牛肉公会	纬十一路泽兴栈	汪洪禄	
钱业公会	中山公园后	綦亿轩	
藤竹公会	纬四路	由富田	
运输公会	大马路纬五口	李菱符	
照相公会	商埠商会	王廷玉	
蛋业公会	纬九路	王振西	
土产公会			
钱货公会	西门大街	张功甫	
旅栈公会	商埠商会	薛岫峰	
牛业公会	纬十一路源兴栈	和仲平	
金银首饰公会	西门大街三器金店	王孟岩	
转运公会	西门大街三器金店	陵子余	
地毯公会	劝业场	魏羽亭	
腌腊公会	院西大街德兴斋	谭子诚	
澡堂公会	大布政司街浴德池	刘鑫泉	
棉纱公会	普利街三元宫	王桐轩	
碎货公会	花店德康号	王润身	
饭馆公会	商埠商会	刘焕章	
理发业公会	南国山小满罗祖庙	石永卿	
建筑公会	升平街	侯占梅	
古玩公会	小布政司街	万思昔	
估衣公会	估衣市街	邓毓斋	
染业公会	狮子口三子	戴石轩	
刻字公会	大布政司街星疏斋	王银汉	
汽车公会	纬三路	陈树轩	
油业公会	纬九路	宋希仇	
窑业公会	岔路口	孙修五	
汁果公会	普利街	张斋园	
料货公会			
织袜公会			

续表

公会名称	所在地	负责人姓名	备考
律师公会	魏家庄	张裕昌	
医师公会	魏家庄	张思维	
皮米公会			
自行车公会	商埠经二路	丁仁轩	
屠宰牛肉公会			
木瓦公会	商埠经三纬一路	李文玉	
蔬菜公会	南关卷门巷三十二号罗祖祠内	刘光珠	
面食公会	马庚生	城内芙蓉街	
山果公会	西门城顶街六十号	马来友	
五金公会	商埠经二路	韩耀亭	

资料来源：《济南市人民团体一览表》，1931年，济南市档案馆藏历临77—14—46。后文所有济南市档案馆档案均简注为：济南市档案馆藏历临××—×—××，其中第一个数码为全宗号，第二个数码为目录号，第三个数码为案卷号。

《工商同业公会法》第十条规定："执行委员及监察委员之任期均为四年，每两年改选半数，不得连任。"[①] 因此，1934年各同业公会进行了首次改选。根据1934年的统计数据，济南市同业公会由1931年成立时的75个会员单位经改选后缩减至58个，其中减少了包括盐业、皮箱、屠宰牛肉、理发、皮米以及驻济棉商联合会等17个行业会员。[②]（见表2—6，以全业人数多少为序）

表2—6　　　　　1934年济南同业公会改选及当选主席情况

序号	公会名称	成立时间	改选时间	全业人数	主席姓名
1	绸布业同业公会	1931.2	1934.1	1852	辛铸九
2	粮业同业公会	1929.5	1934.3	1305	苗杏村
3	国药业同业公会	1931.3	1934.5	1165	张岩岑

① 工商部工商访问局编：《商会法、工商同业公会法诠释》，1930年，第97页。
② 济南市工商业联合会、济南总商会编印：《济南工商文史资料》（第2辑），1996年，第196页。

续表

序号	公会名称	成立时间	改选时间	全业人数	主席姓名
4	酱菜酒业同业公会	1932.2	1934.8	1127	吕仲华
5	炭业同业公会	1931.2	1934.3	888	荆奉之
6	染业同业公会	1931.2	1934.4	866	毕喻亭
7	钱业同业公会	1930.7	1934.3	798	李敬斋
8	广货业同业公会	1931.2	1934.2	698	冯振生
9	食物业同业公会	1931.2	1934.5	597	汪镜秋
10	海味杂货业同业公会	1930.12	1933.12	588	封郁卿
11	茶叶业同业公会	1931.1	1933.12	588	张梯云
12	铜锡业同业公会	1932.12	1934.6	567	吴敬臣
13	鞋帽业同业公会	1931.2	1934.5	565	李鸿远
14	印刷业同业公会	1931.3	1934.5	521	汝仲文
15	牛业同业公会	1931.1	1934.1	520	和仲平
16	饭馆业同业公会	1931.8	1934.3	518	卢秀斋
17	南纸业同业公会	1931.3	1934.9	488	段荩华
18	金银首饰业同业公会	1931.3	1934.4	410	张孟岩
19	油漆业同业公会	1931.10	1934.5	370	亓润生
20	棉业同业公会	1930.2	1934.4	366	张冠三
21	木业同业公会	1931.2	1934.9	360	杜振声
22	澡堂业同业公会	1931.1	1934.3	353	魏春亭
23	旅栈业同业公会	1931.2	1934.2	351	薛岫峰
24	卷烟业同业公会	1931.1	1934.3	339	傅雨亭
25	面粉业同业公会	1931.1	1934.5	339	国佐亭
26	转运业同业公会	1931.2	1934.1	334	白春年
27	运输业同业公会	1930.12	1934.2	331	邵干臣
28	军服业同业公会	1931.4	1934.9	324	张益三
29	瓷器业同业公会	1931.4	1934.7	317	张九宝
30	西药业同业公会	1932.3	1934.5	316	吴韶九
31	电料业同业公会	1931.11	1934.6	313	李瑞卿
32	山果业同业公会	1931.3	1934.6	291	朱受卿
33	藤竹绳经业同业公会	1931.2	1934.4	272	李梦符
34	戏曲电影业同业公会	1931.3	1934.5	263	于保良

续表

序号	公会名称	成立时间	改选时间	全业人数	主席姓名
35	油业同业公会	1931.2	1934.5	262	宋希儒
36	古玩业同业公会	1931.3	1934.5	243	万恩普
37	色纸业同业公会	1931.3	1934.3	220	陈殿璧
38	建筑业同业公会	1931.2	1934.12	217	孔佐卿
39	五金业同业公会	1931.11	1934.8	210	刘禽廷
40	汽车业同业公会	1931.3	1934.5	198	刘树轩
41	银行业同业公会	1932.3	1934.3	192	陆廷撰
42	碎货业同业公会	1931.3	1934.3	191	王润身
43	腌腊业同业公会	1931.3	1934.8	191	谭子诚
44	冶铁业同业公会	1931.10	1934.5	184	牛寿三
45	自行车业同业公会	1931.1	1934.5	166	杨焕章
46	棉纱业同业公会	1931.3	1934.7	164	李镌亭
47	京货业同业公会	1932.4	1934.4	154	李莱轩
48	铁货业同业公会	1931.2	1934.1	145	张功甫
49	窑业同业公会	1931.2	1933.12	136	孙修五
50	烟厂业同业公会	1934.6		131	齐济斋
51	估衣业同业公会	1931.3	1934.1	126	杜德斋
52	钟表业同业公会	1931.2	1934.5	121	郑章斐
53	镶牙业同业公会	1931.10	1934.5	120	万晋三
54	毛巾业同业公会	1931.3	1934.9	110	王实业
55	照相业同业公会	1931.2	1934.1	106	王鼎臣
56	木料业同业公会	1931.5	1934.5	96	刘子乘
57	生熟皮业同业公会	1931.3	1934.9	94	杨朝产
58	铜器业同业公会	1931.4	1934.9	84	刘文轩

资料来源：《山东济南市商会公会会员商店会员名册》，1934年，济南市档案馆藏历临77—14—46。

依据当时的行业规定，生产和销售同类产品的商家或工厂必须加入相应的同业公会并成为其会员。据数据统计，该时期共有13家商店加入了同业公会。（见表2—7）

表 2—7　　　　1934 年济南同业公会中 13 家商店会员的情况

商店会员名称	业别	代表姓名	代表职务
电话公司	电话	韩纯一	董事兼总经理
东源公司	火柴	王渭川	总经理
成通纱厂	纱厂	苗海南	经理
仁丰公司	纱厂	马伯声	职员
丰华公司	制针	韩纯一	总经理
鲁丰公司	纱厂	杜助廉	总理
华丰公司	颜料	陈鄂庭	经理
兴化公司	造纸	何少江	总董
裕兴公司	颜料	于耀西	总经理
振华公司	颜料	高墨泉	经理
振业公司	火柴	丛德滋	经理
天丰公司	颜料	李筱溪	经理
益华公司	火柴	郭健秋	经理

资料来源：《山东济南市商会公会会员商店会员名册》，1934 年，济南市档案馆藏历临 77—14—46。

根据表 2—6 所示，1934 年同业公会的从业人员总数为 22871 人。一方面，在这些行业中，只有绸布业、国药业、粮业和酱菜酒业的从业人员数量超过了 1000 人，这四个行业的从业人数合计为 5449 人，占所有行业从业人数的五分之一以上。另一方面，有 19 个行业的从业人员不足 200 人，这反映出当时相关行业的规模相对较小。同时，与 1931 年相比，这一时期见证了众多新兴行业的崛起，例如照相业、电影业、钟表业和铁货业等。此外，还出现了现代化的行业组织——汽车业同业公会。据李柏槐研究，直至 1939 年，成都尚未形成现代化的行业组织。[①]

通过观察表 2—6，可以发现同业公会的设置存在不合理之处，具体表现为同一行业中存在多个同业公会。例如，在杂货行业中，有广货业、碎货业、京货业、海味杂货业等多个公会；在饮食行业，又细分为食物业、腌腊业、饭馆业、生熟皮业、茶叶业等公会。这种现象明显与南京国民政

---

① 参见李柏槐《现代性制度外衣下的传统组织——民国时期成都工商同业公会研究》，四川大学出版社 2006 年版，第 117 页。

府颁布的工商同业公会法规相悖。1918年4月27日，北京政府颁布《工商同业公会规则》，其中第五条明确指出："同一区域之内工商同业者设立公会，以一会为限。"① 1929年8月17日，南京国民政府颁布《工商同业公会法》，其中第五条规定："同一区域之内同业设立公会，以一会为限。"② 在同一个公会内部，手工业与现代工业共存的现象尤为显著。以鞋帽业同业公会为例，其中不仅包括鞋铺、帽行等传统商业行号，还存在德行制帽厂、顺利工厂等手工业工厂。③

（三）沦陷时期（1937.12—1945.8）

由于韩复榘持消极的抗日态度，致使日军在1937年12月27日上午9时进入济南。随后，马良于1938年1月成立了伪"济南治安维持会"并自任会长。该"维持会"的权力范围仅限于济南一地，且未能获得日军的任何经济援助，所有经费均需向当地工商行业征收。随着济南全部沦陷，日伪政权全面接管了所有官方经营的工矿企业，对民族工商业进行了排挤、掠夺甚至吞并。商品流通和市场结构遭到破坏，工业生产因此萎缩，物资短缺，加之沉重的税负和摊派，工商业几乎陷入破产的边缘。尽管如此，济南战前繁荣的工商业在1938年沦陷初期仍保有一定的基础。据1938年调查，全市工业、商业、手工业的业别、户数和员工人数见表2—8至表2—10。

表2—8　　　　　　　　1938年济南工业发展情况

	业别	户数	员工人数	业别	户数	员工人数
纺织漂染	1. 纺纱	4	2883	2. 织布（含毛巾、织带）	101	1388
	3. 针织（含织袜、背心、汗衫、花边）	73	722	4. 扎布印花	3	58
	5. 染坊	25	115	6. 洗染	39	132
	7. 漂染	4	51			

---

① 彭泽益主编：《中国工商行会史料集》（下册），中华书局1995年版，第986页。
② 工商部工商访问局编：《商会法、工商同业公会法诠释》，1930年，第90页。
③ 《鞋帽业同业公会各商号入会志愿书》，1931年1月，济南市档案馆藏历临77—14—16。

续表

业别		户数	员工人数	业别	户数	员工人数
化学工业	1. 造胰	9	110	2. 造纸	1	51
	3. 酿造	11	74	4. 化妆品	6	31
	5. 制革、皮毛	57	200			
电气机械业	1. 电灯公司	1	340	2. 电话公司	1	293
	3. 修理机械	18	78	4. 修理自行车	98	241
	5. 铁工厂（翻砂、铸锅、磅秤）	54	692	6. 制针、制杆、制罐	3	199
建筑材料业	1. 建筑工厂	53	（不详）	2. 洋灰	15	230
	3. 窑货	58	130	4. 砖瓦	15	1420
	5. 油漆	40	137			
制粉业	1. 面粉公司	7	（不详）	2. 磨坊（电磨、石磨）	75	252
其他	1. 手工卷烟	56	120	2. 制秤	12	27
	3. 毡毯	4	37	4. 衣箱	8	43
	5. 棕床	11	32			

表2—9　　　　　　　　　1938年济南商业发展情况

	业别	户数	员工人数	业别	户数	员工人数
服用业	1. 绸布	226	1873	2. 鞋帽	251	1185
	3. 线货（含颜料）	176	1110	4. 铁货	140	554
	5. 铜货	94	408	6. 锡器	7	17
	7. 银楼	24	117	8. 金店	4	48
	9. 白铁	96	235	10. 广货	127	649
	11. 木器	233	957	12. 杂货	469	2571
	13. 成衣	525	631	14. 军装	5	53
	15. 西服	21	193	16. 估衣	45	171
	17. 钟表眼镜	92	289	18. 碎货	42	187
	19. 嵌银	2	7	20. 瓷器	38	119
	21. 陶器	17	56	22. 伞扇	7	28
	23. 绣花	6	23	24. 镜子	30	149
	25. 香烛	18	66	26. 肥皂	28	86
	27. 铺垫车鞯	6	21	28. 京货	15	69
	29. 毛刷	9	25	30. 棉花（含弹旧花）	37	92

续表

业别		户数	员工人数	业别	户数	员工人数
饮食业	1. 酱园	127	998	2. 茶叶	50	589
	3. 纸烟	95	316	4. 菜馆	76	1029
	5. 饭铺	190	735	6. 面食	253	591
	7. 包子、米粉、烧饼	153	584	8. 干饭	35	105
	9. 西餐	4	73	10. 冷食	12	62
	11. 茶食	69	444	12. 猪肉	80	157
	13. 牛羊肉	21	40	14. 腌腊	36	118
	15. 鸡鸭鱼菜	12	32	16. 杂粮	163	533
	17. 酒	60	201	18. 粉坊	17	67
	19. 干鲜果	61	192	20. 水旱烟（含纸烟、切烟丝）	10	53
	21. 盐	5	33	22. 糖果	8	70
电机建筑	1. 绳席麻刀（含席箔、土粉）	71	204	2. 电料	46	199
	3. 五金	9	115			
交通	1. 旅栈	136	586	2. 转运	58	429
	3. 货栈	22	186	4. 汽车	9	52
	5. 小车（含修理、售卖）	24	62	6. 马车	4	7
	7. 自行车	18	163	8. 人力车	25	93
	9. 大车	15	66			
教育用品	1. 南纸笔墨	100	564	2. 印刷	49	557
	3. 刻字	47	94	4. 新书文具	9	88
	5. 旧书碑帖	37	89	6. 色纸洋纸	31	269
	7. 体育用品	1	4	8. 照相	41	177
土产业	1. 土产	26	229	2. 油业	51	229
	3. 粮栈	40	387	4. 棉栈	17	177
	5. 牛栈	3	15			

· 56 ·

续表

业别		户数	员工人数	业别	户数	员工人数
卫生业	1. 中药	215	1063	2. 西药	67	273
	3. 医院	28	73	4. 镶牙	23	48
	5. 澡堂	25	721	6. 理发	161	455
燃料业	1. 煤炭	182	698	2. 木柴	11	28
	3. 木炭	9	20	4. 火柴	3	750
金融业	1. 银钱	11	104	2. 当店	10	43
娱乐业	1. 电影	7	69	2. 戏剧	7	233
	3. 鼓书、茶社、台球	6	72	4. 西乐社	2	4
	5. 乐器	4	6	6. 玩具	13	29
其他	1. 土膏	89	413	2. 土药	12	132
	3. 古玩	30	77	4. 麻袋	19	66
	5. 织布机件	7	61	6. 汽灯、彩棚	12	43
	7. 棉纱	33	162	8. 玻璃料货	7	75
	9. 草料	4	6	10. 幡杠、灯轿	14	24
	11. 冰	5	13	12. 粗纸	13	20
	13. 金汁	62	71			

表2—10　　　　　1938年济南手工业发展情况

业别	户数	员工人数	业别	户数	员工人数
1. 藤竹器	46	181	7. 蒸笼	21	43
2. 拔丝	2	10	8. 发网	1	340
3. 纸扎、裱糊	24	43	9. 纱灯	4	5
4. 条货	8	18	10. 洗衣	17	35
5. 纸盒	11	29	11. 揭表	34	65
6. 石碑	2	10	12. 编筐篓	6	14

资料来源：济南市工商业联合会、济南总商会编印：《济南工商文史资料》（第2辑），1996年，第218—222页。

以上三类共包含工商行业150个，9537户，从业35338人。其中工业行业30个，858户，从业9906人；商业行业108个，8503户，从业24639人；手工业行业12个，176户，从业793人。①

在济南沦陷之后，日伪政权为了加强对全市工商业的控制，颁布命令并积极推动各行各业组建同业公会。1939年，新成立了柴草、土制卷烟、白灰、乳液、酿酒以及天然冰六个同业公会。至年底，同业公会的总数达到了60个，会员企业共计4713家。1940年，枣行、黑白铁、席箔、鸡鸭这四个行业也成立了各自的公会。1941年，运输、制棉、牛肉、洋纸、磨坊五个行业紧随其后，成立了公会。到了1942年，又有麻袋、陶瓷等17个同业公会相继成立。1943年，机器、洗染、盐业三个公会也相继成立。综上所述，截至1943年，在日伪政府备案的同业公会总数为80个，商店会员数量为6个。②（见表2—11、表2—12，以资本额多少为序）

表2—11　　　　　　1943年济南同业公会情况

序号	业别	会员数	全业资本（伪币元）	从业人数	权数	代表人数	会长姓名
1	钱业	28	1102000	545	2207	5	胡伯泉
2	绸布呢绒业	385	10330850	385	2069	5	辛铸九
3	银行业	7	10000000	293	2003	5	苗兰亭
4	粮业	331	7531500	4055	1509	5	苗兰亭
5	棉纱业	108	3801000	1071	763	4	张芳圃
6	海味杂货业	206	3205700	2407	644	4	孟儒臣
7	颜料业	80	2627800	701	528	4	辛蔚之
8	茶叶业	63	2326500	1135	468	4	孙郁文
9	广货业	338	2054210	2399	413	4	芦兰坡
10	油业	164	1814900	1409	365	4	亓俊峰
11	卷烟业	188	1337000	1028	270	4	袁铁岩

---

①　济南市工商业联合会、济南总商会编印：《济南工商文史资料》（第2辑），1996年，第222页。

②　济南市工商业联合会、济南总商会编印：《济南工商文史资料》（第2辑），1996年，第222—226页。

续表

序号	业别	会员数	全业资本（伪币元）	从业人数	权数	代表人数	会长姓名
12	洋纸业	28	1299000	431	262	4	王元亮
13	国药业	187	1225760	1523	248	4	李伯良
14	自行车业	53	1100400	431	223	4	丁仁斋
15	木料业	53	1014400	316	205	4	刘森田
16	酱油业	121	994820	1142	201	3	周仁斋
17	鞋帽业	234	897940	1911	182	3	李鸿远
18	染业	83	860100	1134	175	3	张让青
19	磨坊业	402	817050	1350	166	3	许翰卿
20	砖瓦业	23	789800	317	160	3	高少卿
21	棉业	22	768000	355	156	3	张冠三
22	麻袋业	105	625150	396	128	3	陈虎臣
23	枣行业	61	615800	845	126	3	张绍武
24	五金业	18	558000	328	114	3	张宝信
25	食物业	126	554150	962	113	3	刘赞卿
26	新药业	105	524700	530	107	3	张松岩
27	炭业	93	519000	520	106	3	韩诗舫
28	洋服业	41	511300	446	105	3	张伯友
29	机器业	80	471950	1265	97	2	王理苻
30	铁货业	41	459000	271	94	2	刘岚溪
31	织布业	164	429860	2505	88	2	刘鸿九
32	生铁业	30	477500	448	88	2	朱相臣
33	针织业	216	388550	1598	80	2	李东升
34	铁道转运业	82	384350	634	79	2	张世英
35	丝绢业	15	351000	133	73	2	李乃澄
36	军服业	31	348000	339	72	2	张俊生
37	肥皂蜡烛制造业	44	345400	367	72	2	李玉田
38	酿油业	53	234000	345	69	2	徐百川
39	印刷业	84	304450	833	63	2	汝仲文
40	钟表眼镜业	83	283270	446	59	2	黄梯云

续表

序号	业别	会员数	全业资本（伪币元）	从业人数	权数	代表人数	会长姓名
41	南纸业	116	270880	698	57	2	王经五
42	火柴杆盒制造业	7	248000	226	52	2	郭润庵
43	饭馆业	164	241020	2124	51	2	吕正轩
44	电料业	82	239100	345	50	2	李瑞卿
45	皮毛业	65	223700	331	49	2	杨圣范
46	金银首饰业	43	219700	434	46	2	纪余三
47	盐业	30	206000	162	44	2	冯念鲁
48	日用碎货业	86	201050	438	43	2	谢丹宸
49	澡堂业	25	168500	931	36	2	刘紫云
50	书业	23	166400	226	36	2	郭星初
51	食肉加工业	69	127030	419	28	2	谭子诚
52	鞋帽料业	22	123600	104	27	2	王尧宸
53	牛乳业	34	111100	101	25	2	武芳林
54	旅栈业	144	109450	826	24	2	郑秀如
55	藤竹绳经业	110	104695	483	23	2	王家庆
56	山果业	134	103900	637	23	2	马幼峰
57	瓷器业	16	101100	103	23	2	王耀东
58	木作业	60	81250	349	21	2	解如川
59	烟丝土卷烟业	175	89680	397	20	2	赵裕华
60	玻璃镜业	64	78980	389	18	2	郑景尧
61	制棉业	53	78800	474	18	2	
62	铜锡业	68	75650	353	18	2	王庆三
63	照相业	39	68950	216	16	2	杨如九
64	黑白铁业	70	65530	437	16	2	秦金山
65	估衣业	61	63300	298	15	2	
66	运输业	34	58300	323	14	2	孟汝南
67	陶器业	59	53490	206	13	2	邵子厚
68	白灰业	77	49950	220	12	1	朱笙甫
69	理发业	221	46660	726	12	1	臧福安
70	古玩业	69	43150	228	11	1	万恩普

续表

序号	业别	会员数	全业资本（伪币元）	从业人数	权数	代表人数	会长姓名
71	洗染业	61	42610	311	11	1	
72	席箔业	49	25830	165	8	1	黄同堂
73	牛业	17	17300	62	6	1	法风朝
74	天然冰业	20	15300	59	6	1	张先河
75	制服业	50	16200	241	5	1	王聚五
76	柴草业	62	13850	172	5	1	王春发
77	成衣缝纫业	42	13100	122	5	1	孙光禄
78	戏曲电影业	16	9650	242	4	1	马寿荃
79	鸡鸭业	47	5050	77	2	1	金衍增
80	渔业	29	2750	67	1	1	

资料来源：济南市工商业联合会、济南总商会编印：《济南工商文史资料》（第2辑），1996年，第222—226页；张玉法主编：《民国山东通志》，山东文献杂志社2002年版，第2268页。

根据上表所示，1943年济南市的80个同业公会累计资本总额达到68318715元。若排除钱业和银行业，其余78个同业公会的资本总额为57216715元，将此总额均摊至各会员单位，平均每家会员的资本额为7931.34元。济南市同业公会的会员总数为7249家，其中磨坊业的会员数量最多，达到402家，而火柴杆盒制造业的会员数量最少，仅有7家。有28个行业的会员数量不足50家。同时，济南市80个同业公会的总从业人数为52271人，平均到每家会员单位，每家会员的平均从业人数仅约为7人。由此可见，在沦陷时期，尽管同业公会的数量有所增加，但各公会的会员资本普遍较少，规模较小，大多数处于小规模经营的状态。

表2—12　　　　　1943年济南同业公会中商店会员状况

序号	商店名称	资本额（伪币元）	从业人数	权数	代表人数
1	惠丰面粉公司	490000	34	101	1
2	华庆面粉公司	400000	105	83	
3	振业火柴公司	300000	14	71	1

续表

序号	商店名称	资本额（伪币元）	从业人数	权数	代表人数
4	益华火柴公司	101200	58	23	1
5	恒泰火柴厂	100000	56	23	1
6	丰华制针厂	55960	7	14	1

通过上表可以看出，商店会员共6个，资本总额1447160元，从业者274人，315权，各商号都有代表1人。

（四）南京国民政府时期（1945.8—1948.9）

自南京国民政府接管济南以来，一方面，着手处理了众多的项目摊派；另一方面，加强了对工商业的管理。在这些管理措施中，一个关键的行动是根据持续上升的通货膨胀率对资本进行增值调整，实施无休止的资本调整。1946年12月，济南市政府对各行业的增值额进行了核准，并依据这些标准向各个同业公会进行了摊派。（见表2—13、表2—14，以各业资本额多少为序）

表2—13　　　　　　　　1946年12月调整资本状况

业别	户数	资本额（万元）	业别	户数	资本额（万元）
粮业	207	109981.6	鞋帽	330	29570
颜料业	103	60100	茶叶	84	28800
钱业	39	59000	磨坊	361	27355
酱菜酒业	179	45000	炭业	218	27010
绸布呢绒	120	37570	机制卷烟	37	25885
广货	318	37208	机器铁工	92	24630
油业	179	32795	国药	177	21934
海味杂货	168	32330	卷烟	125	20580
砖瓦	14	30065	食物	93	17700
呢绒洋服	79	17281	纱布	12	4650
自行车	46	16520	鞋帽业	16	4580

续表

业别	户数	资本额（万元）	业别	户数	资本额（万元）
钟表眼镜	97	16225	枣行	37	4300
南纸文具	115	16058.5	针织	71	4223
新药	117	15893	毛皮	98	4160
五金	17	15510	估衣	52	3570
肥皂工业	42	14250	寿材	36	3284
铁货	31	12810	瓷器	13	3120
生铁	39	12650	白灰	55	3030
金银首饰	47	11830	运输	27	3010
染业	48	11642	棉业	38	2950
织布	122	11505	铁道转运	35	2906
旅栈	214	10876	黑白铁	133	2611
军服	61	10800	牛乳	23	2440
印刷	59	10185	麻袋	36	2384
澡堂	19	8660	木料	17	2250
电料	68	8520	铜锡	84	2080
色纸	39	8030	猪肉	219	2074
饭馆	146	6793	理发	186	1978.5
陶器	41	6415	牛业	33	1819
书业	63	6065	电影业	7	1800
玻璃	44	5288	洗染	59	1770
山果	111	5005	土制烟	95	1178
照相	38	4810	丝绢	5	1150
藤竹绳经	110	4763	席箔	50	1115
洋纸	22	4650	牛肉	27	1109
腌腊	36	961	渔业	39	415
漆业	12	896	刻字	66	276.8
古玩	39	754	鸡鸭	46	275
日用碎货	94	716	羊肉	21	177
制碱	5	660	天然冰	8	40
汆口肉	21	420			

资料来源：济南市工商业联合会、济南总商会编印：《济南工商文史资料》（第2辑），1996年，第257—259页。

表2—14　　　1946年12月济南24个大型公司名称与资本额

公司名称	资本额（万元）	公司名称	资本额（万元）
仁丰纱厂	40000	恒泰火柴厂	3000
成通纱厂	30000	振业火柴厂	3000
成大纱厂	20000	山东第二造纸厂	2000
山东第一造纸厂	8000	丰华针厂	2000
华庆面粉厂	8000	山东志成企业公司	2000
成丰面粉厂	5500	益华火柴厂	1000
成记面粉厂	5500	鲁西火柴厂	1000
丰年面粉厂	5000	洪泰火柴厂	1000
东亚面粉厂	5000	中华针厂	1000
惠丰面粉厂	5000	山东民生企业公司	1000
宝丰面粉厂	5000	益中造纸公司	500
裕兴化工厂	3000	惠鲁当店	500

资料来源：济南市工商业联合会、济南总商会编印：《济南工商文史资料》（第2辑），1996年，第259页。

依据自20世纪30年代起颁布的相关法规，南京国民政府对各同业公会进行了重组。截至1946年年底，各同业公会已陆续选出新一届理事，共计93个行业成立了同业公会，而尚有9个厂家未加入公会组织。（见表2—15、表2—16）

表2—15　　　　　　1946年济南同业公会状况

序号	公会名称	理事长姓名	年龄	籍贯	代表商号	公会地址	会员家数
1	粮业	许宗远	60	桓台	恒聚成北记	津浦车站北	149
2	颜料	王子明	34	河北宁津	德裕	西关西杆面巷41号	101
3	茶叶	张梯云	58	章丘	义合茶庄	富官街17号	103
4	国药	张品三	53	陕西华阴	永兴栈	舜庙街2号	146
5	洋纸	刘季五	39	章丘	正大商行	估衣市街72号	31
6	酱菜酒	张慎修	47	历城	恒星	凤翔街新生里101号	146

续表

序号	公会名称	理事长姓名	年龄	籍贯	代表商号	公会地址	会员家数
7	鞋帽	卢久耕	43	河北玉田	天罗新	富官街17号	223
8	染业	孙伯奇	44	长山	宏华永	镇武街4号	43
9	麻袋	温寿延	49	章丘	公合兴	官扎营前街244号	50
10	织布	王耕先	50	寿光	公裕	铜元局街115号	82
11	藤竹绳经	姚万水	53	阳谷	永泰恒	山水沟福德里170号	48
12	天然冰	白顺庭	52	泰安	同发太	万字巷	7
13	玻璃装	王采臣	45	博山	双兴成	舜庙街2号	38
14	制碱	蒋凤翔	48	齐河	同合碱庄	舜庙街2号	9
15	瓷器	王翼卿	46	章丘	宏德	普利街	12
16	纱布	张玉甫	61	济阳	聚庆合	经二路北纬一路198号	7
17	绸布呢绒	王丽生	61	章丘	庆祥和记	富官街17号	131
18	新药	张松岩	50	安徽合肥	神州药房	经二路纬五路38号	131
19	钟表眼镜	黄静庸	50	浙江鄞县	大中华	经二路小纬六路18号	93
20	杂货	张吉庵	49	历城	福利公	西顺河街海德四里8号	173
21	牛乳	武芳林	53	沂水	五大牧场	县西巷139号	28
22	酿酒	林希义	57	招远	泗泉	普安里41号	47
23	五金	韩耀亭	51	天津	顺泰	普安里41号	15
24	卷烟	左荫亭	46	济南	正大恒东记	凤翔街新生里101号	98
25	牛肉	马会元	33	历城	蚨成斋	纬十一路西	179
26	电料	刘长福	42	天津	大丰	富官街17号	81
27	自行车	张子英	46	河北冀县	福聚	凤翔街新生里101号	38
28	砖瓦	邢兰轩	54	长清	裕丰窑厂	岔路街	17
29	油业	尚兰亭	45	利津	同兴油坊	经七路西首振兴街70号	180
30	食物	刘赞卿	43	临清	芯香村	经二路小纬六路18号	81
31	广货	陈静三	30	河北	宏大	富官街17号	224
32	羊肉	马子义	43	济南	义兴成	杆石桥内青龙街186号	18
33	鸡鸭	张学礼	51	历城	斌和楼	院东大街圆通庵内	46
34	枣行	董子安	39	历城	协兴号	纬十一路47号	56
35	木料	杨东甫	34	晋太谷	森泰木厂	富官街17号	23
36	铁道输运	张世英	46	河北宁津	协和	经四路纬六路212号	47

续表

序号	公会名称	理事长姓名	年龄	籍贯	代表商号	公会地址	会员家数
37	金银首饰	马锡珍	36	章丘	天丰和	经二路利元和楼上	44
38	生铁	高朝登	33	河北交河	晋泰恒记	三里庄西街27楼	35
39	腌腊	杨学思	40	历城	异品香	院西大街准提庵内	60
40	牛业	崔庆章	40	济南	茂盛楼	纬十一路100号	17
41	机器	李世福	40	河北冀县	东元盛	麟祥门外齐鲁铁工厂	73
42	古玩	张益三	53	历城	三益斋	鞭指巷113号	52
43	运输	李子学	47	朝城	义丰成	小纬十一路35号	13
44	军服	李君乘	42	章丘	宏章军服庄	万寿宫街富贵戏院内	53
45	皂烛	李金声	53	泰安	泰华	坤顺门内城根街47号	70
46	洋服	吴朗亭	36	浙江镇海	汉宫	经二路小纬六路18号	51
47	铁货	张功甫	55	山西	金升号	富官街17号	42
48	估衣	朱景唐	60	历城	协泰和	估衣市街	58
49	瓷器	邵子厚	40	淄川	鸿兴昌	大马路纬七路协合里407号	27
50	南纸	刘玉轩	46	长清	凤记文具社	西门里狮子口街5号东院	109
51	机器卷烟	李振东	45	潍县	大中	经六路纬一路嘉荫里15号	13
52	丝绢	杨次显	53	招远	正源兴	鞭指巷35号	9
53	皮毛	杨圣范	61	武城	永顺合	西关西青龙街14号	43
54	洛口肉	邓文林	45	济南	全香斋	洛口柴火市街23号	27
55	盐业	朱兴甫	47	历城	鼎裕公司	运署街45号	37
56	磨坊	杨级三	36	肥城	怡丰隆	麟祥南街益寿里内	312
57	理发	张克俊	34	历城	大世界	南关券门巷32号	211
58	猪肉	陈兆英	47	历城	茂成斋	北坛庄第二屠宰场	192
59	照相	白树元	38	河北雄县	皇宫	经三路纬四路东皇宫照相馆	25
60	色纸	张笇臣	52	聊城	三泰恒	富官街17号	35
61	木器	韩式庆	32	潍县	恒大木厂	纬三路望平街27号	76
62	渔业	崔凤鸣	39	济南	凤记鱼行	万字巷20号	55
63	铜锡	毛子忠	40	历城	万聚公	馆驿街288号	74

续表

序号	公会名称	理事长姓名	年龄	籍贯	代表商号	公会地址	会员家数
64	白灰	朱笙甫	72	平阴	福泰祥	道德北街18号	58
65	洗染	孙宝臣	60	历城	义利公司	经四路纬六逊路东路北391号	53
66	印刷	汝仲文	64	历城	大成印刷所	旧军门巷大成	63
67	席箔	李维昌	47	桓台	益泰东	西门外顺河街67号	46
68	制服	王聚五	51	夏津	六聚	经四路纬六逊路东路北391号	105
69	土制烟	高乃俊	42	章丘	德记烟社	经一路纬五路东首路南148号	118
70	鞋帽料	王尧宸	47	即墨	鸿记	魏家庄26号	18
71	日用碎货	谢丹宸	47	博平	聚成祥	五路狮子口8号	79
72	寿材	刘子乘	64	历城	木厂	富官街17号	29
73	澡堂	李荩枕	52	德县	温泉池	西门月城街3号	20
74	山药	马幼峰	40	济南	复来栈	西关城顶街	101
75	黑白铁	秦金山	52	泰安	信裕成	经二路纬七路	138
76	炭业	王敏生	40	历城	复元	经二路纬五路82号	222
77	饭馆	吕正轩	64	济南	同元楼	凤翔街新生里101	144
78	旅栈	何修甫	41	郓城	胜利大厦	凤翔街新生里101	224
79	书业	张蔚岑	52	河北香河	商务印书馆	富官街17号	58
80	针织	李东升	40	章丘	恒昌针织厂	坤顺门内南城根街路北47号	31
81	刻字	崔益堂	60	河北故城	友益斋	暂借旧军门巷大成印刷局	69
82	烟丝	冯瑞庭	53	历城	祥盛烟店	舜庙街3号	20
83	漆业	杨少甫	44	陕西华县	恒兴漆店	舜庙街3号	12
84	汽水厂	徐明德	52	禹城	新明汽水厂	经二路纬五路大中汽水厂	7
85	棉业	李昌五	49	邓平	永昌泰	经四路小纬六路	23
86	汽车	叶明儒	30	河北永清	实业汽车公司	经二路纬八路西实业汽车公司	56
87	制麦业	李鸿儒	57	静海	德庆成	官扎营后街	32
88	纺织业	苗海南	43	桓台	成通		3

续表

序号	公会名称	理事长姓名	年龄	籍贯	代表商号	公会地址	会员家数
89	钱业	张兰坡	47	章丘	元泰	经二路纬五路元泰银号	59
90	自行车修理行	卜文轩	43	单县	腾云	经四路门外路南	
91	电影业	韩慎吾	44	阳信	青光	经二路纬三路青光剧院	7
92	戏曲业	马寿荃	39	济南	北洋	通惠街北洋戏院	14
93	镶牙业	何永江	33	河北吴桥	增福	三里庄西街	34

资料来源：《济南市商会所属各同业公会一览表》，1946年10月30日，济南市档案馆藏历临76—1—569。

在表2—15所示数据中，93个同业公会共计拥有会员6557家，相较于1943年减少了972家。此外，在这93个同业公会中，有73个同业公会的理事长来自山东，这一数据也从侧面反映出当时同业公会的领导权主要掌握在来自山东的商人手中。

表2—16　　　　1946年济南未组织同业公会的厂行情况

会员名称	权数	代表人数	会员名称	权数	代表人数
民生企业公司	1400	1	上海银行	420	1
振业火柴公司	755	1	丰华针厂	315	1
益中造纸厂	560	1	惠鲁当	140	1
大陆银行	420	1	中华针厂	65	1
东莱银行	420	1			
合计		9		4495	9

资料来源：济南市工商业联合会、济南总商会编印：《济南工商文史资料》（第2辑），1996年，第265页。

在1947年，济南同业公会经历了进一步的调整，新增了包括保险业、小清河民船业、制棉业等在内的多个同业公会，同业公会总数达到了98个。（见表2—17）

表 2—17　　　　　　　　1947 年同业公会具体情况

公会名称	理事长	代表商号	会址	会员家数
纱布	张玉甫	聚庆和	经二路纬一路	7
针织	李东升	恒昌工厂	南城根	22
织布	王耕先	公裕	镇武街铜元局后街	82
颜料	王子明	德裕花店街	西杆面巷	
染业	孙伯奇	宏年永聚	周公祠街	43
洗染	孙宝臣	义利	闱镇街	53
绸布呢绒	王丽生	庆祥和记	富官街	131
丝绢	杨次显	正奥源		
鞋帽业	王尧宸	鸿记	魏家庄	18
洋服	吴朗亭	汉宫洋服店	纬三路长荣里	51
制服	王聚五	六聚	富方街	105
军服	李君来	宏章	钟楼寺街	53
估衣	朱景唐	协泰成	估衣市街	58
金银首饰	马锡珍	天体和	经二路	44
广货	陈静三	宏大商行	富官街	224
钟表眼镜	黄天庸	大中年	经二路小纬六路	93
砖瓦	邢兰轩	裕泰窑厂	经七路	17
木料	杨东甫	森泰木厂	富官街	23
木器	韩式庆	恒大	富官大街	55
寿材	刘子秉	泰盛木厂		29
席箔	李维昌	益康东	顺河街	46
白灰	朱笙甫	福泰祥	道德北街	58
自行车	张子英	福聚东	凤翔街	38
运输	李子升	义秉成	小纬十一路	28
铁道转运	张也英	协和	经四路纬六路	47
电料	刘长福	大秉	富官街	81
五金	韩燿亭	顺泰	普利门外普安里	15
机器	李世福	东元盛	经二路	73
生铁	高登朝	普泰恒记	三里庄西街	35
黑白铁	秦金山	信裕成	经二路纬七路	13

·69·

续表

公会名称	理事长	代表商号	会址	会员家数
铁货	张功甫	金升	富官街	42
铜锡	毛子忠	德丰	馆驿街	62
瓷器	王翼卿	宏德	普利街	12
陶器	邵子原	鸿奥昌	经一路纬七路	27
玻璃装镜	王采臣	双奥成	舜庙	38
肥皂	李金声		南城根	70
日用碎货	谢丹宸	聚成祥	五德狮子口	79
南纸	刘玉轩	凤记		109
色纸	张质臣	三泰恒	富官街	35
洋纸	刘季五	正大商行	估衣市街	31
照相	白树元	皇宫	经三路	25
印刷	汝仲文	大成印刷局	经三路	63
麻袋	温寿庭	纯奥和	官扎营前街	50
藤竹绳经	姚万水	永泰恒	国体育场	48
制碱	蒋凤祥	同合碱厂	舜庙	7
古玩	张益三	三益斋	鞭招荃	52
粮食	许宗远	恒聚成北记		49
磨坊	杨级三	怡体隆	林祥南街益寿里内	223
炭业	王敏生	复原炭行	纬五路	222
油业	尚澜亭	同奥油坊	经七路纬十二路	194
盐业	朱星甫	鼎裕公司	运署街	
酱菜酒	张慎修	恒奥	凤翔街	146
酿酒	林希义	鸿庆源	普安里	47
枣业	董子安	协奥	经二纬一路西	56
山药	马幼峰	福来栈	城顶街	101
食物	刘赞赞	蕊香村	经二路小纬六路	81
机器卷烟	李振东	大中烟厂	通惠街	9
卷烟	左险亭	正大恒	永度街	98
土装卷烟	高迪俊	德记烟社	经一路纬五路	
茶业	张梯云	院西大街	富官大街	103
海味辣货	张吉庵	福利公	经五路小纬二路	173

续表

公会名称	理事长	代表商号	会址	会员家数
天然冰	白顺庭	同发泰	万字巷	8
新药	张松岩	神州药房	经二路纬五路	132
国药	张品生	永奥栈	舜庙	146
渔业	崔凤鸣	凤记	万字巷	55
猪肉	陈肇英		北坛西园街	192
牛肉	于茂海	快成齐	经一路西首	179
羊肉	马子义	义奥成	领霓池前街	18
牛乳	武芳林	五六牧场		28
皮毛	杨圣籍	永顺和		43
腌腊	杨学思	异品香	院西大街	60
鸡鸭	张学礼	斌合楼	院西大街	46
洛口肉	邓文林	全香斋	洛口柴火市	27
牛业	崔庆章	茂盛斋	经十一路	17
澡堂	李花臣	裕德池	西门月城温泉池	20
理发	张克俊	大世界	南券门巷德祖祠	211
图书	张蔚岑	商务印书馆	富官大街	58
旅栈	何修甫	滕利大厦	凤翔街	224
饭馆	吕正轩	同元楼礼记	凤翔街	144
小清河民船业	高蔚堂		黄台板桥	
鞋帽业	王寿卿	天罗新	富官街	223
刻字	崔益堂	友益斋	旧军门巷大成	69
烟丝	冯瑞廷	祥盛	舜庙	20
汽车	叶明儒	实业汽车公司	经二路纬八路	56
猪鬃			普利门外凤翔街	
漆业	杨少甫	恒奥	舜庙	12
戏曲	马寿荃		通惠街大通旅馆	14
自行车修理行	卜文轩	腾云	魏家庄邑康里	
制面	张子清		北刘家庄	32
汽水	徐明德	新明汽水厂	经二路纬五路	7
棉业	李昌五	永昌泰	经四路纬六路	23
电影	韩慎武		青光剧院	7

续表

公会名称	理事长	代表商号	会址	会员家数
镶牙	何永江	增福牙馆	三里庄西街	34
书寓	魏月笙		经三路	
制棉	崔玉衡	德昌花店	经三路纬六路	
行栈	唐耀民		道德北街	31
保险公会	董耕甫	平安保险公司		12
钱业	张兰坡		经四路小纬五路	59

资料来源：《工商团体座谈会一览表》，1947年11月，济南市档案馆藏历临76—1—577。

根据表2—17分析，与1946年相比，1947年重新统计的同业公会数量增加了5个行业类别，然而会员总数却下降了552家。特别值得注意的是，粮业同业公会的会员数从1946年的149家锐减至1947年的49家。这一变化与当时政局动荡密切相关，由于国民政府的多重摊派，许多企业因此面临破产和关闭的困境。

三 调整与消亡

1948年9月24日，济南战役胜利，中国共产党接管济南并成立济南特别市。党和人民政府对济南市私营工商业非常重视，宣布在新的工商业者组织建立以前，原有商会名义予以保留。因此，解放后的同业公会基本未动。1949年1月20日，济南特别市市政府颁布《工商业登记暂行规程》和《工商业登记暂行规程实施细则》，以工商局为主，由商会和各行业同业公会配合，对全市工商业户进行登记。至1949年7月底登记工作结束。据不完全统计（缺建筑业、土布口袋业和造纸业），参加登记的有工业行业33个，4964户，资本总额15575613917元；商业行业73个，7387户，资本总额1091098432元。

中华人民共和国的成立是一个划时代的转变，建立了以工人阶级领导、工农联盟为基础的人民民主专政国家。在经济方面对民族工商业进行社会主义改造，原有的商会和同业公会也进行了调整。新组建的工商联合会取代旧商会，同业公会经过归并和整理，职能逐步调整，最终归于消亡。

1949年8月，中共中央发布《关于组织工商业联合会的指示》："商业以合并成立工商业联合会为好。我公营企业的主持人员亦应参加进去一些，以便教育和团结私人工商业家；但公家人员参加者不要太多，以免私营企业家因公家人占多数不便讲话而裹足不前。工商业联合会的重心应是私营企业，工业较商业的比重应逐步增加；公营企业主持人之参加，在各地亦应随各地工商业联合会之发展逐步增加，以便不占多数而能起有效的推动作用。"[①] 标志着旧商会正式并入工商业联合会。

1949年10月，经由济南市人民政府批准，工商界代表成立了济南市工商业联合会筹备委员会，承接了原商会及其相关机构的职能与事务。1949年11月对各同业公会进行调整，改选委员会。济南市政府为引导工商业顺利发展，将本市旧有各行业重新划分标准，颁布《济南市人民政府关于划分工商行业确定营业范围暂行办法》及《济南市重划工商行业确定营业范围实施细则》[②]。按照新的行业划分标准和规定，同业户数达到20户以上者可成立同业公会组织，低于20户的行业成立工商联直属小组，低于3户的为直属会员。由于泺口和段店各行业户数较少，则分别成立工商联分会，不再另建同业公会组织。

根据济南市人民政府规定，各行业委员会民主选举选出同业公会委员，至1951年上半年，各行业全部完成整顿和改选。济南市共有泺口、段店两个分会，114个同业公会，6个直属小组。具体情况见表2—18。

表2—18　　1951年济南市同业公会（小组、分会）一览表

名称	户数	名称	户数	名称	户数
工业同业公会		皮毛工同业公会	120	炭业同业公会	522

[①] 全国工商联文史办公室：《中华全国工商业联合会重要历史文献选编》，中华工商联合出版社1993年版，第1页。

[②] 中共济南市委统战部、济南市档案馆编：《济南市资本主义工商业的社会主义改造文献资料选编》，济南出版社1993年版，第85—87页。

续表

名称	户数	名称	户数	名称	户数
染业同业公会	76	翻砂铸铁同业公会	53	金汁同业公会	408
纺纱同业公会	5	造胰制碱同业公会	99	委托同业公会	18
石灰同业公会	102	藤竹绳经同业公会	286	山果同业公会	128
酱菜同业公会	155	汽车修理同业公会	75	粮业同业公会	86
织布同业公会	916	毛发制品同业公会	44	戏曲同业公会	16
磨坊同业公会	609	地排车修理同业公会	132	牛羊肉同业公会	149
寿材同业公会	71	保色油同业公会	8	鸡鸭鱼同业公会	50
洗染同业公会	90	食物同业公会	117	汽车材料同业公会	43
黑白铁同业公会	624	商业同业公会		日用杂货同业公会	529
机器铁工同业公会	235	猪肉同业公会	273	汽车运输同业公会	5
机器卷烟同业公会	8	面食同业公会	803	牛乳同业公会	30
油漆粉刷同业公会	127	估衣同业公会	50	粮代理同业公会	81
清凉饮食同业公会	22	新药同业公会	138	山果代理同业公会	23
度量衡制造同业公会	31	照相同业公会	68	食油代理小组	16
水胶工业小组	11	漆业同业公会	24	炭代理小组	17
搪瓷制造同业公会	42	酱菜酒业同业公会	214	电料同业公会	143
火柴同业公会	13	鞋帽商同业公会	71	饭馆同业公会	327
油坊同业公会	75	教育用品同业公会	193	理发同业公会	329
印刷同业公会	129	五金铁器同业公会	206	旅店同业公会	200
针织同业公会	490	卷烟代销同业公会	117	席箔同业公会	121
制棉同业公会	112	估纸同业公会	27	澡堂同业公会	14
西服同业公会	61	报刊代销同业公会	28	棚杠同业公会	115
刻字同业公会	91	皮毛代销同业公会	18	自行车同业公会	47
文教品同业公会	172	运输代理同业公会	21	陶瓷器同业公会	104
纸加工同业公会	70	什货代理同业公会	20	绸布呢绒同业公会	227
锯木制杆同业公会	18	国药同业公会	286	海味杂货同业公会	89
化学染料同业公会	50	颜料同业公会	53	日用碎货同业公会	123
手工卷烟同业公会	107	木材同业公会	98	天然冰同业公会	11
土木建筑同业公会	60	纸业同业公会	25	枣代理同业公会	33
电料制造同业公会	25	镶牙同业公会	43	牲畜代理同业公会	38
自行车修理同业公会	526	麻袋同业公会	87	国药代理同业公会	10

续表

名称	户数	名称	户数	名称	户数
糖稀工业同业公会	33	玻璃镜同业公会	95	图书同业公会	72
茶叶同业公会	103	皮毛商同业公会	76	电影小组	11
面粉工业同业公会	8	钟表眼镜同业公会	165	金融同业公会	8
砖瓦同业公会	13	日用百货同业公会	351	食油同业公会	166
粉坊同业公会	33	面粉商同业公会	101	盐业同业公会	27
缝纫同业公会	435	古玩同业公会	15	泺口分会（工业、商业）	300
木作同业公会	483	棉代理同业公会	11	段店分会（未划分）	168
制服同业公会	451	茶叶代理同业公会	33	合计：同业公会 121 个；分会 2 个；户数 16488 户	
制香同业公会	61	烟业代理小组	11		
铜锡器同业公会	273	姜麻代理小组	13		

资料来源：济南市史志编纂委员会编：《济南市志》（第 5 册），中华书局 1997 年版，第 454 页。

1949 年 8 月，中共中央发布了《关于组织工商业联合会的指示》，据此，许多大中城市在对旧商会进行改组和改造的基础上，成立了工商业联合会。随着新中国的成立，国家对同业公会的改组提出了明确要求。1952 年 6 月《中共中央批准中央统战部关于改组工商业联合会的指示》指出："同业公会是工商界历久相沿的组织，在处理劳资关系、公私关系和在今后国家实行计划经济时，仍有其重要作用。……改组同业公会也是要改变它过去在工商联各种组织中的地位，使之成为工商联领导下的专业性组织；过去工商联以同业公会为会员单位的规定，今后应改变为以企业户为会员单位。"[1] 不仅明确了同业公会的性质，而且规定了其地位。同业公会必须在工商联领导之下，不再作为行业的代表性机构。1952 年 8 月，中央人民政府政务院公布《工商业联合会组织通则》，规定"市、县工商业联合会得按行业设立同业公会或同业委员会"[2]。根据通则，济南市政府将

---

[1] 《建国以来重要文献选编》（第 3 册），中央文献出版社 1992 年版，第 263 页。
[2] 全国工商联文史办公室：《中华全国工商业联合会重要历史文献选编》，中华工商联合出版社 1993 年版，第 55 页。

120个行业公会和直属小组合并划分为78个行业。这次调整后济南市各行业组织连同泺口、段店两个分会共有80个单位，16494户。按照工商行业户数的多少和分布情况重新建立行业行政小组1061个。通过以上调整工作，为归口改造提供了有利条件①。

1955年11月至1956年4月，根据中央划分行业的统一标准，济南市工商局颁布《济南市私营工商业调整行业目录》，对本市各工商行业进行了全面划分调整，采取了"先易后难""先简后繁"、分批进行的办法，对各行业进行改组和选举，成立了新的行业组织。这次调整后，济南市共有75个工商行业组织和泺口、段店两个分会。

根据全国工商联第二次委员会代表大会的决议和精神，济南市人民政府对各工商业按专业局或专业公司所属的归口系统归口合并，进行调整。凡一个专业局或专业公司所属的归口行业在两个以上，一般并为一个行业；至于一个专业局或专业公司只有一个归口行业，原行业不作变动。这次调整后共有35个行业，除轻工、纺织印染、日用百货、饮食4个行业单独设办事机构外，其余的由2个至4个行业共同设置一个办事机构，共有16个办事机构，配备干事50人，公务员18人。②详细归口情况见表2—19。

表2—19　　　　　　　1957年济南市同业公会一览表

序号	专业系统	行业名称	归口合并行业
1	重工业局	重工业	机器制造、电料制造、日用金属品制造、台秤、车具
2	轻工业局	轻工业	造纸、木作、粉坊、锯木、印刷、橡胶、柴油、火柴、砖瓦、制药、制革、化工、机器卷烟、玻璃制造、文教品制造
3	纺织印染局	纺织印染业	纺织、印染、针织
4	粮食局	粮食加工	面粉、磨坊

---

① 济南市工商业联合会、济南总商会编印：《济南工商文史资料》（第1辑），1994年，第60页。
② 济南市工商业联合会、济南总商会编印：《济南工商文史资料》（第1辑），1994年，第61页。

续表

序号	专业系统	行业名称	归口合并行业
5	交通运输局	交通运输业	汽车修配、载重车修配
6	建筑工程局	建筑安装小组	
7	蔬菜公司	酱菜酿造业	
8	日用杂品批发站	陶瓷器业	
9	百货公司	日用百货业	日用百货、鞋帽、服装、钟表眼镜
10	交电器材公司	交通电工器材业	划入自行车部分
11	纺织品公司	棉布业	
12	药材公司	国药业	
13	医药公司	新药业	
14	化工原料公司	化工原料小组	
15	五金公司	五金器材业	
16	文化用品公司	文化用品业	
17	石油公司	石油小组	
18	新华书店	图书小组	
19	邮电局	报刊小组	
20	贸易公司	杂货业	
21	木材公司	木材小组	
22	煤建公司	薪炭业	
23	土产供应站	竹绳席箔业	藤竹绳经、席箔
24	茶叶供应站	茶叶业	
25	糕点公司	糕点糖果业	食物、糖类加工
26	食品公司	猪肉业	
27	食品公司	食品业	牛羊肉、鸡鸭蛋
28	水产公司	渔业	鱼、天然冰
29	文化局	文娱游艺业	
30	专卖事业公司	烟酒承销业	
31	饮食公司	饮食业	饭馆、面食
32	副食品批发站	干鲜果品业	
33	畜牧公司	饲养业	
34	福利公司	服务业	理发、澡堂、旅栈
35	福利公司	服务业	照相洗染、租赁、委托、货栈

续表

序号	专业系统	行业名称	归口合并行业
	合计	35个同业公会	

资料来源：济南市史志编纂委员会编：《济南市志》（第5册），中华书局1997年版，第455页。

随着1956年对同业公会的调整和改组，即"归口改造"，原来与同业公会对口的企业，分别被划分到业务相对应的专业局和专业公司。此时名义上还有35个同业公会，但分别归口于行政管理部门、国营专业公司，服从政府部门和国营公司领导，其原有各项职能逐渐缩减，转变为辅助性职能，也逐步成为党政部门真正意义上的附属机构。至此，包括工商联和同业公会本身在内的诸多人，都认为同业公会已无存在的必要。

新中国成立后同业公会的重组与改造，具有积极的变革意义。既要看到同业公会在新中国成立初期的社会整合中发挥了一定的作用，协助政府稳定经济、社会秩序，又要看到随着以公有制为基础的计划经济的确立，同业公会最终走向消亡是历史的必然。

第三章　近代济南同业公会的治理结构

同业公会的治理结构，主要是指同业公会内部的组织设置，主要是为了保障其功能得到有效发挥。1918年后，济南同业公会根据不同时期的法规以及所处的政治社会环境，逐渐形成了较为完善的内部治理结构。并按照有关法律法规要求，形成了成文的章程业规、专职工作人员和办事机构以及相对完善的财务管理制度，在行业自治，争取政治、经济、社会利益的方面发挥了积极作用。

一　会员构成

同业公会是各会员单位的契约性组织，是工商同业公会的基本组成单位。济南同业公会的会员构成主要涉及会员概况、会员代表等内容。

（一）会员概况

从清末传统行会到近代的同业公会，济南各工商同业公会的会员数量在不断增加。据统计，清朝末年，济南有传统行会19个，1931年同业公会达到75个，到1946年上升到93个，会员6557家，1951年上半年达到114个，入会的工业户达7950家，商业户达8070家。

为了更好地反映各同业公会会员的情况，下面以当时组织严密、运行规范的济南钱业同业公会为例，介绍会员情况。

1920年商埠钱业公会成立时，共有会员16家。

1931年2月10日钱业公会改组成立，参加会员代表72人，共有会员40家。具体会员情况见表3—1。

表3—1　　　　1931年钱业同业公会会员姓名册一览表

姓名	年龄	籍贯	某商店代表	使用人数	住址
綦忆轩	46	平度县	中鲁银行代表	16	纬四路
傅樊民	30	招远县	中鲁银行代表		纬四路
陈有章	43	潍县	聚兴昶代表	16	纬五路
丁蔚桢	34	潍县	聚兴昶代表		纬五路
王逊臣	44	章丘县	仁康银号代表	11	二马路
董子洋	33	章丘县	仁康银号代表		二马路
孙品三	44	宁津县	德生银号代表	13	纬五路
李树臣	43	牟平县	德生银号代表		纬五路
许兴五	35	海阳县	德聚银号代表	12	纬五路
吕冥阶	30	历城县	德聚银号代表		纬五路
袁少濂	35	章丘县	公庆银号代表	12	三马路
王友三	35	章丘县	公庆银号代表		三马路
李维贤	45	潍县	德盛昶代表	16	纬五路
李锡三	43	潍县	德盛昶代表		纬五路
刘菊圃	44	章丘县	通聚银号代表	14	纬五路
仲蘭舟	40	掖县	通聚银号代表		纬五路
石绍先	70	章丘县	厚记银号代表	7	纬五路
王奎五	39	章丘县	恒康银号代表	11	纬五路
徐自靖	26	宁津县	恒康银号代表		纬五路
李祝亭	48	潍县	协聚泰代表	16	纬五路
李省吾	35	潍县	协聚泰代表		纬五路
解心齐	43	牟平县	义聚隆代表	19	纬五路
俞紫东	38	即墨县	义聚隆代表		纬五路
牛敬之	47	章丘县	庆聚昌代表	10	纬四路
赵震升	30	乐陵县	义和公代表	21	纬五路
张宝琏	28	宁津县	义和公代表		纬五路
杨维垣	30	宁津县	义和公代表		纬五路

· 80 ·

续表

姓名	年龄	籍贯	某商店代表	使用人数	住址
刘卿浦	56	山西徐清县	晋逢祥代表	22	三马路
马宣三	39	山西徐清县	晋逢祥代表		三马路
武寿山	47	山西徐清县	晋逢祥代表		三马路
周杏春	43	宁津县	元丰银号代表	14	纬五路
张聘三	34	宁津县	元丰银号代表		纬五路
戴子端	40	即墨县	义聚盛代表	10	纬四路
师苾园	50	山西太谷县	谦泰银号代表	15	纬六路
乔效张	38	山西清源县	谦泰银号代表		纬六路
李筱溪	70	蓬莱县	元丰成代表	18	纬五路
马艺亭	38	安丘县	元丰成代表		纬五路
李芳卿	44	章丘县	德庆银号代表	7	纬五路
李鸿瑄	34	长山县	鸿记银号代表	9	纬五路
赵和亭	32	乐陵县	裕兴银号代表	15	纬五路
王德甫	40	章丘县	裕兴银号代表		纬五路
薛晋楼	60	山西太谷县	锦丰庆代表	15	纬五路
段秀峯	44	山西太古县	锦丰庆代表		纬五路
韩秀泉	39	章丘县	广茂恒代表	9	三马路
冉翼宸	35	历城县	汇丰银号代表	12	纬四路
褚农山	32	潍县	汇丰银号代表		纬四路
王星伯	30	北平	华茂银号代表	5	纬五路
章静轩	46	天津	津济银号代表	11	二马路
王少康	25	天津	津济银号代表		二马路
龚宝强	32	无锡县	上海银行代表	15	二马路
牛梅枕	32	章丘县	上海银行代表		二马路
董雨三	58	历城县	恒丰太代表	6	纬五路
张仁山	42	章丘县	瑞增祥代表	16	西门大街
张蘭坡	31	章丘县	瑞增祥代表		西门大街
韩福堂	56	章丘县	年康银号代表	9	鞭指巷
李敬齐	47	章丘县	元康银号代表	15	普利街
张宾齐	31	章丘县	元康银号代表		普利街

续表

姓名	年龄	籍贯	某商店代表	使用人数	住址
刘坚亭	40	即墨县	复盛栈代表	3	小纬六路
唐俊三	50	章丘县	敦益厚代表	10	福康街
曹敏士	39	淮安县	大陆银行代表	15	三马路
王慕唐	44	历城县	大陆银行代表		三马路
王月如	34	寿光县	裕祥银号代表	14	纬五路
马焕廷	40	章丘县	裕祥银号代表		纬五路
张子周	64	长山县	庆和昌代表	7	纬三路
赵言五	63	章丘县	福益合代表	13	花店街
赵芳山	42	章丘县	福益合代表		花店街
王锡三	40	章丘县	元兴银号代表	14	花店街
王瑞符	41	长山县	元兴银号代表		花店街
王星九	39	章丘县	洪兴源代表	10	万字巷
程智庵	39	章丘县	瑞兴公代表	14	卷门巷
陆景炎	33	章丘县	瑞兴公代表		卷门巷
艾学川	31	泰安县	晋茂银号代表	6	纬一路

资料来源：《山东省济南市钱业同业公会会员姓名册》，1931年6月12日，济南市档案馆藏历临76—1—40。

分析参加会员大会代表情况可知，其全部为男性，年龄最大者为厚记银号代表石绍先和元丰成代表李筱溪，年龄为70岁，而年龄最小者为大陆银行代表曹敏士，只有19岁。从籍贯看，济南人最多，其次为山西商人，除此外还有江苏、天津等外地商人。根据钱业同业公会章程第十一条"委员任期均为四年，每二年改选半数"之规定，钱业同业公会按期进行改选。呈请济南市政府批准于1934年2月4日举行改选大会，并造具会员名册呈报济南市政府。此时钱业同业公会会员数量达到65家。

济南沦陷后，根据日伪当局要求，钱业公会于1941年11月19日进行改选，参加会员大会代表有69人，会员39家，详情见表3—2。

表 3—2　　1941 年济南市钱业同业公会会员名册一览表

商号	使用人数	代表姓名	年龄	籍贯	住址
元泰银号	15	张兰坡	41	章丘	纬五路
		程伯西	42	章丘	纬五路
洪信银号	10	李瑞东	31	河北武强县	纬七路
丰盛银号	13	朱秀峯	43	东阿县	纬十二路
		郝述忱	41	章丘	纬十二路
鸿记银号	12	李鸿瑄	55	长山	纬五路
		李恒臣	49	长山	纬五路
益兴珍	15	李宝宸	36	河北天津县	纬五路
		刘延年	30	河北天津县	纬五路
聚兴昶	11	陈有章	51	潍县	纬五路
		丁蔚桢	43	潍县	纬五路
厚记	8	高俊山	37	章丘	纬五路
聚泰银号	20	李超千	29	潍县	山西太谷县
		郭称德	25	山西太谷县	纬五路
锦丰庆	15	段秀峯	52	山西清源县	纬五路
		贾鉴章	42	山西清源县	纬五路
晋鲁银号	25	胡伯泉	39	山西平遥县	纬五路
		辛竹源	27	黄县	纬五路
		俞子久	37	青岛	纬五路
福顺德	28	邹恩普	44	福山	纬五路
		唐叔纲	31	莱阳	纬五路
		苏人皆	35	福山	纬五路
元懋银号	13	王逊臣	66	章丘	纬五路公祥街
		袁叔泉	42	章丘	纬五路公祥街
中兴银号	14	邓霞轩	52	汶上	经三路公园西
		于国霖	26	泰安	经三路公园西
裕昌厚	11	赵亚文	32	山西清源县	经三路公园西
		任佐臣	33	山西汾阳县	经三路公园西

·83·

续表

商号	使用人数	代表姓名	年龄	籍贯	住址
鸿泰永庆记	15	董子洋	44	章丘	纬四路
		陈辅之	40	章丘	纬四路
魁聚	22	张聘三	44	宁津	昇平街
		牛德亭	36	章丘	昇平街
		王学颜	34	宁津	昇平街
大德通	8	孟步青	35	山西文水县	馆驿街
福益合	10	赵言五	73	章丘	竹杆巷
聚庆长	15	董季生	32	章丘	福康街
		李次九	43	章丘	福康街
道生	8	荆董训	28	夏津	花店街
泰源	8	景印堂	53	历城	花店街
庆泰昌	11	刘琴轩	49	章丘	估衣市街
		王汉三	37	章丘	估衣市街
德源	7	王芸坡	42	章丘	院西大街
连昶	8	郭介臣	56	章丘	南门大街
正兴	4	李正廷	48	章丘	芙蓉街
三合恒	9	高镜轩	72	章丘	将军街
万福恒	10	郑瑞轩	67	长清	普利街
正德	7	滕晋生	42	历城	普利街
元康	13	张绳来	48	长山	普利街
		华润卿	24	桓台	普利街
德聚	12	滕华萱	44	历城	普利街
		张思遐	34	历城	普利街
三益太	12	柴子珊	44	章丘	西券门巷
		杨伯周	40	章丘	西券门巷
庆聚昌	12	牛敬之	58	章丘	普利街
		尹漠齐	46	章丘	普利街
通益	16	张仁山	54	章丘	经三路
		魏符邨	40	章丘	经三路

续表

商号	使用人数	代表姓名	年龄	籍贯	住址
启明	16	李象九	50	章丘	经三路
		李德宸	39	章丘	经三路
鲁丰银号	16	程笃庵	54	章丘	经三路纬一路西
		郭宵鹏	42	章丘	经三路纬一路西
福泰银号	15	胡赞平	30	河北东鹿县	经二路纬三路
		曹竹轩	49	章丘	经二路纬三路
聚义银号	21	韩东岳	25	河北深县	经三路纬三路
		王建平	24	河北东鹿县	经三路纬三路
		耿汝灏	22	河北冀县	经三路纬三路
福东银号	19	许典五	47	海阳县	经三路五十七路
		吕蒉階	38	历城	经三路五十七路
谦益银号	8	刘乐庭	33	章丘	纬四路普安里

资料来源：《济南市钱业同业公会会员姓名册》，1941年11月19日，济南市档案馆藏历临76—1—38。

由表3—2可知，尽管会员代表人数与1934年相比没有减少多少，但会员数量减少了26家。1934年有会员69家，到1941年钱业公会经改选，仅仅有鸿记银号、锦丰庆、福顺德、福益合、泰源、三合恒、元康、三益太、启明等九家会员商号保留下来，其余的都在日本侵占济南的过程中，或逃离济南，或被迫歇业。其余会员商号多为新成立。

1944年2月18日钱业公会遵济南市公署训令举行董监事半数第二次改选，且新选留任董监事共十六人正式就职。此次改选大会参与会员代表69人，会员31家。会员详情见表3—3。

尽管1944年半数改选会员代表人数仍为69人，会员仅为31家，且含有4家分号。从登记内容看，更加详细，包括会员代表的年龄、籍贯、职务、受教育程度等，也从另一个方面说明日伪统治者对同业公会的监控更加严密。

济南解放后，国民政府接收日伪时期的同业公会，同时对各同业公会进行资本统计，以便征税。1945年钱业公会呈报会员情况见表3—4。

表3-3 1944年济南市钱业同业公会会员名册一览表

商店牌号	营业主或经理人姓名	店员人数	资本金额（万元）	代表人数	代表姓名	代表性别	代表年龄	代表籍贯	任店职务	教育程度
晋鲁银号	胡伯泉	28	50	3	胡伯泉	男	42	平遥县	经理	中学毕业
					辛竹源	男	30	黄县	副理	中学毕业
					俞子久	男	40	即墨县	营业主任	中学毕业
福东银号	许典五	23	50	3	许典五	男	49	海阳县	经理	高小毕业
					吕裳轩	男	41	历城县	副理	高小毕业
					刘星泉	男	49	章丘县	营业主任	高小毕业
魁聚银号	张聘三	25	50	3	张聘三	男	47	宁津县	经理	儒学
					牛德亭	男	39	章丘县	副理	儒学
					王学颜	男	37	宁津县	副理	儒学
庆聚昌义记	王汉三	16	50	2	王汉三	男	39	章丘县	经理	儒学
					牛履齐	男	33	章丘县	副理	儒学
聚泰银号	薛漠铭	22	50	3	薛漠铭	男	43	大谷县	经理	儒学
					李超千	男	32	潍县	副理	儒学
					赵少言	男	36	黄县	营业主任	儒学
庆聚昌	牛敬之	15	50	2	牛敬之	男	61	章丘县	经理	儒学
					袁漠三	男	41	章丘县	营业主任	儒学
聚庆长	董季生	18	50	2	董季生	男	33	章丘县	经理	中学毕业
					李次九	男	46	章丘县	副理	儒学
洪信银号	许模亭	21	50	3	许模亭	男	48	武强县	经理	中学
					李瑞东	男	34	武强县	副理	中学
					陈公甫	男	44	潍县	营业主任	中学

续表

商店牌号	营业主或经理人姓名	店员人数	资本金额（万元）	代表人数	姓名	性别	年龄	籍贯	在店职务	教育程度
聚兴昶	李锡三	19	50	2	李锡三 李华齐	男 男	55 41	潍县 潍县	经理 副理	高小毕业 高小毕业
鸿泰永бли庆记	董子洋	14	37.5	2	董子洋 陈辅之	男 男	47 43	章丘县 章丘县	董事长 经理	中学毕业 中学毕业
锦丰庆	段秀峯	19	37.5	2	段秀峯 杨东甫	男 男	54 33	清源县 太谷县	总经理 经理	儒学 高中毕业
元康银号	黄铭青	18	37.5	2	黄铭青 李允中	男 男	43 33	济宁县 宁津县	经理 襄理	旧制中学 旧制中学
三益太	柴子珊	19	37.5	2	柴子珊 杨伯周	男 男	47 43	章丘县 章丘县	经理 副理	儒学 儒学
元泰裕记	张兰坡	18	37.5	2	张兰坡 程伯西	男 男	44 45	章丘县 章丘县	经理 副理	儒学 儒学
通益银号	张仁山	15	37.5	2	张仁山 魏符村	男 男	57 43	章丘县 章丘县	经理 副理	儒学 儒学
厚记银号	郑宠文	15	37.5	2	郑宠文 高俊山	男 男	55 39	章丘县 章丘县	经理 副理	私立商业学校毕业 儒学
鸿记银号	李栢臣	14	37.5	2	李栢臣 颜潄清	男 男	52 38	长山县 邹平县	经理 副理	私塾 私塾
万福恒	陶俊南	14	37.5	2	陶俊南 刘寿山	男 男	55 59	历城县 长清县	总经理 经理	儒学 儒学

续表

商店牌号	营业主或经理人姓名	店员人数	资本金额（万元）	代表人数	姓名	性别	年龄	籍贯	在店职务	教育程度
德聚银号	郑华村	13	37.5	2	郑华存	男	45	济南市	总经理	儒学
					滕华萱	男	47	历城县	经理	儒学
鲁丰银号	程笃庵	19	37.5	2	程笃庵	男	58	章丘县	经理	儒学
					刘倬云	男	38	章丘县	襄理	高小毕业
道生银号	耿阶平	16	37.5	2	耿阶平	男	52	恩县	总经理	儒学
					柴效田	男	41	武强县	经理	儒学
元懋银号	王逸臣	14	37.5	2	王逸臣	男	59	章丘县	经理	儒学
					袁叔泉	男	45	章丘县	副理	儒学
大德通	戴正卿	23	外市分号不列资本	3	戴正卿	男	41	祁县	经理	儒学
					孟步青	男	38	文水县	副理	高中
					董子祥	男	45	祁县	襄理	高中
聚义银号	黄竹君	32	外市分号不列资本	3	黄竹君	男	52	通县	经理	高中
					王建平	男	27	东庵县	副理	儒学
					耿巨川	男	25	襄县	会计主任	儒学
裕昌厚	赵亚文	17	外市分号不列资本	2	赵亚文	男	35	清源县	经理	儒学
					张子仁	男	39	平遥县	副理	儒学
益兴珍	李宝宸	18	外市分号不列资本	2	李宝宸	男	39	天津市	经理	私塾
					刘延年	男	32	天津市	主任	私塾
启明新记	李象九	22	外市分号不列资本	3	李象九	男	53	章丘县	经理	儒学
					李德宸	男	42	章丘县	副理	儒学
					陆景炎	男	45	章丘县	襄理	儒学

续表

商店牌号	营业主或经理人姓名	店员人数	资本金额（万元）	代表 人数	代表 姓名	代表 性别	代表 年龄	代表 籍贯	代表 在店职务	代表 教育程度
厚记分号	赵东鲁	12	本市分号不列资本	2	赵东鲁 马韦田	男 男	55 44	章丘县 章丘县	经理 副理	儒学 儒学
元泰裕记分号	滕瑞生	9	本市分号不列资本	1	滕瑞生	男	42	历城县	经理	儒学
三益太分号	王砥忱	2	本市分号不列资本	2	王砥忱 王申符	男 男	45 36	章丘县 章丘县	经理 副理	儒学 儒学
万福恒办事处	滕晋生	12	本市分号不列资本	2	滕晋生 王乙亭	男 男	45 41	济南市 济南市	经理 襄理	私塾十年 私塾十年

资料来源：《为呈送属会董监事第二次半数改选职会员名册由》，1944年3月21日，济南市档案馆藏历临76—1—39。

· 89 ·

表3-4　1945年山东省济南市钱业同业公会会员名册一览表

银号名册	营业所在地				营业主或经理人				资本金额（万元）	独资或合资	店员人数	设立年月
	区别	街道	门牌	电话	姓名	性别	年龄	籍贯				
庆泰昌义记	西外区	估衣街	40	521	王汉三	男	40	章丘县	50	股份有限公司	16	1942.10
聚泰	商中区	纬五路	22	3638	李超千	男	33	潍县	50	股份有限公司	22	1942.11
庆聚昌	外西区	郝家巷	9	1678	牛敬之	男	62	章丘县	50	股份有限公司	15	1942.10
聚庆长	外西区	福康街	1	319	董季生	男	36	章丘县	50	股份有限公司	18	1942.10
洪信	商西区	经二路	284	3772	徐模亭	男	49	武强县	50	股份有限公司	21	1943.1
鸿泰永记庆	商中区	纬四路	163	2624	陈辅之	男	44	章丘县	50	股份有限公司	14	1942.11
锅丰庆	商中区	纬五路	79	1303	杨东甫	男	34	太谷县	50	股份有限公司	19	1942.10
元康	商中区	经一路	460	2486	黄銘青	男	44	济宁县	50	股份有限公司	18	1942.11
三益太	外西区	卷门巷	9	1690	杨伯周	男	44	章丘县	50	股份有限公司	19	1943.1
元泰裕记	商中区	纬五路	36	195	张兰坡	男	45	章丘县	50	股份有限公司	18	1942.12
通益	商东区	纬一路	49	940	张仁山	男	58	章丘县	50	股份有限公司	15	1942.12
厚记	商中区	纬五路	81	59	郑宠文	男	56	章丘县	50	股份有限公司	15	1943.1
鸿记	商中区	纬五路	91	1161	李恒臣	男	53	章丘县	50	股份有限公司	14	1943.1
万福恒	外西区	普利街	116	1396	刘寿山	男	60	长山县	50	股份有限公司	14	1942.11
鲁丰	商东区	经三路	596	1285	程乌庵	男	59	长清县	50	股份有限公司	19	1943.1
道生	商东区	经三路	4	3171	柴效田	男	42	武强县	50	股份有限公司	16	1943.1
元懋	商中区	公祥街	25	4103	王逖臣	男	60	章丘县	50	股份有限公司	14	1943.1

第三章 近代济南同业公会的治理结构

续表

银号名册	营业所在地				营业主或经理人					资本金额（万元）	独资或合资	店员人数	设立年月
	区别	街道	门牌	电话	姓名	性别	年龄	籍贯					
大德通	商东区	馆驿街	219	383	戴正卿	男	42	祁县		北京分号不列资本	股份有限公司	23	1943.1
裕昌厚	商中区	经一路	97	2077	赵亚文	男	36	清源县		天津分号不列资本	股份有限公司	17	1943.1
启明新记	商中区	经三路	573	1245	李象九	男	54	章丘县		天津分号不列资本	股份有限公司	22	1942.6
厚记分号	外西区	竹竿巷	10	1793	赵东鲁	男	56	章丘县		本市分号不列资本	股份有限公司	12	1943.3
元泰裕记分号	内西区	南门里	35	1545	滕瑞生	男	46	历城县		本市分号不列资本	股份有限公司	9	1943.3
三益太分号		将军街	25	668	王砥臣	男	46	章丘县		本市分号不列资本	股份有限公司	11	1943.3
万福恒办事处		经二路	386	3786	滕謇生	男	46	济南市		本市分号不列资本	股份有限公司	12	1943.3

资料来源：《呈为银钱粮业奉令停业清理各行号应交各费拟令比照资本额减半缴纳请示遵由》，1945年4月，济南市档案馆藏历临76—1—160。

由此可见，国民政府为了监控钱业公会，对各会员商号进行了更加详尽的统计，甚至商号所在街道门牌号码、电话、营业主或经理人的受教育程度皆在统计之列。这次会员统计也再次说明，自日本占领济南以来，济南钱业商号一直处于衰落状态，由占领前的65家，到日军占领后减少至31家。尽管抗战胜利后国民政府收复济南，但由于常年战乱，政治动荡，经济萧条，到1945年钱业商号仅剩25家。1946年12月16日依据济南商会整理委员会规定，钱业公会进行改选，会员有59家。

总之，不同时期加入钱业公会的数量与政局及社会是否稳定具有密切关系，有时迫于当局的政策，尽管数量有所增加，未必代表钱业业务繁荣。自1920年至1945年间钱业公会会员数量呈现出明显的起伏，具体可见表3—5。

表3—5　　　　　1920年至1945年间钱业公会会员数量一览表

年份	1920	1931	1934	1941	1944	1945	1946
数量		40	65	39	31	25	59
备注							

资料来源：济南市同业公会档案历临76—1—38；济南同业公会档案历临76—1—39；济南市同业公会档案历临76—1—40；济南市商会档案历临76—14—3。

（二）会员代表

1930年，济南市根据《工商同业公会法》以及《工商同业公会法施行细则》，印发了《济南市同业公会模范章程》，就会员代表及权力作出明确规定："每一公司行号得推派一人至二人以经理或店主为限，但其最近一年间平均店员人数在十五人以上者得增派代表一人，由各该公司行号店员互推之。会员代表以在本市经营……业之中华民国人民，年在二十五岁以上者为合格。有左列情事之一及受除名之处分者不得为会员代表：一、褫夺公权者。二、有反革命之行为者。三、受破产之宣告尚未复权者。四、无行为能力者。入会会员如有违反章程不当及损坏本会名誉者得由会员大会议决除名或酌议处罚。"①

根据济南市社会局公布的同业公会模范章程规定，各行号在本行业同业公会章程中纷纷规定了关于会员代表资格及权益的条款。如《济南冶铁业同业公会章程》规定："每一公司行号得推派会员代表一人至二人，以经理或店主为限，惟其最近一年间平均店员人数每超过十人时应该增派代表一人，由各该公司行号店员互推之，但至多不得逾三人。"且明文强调："会员代表以在本市经营冶铁业之中华民国人民，年在二十五岁以上者为合格。"会员代表如有"左列情事之一者不得为本会会员代表，一僭夺公权者；二有反动行为者；三受破产之宣告尚未复权者；四无行为能力者。会员代表如有违反章程或行为不当及损坏本会名誉者得由会员大会议决除名或酌予处罚。会员代表有表决权、选举权及被选举权。"②如《济南色纸业同业公会章程》规定："会员代表每一公司行号得推派一人至二人，以经理或主体人为限，其最近一年间平均店员人数每超过十人时应该增派代表一人，由各该公司行号店员互推之，但至多不得逾三人。"且"会员代表以在本市经营色纸业之中华民国人民，年在二十五岁以上者为合格。"同时"会员代表如有左列情事之一者不得为会员代表，一、僭夺公权者；二、有反动行为者；三、受破产之宣告尚未复权者；四、无行为能力者。会员代表如有违反章程或行为不当及损坏本会名誉者得由会员大会议决除名或酌予处罚。会员代表有表决权、选举权及被选举权。"③

随着国民政府法令的修订，济南各同业公会也在逐渐修改各自的章程，涉及会员代表资格及权益的相关规定日益完善。如《济南市生铁业同业公会章程》规定："凡在本市生铁业之公司行号均应为本会会员前项会员推派代表出席本会称为会员代表。本会会员代表由会员推派一人至二人以经理人或主体人为限，其最近一年间平均店员人数每超过十人时应增派代表一人，由各该公司行号店员互推之，但至多不得逾三人。有左列各款

---

① 《济南市同业公会模范章程》，1930年11月7日，济南市档案馆藏历临76—1—8。
② 《山东济南市冶铁业同业公会章程》，1931年11月30日，济南市档案馆藏历临76—1—33。
③ 《山东济南市色纸业同业公会章程》，1943年12月9日，济南市档案馆藏历临76—1—30。

情事之一者不得为本会会员代表，一、俴夺公权者；二、受破产之宣告尚未复权者；三、无行为能力者。会员推派代表时应给以委托书并通知本会改派时亦同，但已当选本会职员者非有依法应解任之事由不得改派。会员代表有不当行为致妨害本会名誉信用者得以会员大会议决将其除名并通知原举派之会员。受除名处分之会员代表自除名之日起三年以内不得充任会员答辩。"[1]

从以上同业公会章程中所列会员代表之资格及权益，可以看出对会员代表的推选越来越规范，而且对其处罚也非常明确。当然，尽管不同时期各同业公会推派会员代表之办法有所差异，但其资格与权益基本是相同的，由此不再一一列举说明。

二 组织结构

行业组织架构是为了支持其职能而设计的，要根据需要承担的特定职能发展出相应的结构。此外，行业组织的发展也受到政府相关法规的影响。目前，学术界在近代同业公会的组织架构研究上持有不同见解。例如，魏文享认为："近代工商同业公会的组织结构经历了司月制、会董制、执监委制和理监事制几种形态，其组织设置不断完善，职能分工也更为合理。"[2] 李柏槐则以成都为考察地域，认为"同业公会组织机构设置大体经历了两个阶段：委员制时期和理事制时期"[3]。济南同业公会的组织架构历经了会董制、委员制、会长制以及理事制等多种制度形式。然而，这些制度形式并非完全独立，往往紧密相连、相互交织。

（一）司月制

清朝中后期，随着商业规模的扩张和商号数量的增加，为了适应当时

---

[1]《济南市生铁业同业公会章程》，1943年2月2日，济南市档案馆藏历临76—1—136。

[2] 魏文享：《中间组织——近代工商同业公会研究（1918—1949）》，华中师范大学出版社2007年版，第129—132页。

[3] 李柏槐：《现代性制度外衣下的传统组织——民国时期成都工商同业公会研究》，四川大学出版社2006年版，第137页。

有限的生产能力和狭窄的市场，一些商业和手工业领域基于协调同行活动和保护共同利益的需要纷纷成立了同业组织，这些组织逐渐演变成具有自然行业属性的公所。这些以传统会所或公馆形式存在的同业组织，主要通过祭祀行业神或行业始祖来强化成员的归属感，并就行业内的重大事项进行公开讨论，解决同行间的争端以及协调与政府及其他行业的关系。这些同业组织的结构相对简单，通常设有几位董事，并在同行中选出司年、司月和执事各一名，轮流主持工作，处理日常事务和财务收支。其内部分工并不精细，尚未形成专门的行政机构，也没有建立监督机制，仅配备了少数办事人员。

(二) 会董制

自1918年北京政府颁布并实施《工商同业公会规则》起，直至1928年南京国民政府成立，济南市同业公会普遍采纳了"会董制"的组织架构。在此体系下，总董负责全面事务，而副董和董事则分担相应的职责。董事的具体人数则依据会员规模及会务繁简而定。1918年4月27日，农商部颁布并实施了《工商同业公会规则施行办法》，该办法对"会董制"进行了更为具体和规范化的界定。《工商同业公会规则施行办法》第二条规定："工商同业公会得设事务所，置总董一人，副董一人，董事十人至十五人，均为名誉职。"[①] 1927年11月21日，农工部颁布了《工艺同业公会规则》，对机械和手工行业的工厂、作坊、局所等工艺性同业公会的组织结构进行了明确规定。其中，第十条规定："工艺同业公会，得设立事务所，并置会长、副会长以及董事十人至二十人。"[②]

"会董制"对会董的权力和任期进行了明确规定，相较于会馆和公所的管理制度有了明显进步。济南钱业公会正是由钱业公所转型而成，因为"各种商业均逐渐发达而来金融者，亦较往年为尤多，若不整顿划一机关，订立完善之章程，恐怕不足以团结同业之团体，维持公共之利益，对于营

---

① 彭泽益主编：《中国工商行会史料集》（下册），中华书局1995年版，第986页。
② 彭泽益主编：《中国工商行会史料集》（下册），中华书局1995年版，第991页。

业之进行固多障碍，对于金融之发展，亦受影响"①，根据《工商同业公会规则》，钱业同业公会进行了改组，公会成员被划分为不同的等级：总董、副董、董事和会员。该公会的章程明确指出："总董一人，副董一人，董事十人，文牒、会计、庶务各一人；总董副董由董事互选之，董事由全体会员选举出，均用记名投票法，至文牒、会计、庶务等员由总董、副董指定，得董事之同意任用之。"钱业同业公会明确规定了职员的任期与职权，"总董、副董任期二年，期满改选，均得连任，但以一次为限；总董总理本会全体事务及代表本会对外事件，副董襄助总董办理会中一切事务，倘遇有总董因事缺席时，副董当代理其职务"②。1921年，济南市木业同业公会正式成立，其简章明确指出："本会总董、副董由董事会选举之，董事由会员选举之，均用无记名投票法，至文牒、会计、庶务等员由总董指定各董事之同意任用之。"③ 显然，在会董制时期，已经大体上建立起了一个较为完备的组织架构，然而在内部监督机制方面依旧存在严重不足。

（三）委员制

南京国民政府自1927年4月18日成立后，便开始对同业公会进行改造与重组，其发展受到社会组织的严格监管。1929年8月17日南京国民政府颁布的《工商同业公会法》第九条明确指出："同业公会置委员七人至十五人，由委员互选常务委员三人或五人，就常务委员中选任一人为主席。"④ 1930年1月7日，国民政府颁布了《工商同业公会法施行细则》，详细规定了同业公会的机构设置和权限，标志着同业公会的委员制组织结构正式确立。

为顺应国家新颁布的法律法规并促进本地同业公会的进一步发展，济南市政府发布了《济南市同业公会模范章程》，以简化本市各行业同业公

---

① 《具禀济南商埠钱业公会》，1920年11月17日，济南市档案馆藏历临77—3—1。
② 《具禀济南商埠钱业公会》，1920年11月17日，济南市档案馆藏历临77—3—1。
③ 《商埠车牛同业公会简章》，1921年5月16日，济南市档案馆藏历临77—4—1。
④ 工商部工商访问局编：《商会、法同业公会法诠释》，1930年，第97页。

会的成立或重组流程。《济南市同业公会模范章程》的详细内容如下：

第一章　总则

第一条　本会定名为济南市……业同业公会。

第二条　本会以维持增进同业公共之利益及矫正营业之弊端为宗旨。

第三条　本会事务所设于……

第四条　本会办理之事务如左：

一、关于……事项

二、关于……事项

三、关于……事项

四、关于……事项

第二章　会员

第五条　凡在本市经营同业之公司、行号均得填具志愿书，自请入会为本会会员。

第六条　每一公司、行号得推派会员代表一人至二人，以经理或店主为限，但其最近一年间平均店员人数在十五人以上者得增派代表一人，由各该公司、行号店员互推之。

第七条　会员代表以在本市经营……业之中华民国人民，年在二十五岁以上者为合格。

第八条　有下列情事之一及受除名之处分者不得为会员代表：

一、俩夺公权者；

二、有反革命之行为者；

三、受破产之宣告尚未复权者；

四、无行为能力者。

第九条　入会会员如有违反章程不正当行为及损坏本会名誉者，得由会员大会议决除名或酌议责罚。

第十条　会员代表有表决权选举权及被选举权。

第三章　职员

第十一条　本会设委员会……人由会员大会就会员代表中选任之由委

员互选常务委员……人，就常务委员中选任一人为主席，均为名誉职，但因办理会务的核实支给公费。

第十二条　委员任期均为四年，每二年改选半数，不得连任。

第十三条　委员就任应于十五日内呈报社会局，并呈市政府备案。

第十四条　委员有左列各款情事之一者应即解任：

一、因不得已事故，经会员大会议决准其退职者；

二、旷工职务，经会员大会议决令其退职者；

三、于职务上违背本会营私舞弊或有其他重大之不正当行为，经会员大会议决，令其退职或由主管行政官署令其退职者。

第十五条　委员会职权列左：

一、执行会员大会议决案；

二、召集定期及临时会员大会；

三、执行其他临时发生重要事件。

第十六条　常务委员会职权列左：

一、执行委员会议决案；

二、召集定期及临时委员会；

三、答复官署咨询事项；

四、调处同业之纠纷；

五、执行第四条各项事宜并处理日常事务。

第十七条　本会事务所得酌设办事员并酌给薪资。

第四章　会议

第十八条　本会各项会议规定如左：

一、会员大会每……年举行一次，由委员会于……日前通知召集之，如遇有必要事宜或会员……之请求，得由委员会召集临时会议；

二、委员会议每月举行一次，由常务委员会召集之，如遇有必要事宜，得由常务委员会召集临时会议；

三、常务委员会每星期举行一次，由主席召集之，如遇有必要事宜得由主席召集临时会议。

第十九条　会员大会之议决以会员代表过半或出席会议表过半数之同意行之。

第五章　经费及会计

第二十条　本会经费由……

第二十一条　本会之会计年度于每年七月一日起至次年六月三十日止。

第二十二条　常务委员会于每年度开始时应编造预算、决算提交委员会核议，再提交会员大会追认之。

第二十三条　本会预算、决算及事业之成绩每年应编辑报告刊布并呈报社会局转报市政府备案。

第六章　附则

第二十四条　本章程如有未尽事宜，得由会员大会修正之。

第二十五条　本章程经会员大会议决，呈请社会局转呈市政府核准备案后施。

该模范章程共分为总则、会员、职员、会议、经费及会计、附则等6章25条，对济南市各同业公会的机构设置、经营运作和活动权限作出了具体可操作的规定[①]。为使各行业发起人熟悉同业公会的创设步骤，济南市政府又颁布了《济南市同业公会组织程序》，详细规定了同业公会的设立原则与规范步骤。具体规定如下：

一、各业推举七家同业发起人。

二、发起人联名，呈请县党部许可、社会局备案。

三、办理同业登记（限十日内办竣）。

四、登记完毕后，即由发起人召集会员大会，议决章程。

五、建具同业公司、行号之名称及营业主或经理人姓名表册，连同章程呈请社会局，转呈市政府核准设立。

六、核准设立后，即召集会员开选举大会，选举委员、成立同业公会并设立事务所。

七、委员选举后，七日内需向社会局呈报委员履历及成立经过，以便

---

① 《济南市同业公会模范章程》，1930年11月7日，济南市档案馆藏历临76—1—8。

饬报市政府。①

根据《工商同业公会法》以及济南市政府发布的《济南市同业公会模范章程》和《济南市同业公会组织程序》的相关规定，济南市各行业纷纷重新组建了同业公会。据数据统计，1931年，济南市共成立了75个同业公会组织②。济南市各同业公会依据《工商同业公会法》所规定的执行委员与监察委员每两年进行半数改选的条款完成了改选工作，其数量于1934年改选后达到了58个③。

《济南市冶铁业同业公会章程》规定："本会设执行委员七人，由会员大会就会员代表选任之，由执行委员互选常务委员五人，就常务委员中选任一人为主席"，其职责为执行会员大会议决案，召集定期及不定期临时会员大会，处理通常事务，调查同业之纠纷等。④济南市油漆业同业公会规定："本会设执行委员七人，由会员大会就会员代表中用无记名连选法选任之，由执行委员互选常务委员三人，就常务委员选任一人为主席，均为名誉职。"⑤而济南市碎货业同业公会则设"主席一人，常务委员二人，执行委员二人，候补执行委员五人"⑥。可以看出，同业公会除了设立主席、执行委员、常务委员之外，还设有候补执行委员，这些职位均由会员通过选举产生。除了这些核心领导成员，同业公会还配备了会计、庶务、文牒等职员负责处理日常事务。以1930年成立的济南市棉业同业公会为例，其组织架构包括由全体会员组成的会员代表大会，会员大会选举出13名委员，再由这些委员互选产生5名常务委员，最后由常务委员选举出1名主席。主席和常务委员共同负责管理公会的所有事务；委员则协助主席和常务委员处理各项事务，并在公议中拥有提案和表决权。此外，公会还聘请了会计、庶务、文牒等职员，他们的职责分别是：文牒负责文件和通

---

① 《济南市同业公会组织程序》，1930年11月7日，济南市档案馆藏历临76—1—8。
② 《济南市人民团体一览表》，1931年，济南市档案馆藏历临77—14—46。
③ 《山东济南市商会会员商店会员名册》，1934年，济南市档案馆藏历临77—14—46。
④ 《济南市冶铁业同业公会章程》，1931年11月，济南市档案馆藏历临76—1—33。
⑤ 《山东济南市油漆业同业公会章程》，1935年12月5日，济南市档案馆藏历临76—1—75。
⑥ 《济南市碎货业同业公会职员名册》，1942年，济南市档案馆藏历临76—1—19。

信事务；会计负责财务收支、账簿记录以及统计工作；庶务则处理不属于其他部门的杂项事务以及调查和交际相关事宜。①

再以济南市钱业同业公会为个案加以详细考察。1931年2月10日依法举行改选大会成立济南市钱业同业公会，其组织形式由会董制改为委员制。

新的章程规定"设执行委员十五人，由会员大会就会员代表中选任之，由委员互选常务委员五人，并就常务委员汇总选任一人为主席，均为名誉职务，并设候补委员五人，遇有缺额依次递补"②。规定委员任期为四年，每两年改选一半委员，且不得连任。委员就职后需在十五日内向主管官署报告，并由其转呈省政府，最终上报实业部备案。委员会拥有以下职权："一、执行会员大会议决案；二、召集定期及临时会员大会；三、执行其他临时发生重要事件；四、答复官署咨询事项；五、调处同业之纠纷；六、执行第四条各项事宜。"同时规定会员如有下列各款情事之一者应即解任："一、因不得以事故经会员大会议决准其退职者；二旷废职务经会员大会议决令其退职者；三、于职务上违背法令营私舞弊或有其他之不正当行为，经会员大会议决令其退职或由主管行政官署令其退职者；四、发生本章程第八条各款情事之一者。"③为处理日常事务，事务所应当根据需要设置办事员职位并提供相应的薪酬。

根据政府法令及本会章程规定，济南市钱业同业公会于1931年进行了改组选举，选举綦忆轩为主席，陈有章等四位为常务委员。具体各职员情况见表3—6。

表3—6　　**济南市钱业同业公会职员一览表（1931年）**

职务	姓名	性别	年龄	籍贯	住址	行号	从事于该界职业之年期
主席	綦忆轩	男	45	平度	纬四路	中鲁银行	16年

---

① 《济南市棉业同业公会章程》，1930年10月，济南市档案馆藏历临76—1—8。
② 《济南市钱业同业公会章程》，1931年2月10日，济南市档案馆藏历临76—1—40。
③ 《济南市钱业同业公会章程》，1931年2月10日，济南市档案馆藏历临76—1—40。

续表

职务	姓名	性别	年龄	籍贯	住址	行号	从事于该界职业之年期
常务委员	陈有章	男	43	潍县	纬五路	聚兴昶	15年
常务委员	孙品三	男	44	宁津	纬五路	德生	17年
常务委员	董子洋	男	34	章丘	二马路	仁康	5年
常务委员	艾学川	男	31	泰安	纬一路	晋茂	14年
执行委员	袁少濂	男	35	章丘	三马路	公庆	7年
执行委员	许典五	男	36	海阳	纬五路	德聚	10年
执行委员	李锡三	男	44	潍县	纬五路	德盛昶	12年
执行委员	刘菊圃	男	45	章丘	纬五路	通聚	15年
执行委员	李锡蕃	男	56	章丘	纬五路	厚记	25年
执行委员	王奎五	男	40	章丘	纬五路	恒康	5年
执行委员	解心齐	男	44	牟平	纬五路	义聚隆	17年
执行委员	李祝亭	男	49	潍县	纬五路	协聚泰	16年
执行委员	牛敬之	男	47	章丘	纬四路	庆聚昌	25年
执行委员	段秀峯	男	45	山西	纬五路	锦丰庆	18年
候补执行委员	赵震升	男	31	乐陵	纬五路	义和公	5年

资料来源：《济南市钱业同业公会职员表》，1931年2月10日，济南市档案馆藏历临76—1—40。

1934年2月4日，济南市钱业同业公会根据章程进行改选，票选执行委员10人，并互选常务委员及主席。职员情况见表3—7。

表3—7　　济南市钱业同业公会职员一览表（1934年）

职务	姓名	性别	年龄	籍贯	行号	住址
主席	陈有章	男	45	潍县	聚兴昶	纬五路
常务委员	孙品三	男	45	河北宁津县	德生银号	纬五路
常务委员	董子洋	男	36	章丘县	仁康银号	纬二路
常务委员	段秀峯	男	44	山西清源县	锦丰庆	纬五路
常务委员	许典三	男	38	海阳县	德聚银号	纬五路
执行委员	袁少濂	男	37	章丘县	公庆银号	纬三路

续表

职务	姓名	性别	年龄	籍贯	行号	住址
执行委员	李锡三	男	45	潍县	德盛昶	纬五路
执行委员	李锡藩	男	55	章丘县	厚记银号	纬五路
执行委员	王奎五	男	42	章丘县	恒康银号	纬五路
执行委员	解心齐	男	45	牟平县	义聚隆	纬五路
执行委员	牛敬之	男	50	章丘县	庆聚昌	纬四路
执行委员	赵震升	男	32	乐陵县	义和公	纬五路
执行委员	李祝亭	男	48	潍县	协聚泰	纬五路
执行委员	张品三	男	36	河北宁津县	元丰银号	纬五路
执行委员	董雨三	男	60	历城县	恒丰泰	纬五路

资料来源：《为定期改选请届时派员监视由》，1934年2月4日，济南市档案馆藏历临76—1—40。

1936年4月20日，济南市钱业同业公会举行改选会议，票选袁少濂等八人为执行委员，丁蔚桢等五人为候补执行委员。21日召开委员会议，公举曹善卿等五人为常务委员，并选举曹善卿为主席。有关票选情况见表3—8、表3—9。

表3—8　　　　　　委员选举一览表（1936年）

职务	姓名	票数
补选候补执行委员	王逊臣	91
补选候补执行委员	李锡三	85
票选执行委员	袁少濂	92
票选执行委员	曹善卿	88
票选执行委员	张兰坡	86
票选执行委员	高镜轩	83
票选执行委员	仲兰舟	77
票选执行委员	李省吾	76
票选执行委员	李象九	72
票选执行委员	段秀峯	70

续表

职务	姓名	票数
票选候补执行委员	丁蔚桢	75
票选候补执行委员	吕冀阶	75
票选候补执行委员	张赞阶	74
票选候补执行委员	李海亭	73
票选候补执行委员	尹廉齐	65

资料来源：《钱业公会选举清单》，1936年4月21日，济南市档案馆藏历临76—1—40。

表3—9　　　　　　常务委员会选举一览表（1936年）

职务	姓名	票数	备注
常务委员	曹善卿	14	
常务委员	李省吾	14	
常务委员	袁少濂	13	
常务委员	陈明甫	14	
常务委员	王逊臣	13	
主席	曹善卿	4	由常务委员选举

资料来源：《关于赴钱业公会监选情形的签呈》，1936年4月21日，济南市档案馆藏历临76—1—40。

公会的最高权力机关首先是全体会员大会，其次为执行委员会、常务委员会，最后常务会以下是公会主席及下设的各个办事机构。在组织机构上，委员制比会董制又有所进步，分工更加明确，但章程中尚未有关于监察职能的规定以及在选举中尚未产生监察机构。此时期公会组织架构如图。

$$\text{会员大会}\begin{cases}\text{执行委员}\rightarrow\text{常务委员}\rightarrow\text{主席}\rightarrow\text{各办事员}\\\text{候补执行委员}\end{cases}$$

委员制相较于会董制已取得了显著进步，这不仅表现为它成立了常设机构，而且还体现为其分工更加明确，内部形成了权力制衡机制。由于委员制拥有常设机构，决策机构和执行机构能够各司其职、相互监督，从而在制度上解决了个人控制会务与维护行业服务宗旨之间的矛盾。应当说，委员制已经成为济南同业公会发展历程中一种较为成熟的组织形式。

(四) 会长制

1937年12月27日，济南沦陷。为进一步加强对工商业的控制，日本占领者强制要求济南的各个同业公会重新进行登记，并将委员会制改为会长制。与委员会制相比，会长制的政府监管职能得进一步强化。

根据当时济南日伪政府的规定，各同业公会职员普遍"设董事七人，监事三人，由会员大会就会员代表中选任之。董事互选常务三人，由常务董事中选任一人为会长，选举董监事时另选候补董事三人，候补监事一人"①，会长是同业公会的最高负责人。如果同业公会选举产生的董事和监事有"因不得已事故经会员大会议决令其退职者""旷废职务经会员大会议决令其退职者""于职务上违背法令营私舞弊或其他重大之不当行为，经会员大会议决令其退职者或由主管行政官署令其退职者"各款情事之一者应急解任。②

会长之下设立日常办事机构，一起构成同业公会的组织结构。济南市棉纱业同业公会规定："会长下设：一、总务股，股长一人、办事员若干人；二、交际股，股长一人、交际员若干人；三、登记股，股长一人、办事员若干人；四、会计股，股长一人、办事员若干人；五、鉴定组，鉴定员若干人。"其职权如下："总务股职掌办理文书事项、办理庶务事项、办理不属于其他各股之事项；交际股职掌办理联络事项、办理交际事项；登记股职掌办理买卖登记事项、办理表册报告、统计、记载事项；会计股职掌办理会计事项、办理以货借款事项、办理保管货物事项、办理买卖双方货物交付事项；鉴定员其职掌依照暂行规则第二十三条办理之。"③ 济南市南纸业同业公会规定："日常办事机构由文牒一员、会计一员、交际一员、

---

① 《济南市碎货业同业公会章程》，1942年，济南市档案馆藏历临76—1—19。
② 《济南市食物业同业公会章程》，1941年12月，济南市档案馆藏历临76—1—36。
③ 《济南市棉纱业同业公会营业所办事细则》，1942年1月，济南市档案馆藏历临76—1—145。

工友一名组成。"①

　　与委员制相比，会长制在同业公会的内部治理结构上带来了显著变化。除决策和执行机构逐步完善外，还专门设立监察机构，且内部分工更加明确，各司其职，呈现出科层化的组织特征。例如，济南市白灰业同业公会成立了监察委员会并在会员大会上进行公开选举，"潘子祥、沈鸿钧、刘怀西为监事"②。济南机器铁工业同业公会规定："监事任期为三年，期满改选时准许连选连任之。"③

　　同样以济南市钱业同业公会加以详细考察。

　　1941年11月20日，济南市钱业同业公会召开改选大会并制定新的章程，选举产生新的领导机构及职员。新章程规定"本会设董事十三人，监事三人，由会员大会就会员代表中用无记名选举法选任之，以得票最多数者为当选，选举前项董监事时另选候补董事五人，候补监事一人。本会设常务董事五人，由董事会就董事中互选之，以得票最多数者当选并就常务董事中选任一人为会长。董监事均为荣誉职务"④。董监事的任期为四年，每两年进行一次半数改选，且不得连任。在第一次改选时，通过抽签决定，但如果董监事人数为奇数，则留任人数可比改选人数多一人。此外，董监事在就任后应于十五日内向当地主管官署呈报，并由其转呈备案。董事及常务董事分别组成董事会，以行使相应的职权。同时，对董事会和常务董事会的监事职权进行了明确的界定和细化。董事会的职权包括："一、执行会员大会议决案；二、召集会员大会；三、决议第二章列举各项事务"。常务董事会之职权有"一、执行董事会议决案；二、处理日常事务"。监事之职权有"一、监察董事会执行会员大会之议决；二、审核董事会处理之事务；三、稽核董事会之款项出入"⑤。若董监事出现以下任一

---

① 《济南市南纸业同业公会经常费预算书》，1941年12月，济南市档案馆藏历临76—1—27。
② 《呈报当选职员名册及启用圆记日期送请鉴核备案由》，1939年10月3日，济南市档案馆藏历临76—1—17。
③ 《济南市机器缝纫业同业公会简章》，1939年11月7日，济南市档案馆藏历临76—1—22。
④ 《山东省济南市钱业同业公会章程》，1941年11月20日，济南市档案馆藏历临76—1—39。
⑤ 《山东省济南市钱业同业公会章程》，1941年11月20日，济南市档案馆藏历临76—1—39。

情况，应立即解除其职务，"一、因不得以事故经会员大会议决准其退职者；二、旷废职务经会员大会议决令其退职者；三、于职务上违背法令营私舞弊或有其他之不正当行为，经会员大会议决令其退职或由主管行政官署令其退职者；四、发生本章程第八条各款情事之一者"①。为处理日常事务，事务所应当根据需要设立若干办事员职位，并相应地提供薪资。

1941年第一次改选职员选举情况见表3—10。

表3—10　　济南市钱业同业公会职员名册一览表（1941年）

职别	姓名	年龄	籍贯	商号	住址	备考
会长	曹善卿	62	章丘县	通益银号	经三路泰康里	1936.4 当选
董事	张兰坡	41	章丘县	元泰银号	纬五路	1936.4 当选
董事	高镜轩	72	章丘县	三合恒	将军街	1936.4 当选
董事	李象九	49	章丘县	启明新记	经三路泰康里	1936.4 当选
董事	段秀峯	51	山西清源县	锦丰庆	纬五路	1936.4 当选
董事	曹竹轩	50	章丘县	元亨银号	估衣市街	1936.4，歇业退选
董事	丁蔚桢	44	潍县	聚兴昶	纬五路	1936.4 当选
董事	牛敬之	59	章丘县	庆聚昌	普利街	1940.9 公推
董事	王芸坡	44	章丘县	德源银号	院西大街	1940.9 公推
董事	邹恩普	44	福山县	福顺德	纬五路	1940.9 公推
董事	戴正卿	38	山西祁县	大德通	馆驿街	1940.9 公推
董事	杨伯周	41	章丘县	三益太	戏卷门巷	1940.9 公推
董事	张笙三	54	邹平县	德庆银号	纬五路	1940.9，歇业退职
董事	董子生	40	章丘县	聚庆长	福康街	1940.9 公推
董事	尹廉齐	52	章丘县	鸿泰永	纬四路	1940.9，出号退职

资料来源：《为遵令改选恳请届时派员监视指导》，1941年11月21日，济南市档案馆藏历临76—1—38。

1944年2月18日，济南市钱业同业公会举行第二次改选大会，有关职员情况见表3—11。

---

① 《山东省济南市钱业同业公会章程》，1941年11月20日，济南市档案馆藏历临76—1—39。

表3—11　济南市钱业同业公会第二次改选董监事名册一览表

职别	姓名	性别	年龄	籍贯	所属商店	在商店之职务	教育程度	店址	备注
会长	胡伯泉	男	42	山西平遥	晋鲁银号	经理	平遥励志中学毕业	纬五路七八号	留任
常务董事	许典五	男	49	海阳县	福东银号	经理	高小毕业	经三路五七号	留任
常务董事	张品三	男	47	河北宁津县	魁聚银号	经理	儒学	昇平街二三号	留任
常务董事	魏符村	男	43	章丘县	通益银号	副理	中学毕业	经三路五七号	留任
常务董事	董子洋	男	47	章丘县	鸿泰永庆记	董事长	中学毕业	纬四路一六号	留任
董事	董秀生	男	35	历城县	聚庆长	经理	儒学	福廉街一号	留任
董事	滕华萱	男	47	章丘县	德泰银号	经理	儒学	普利街三五号	新选
董事	张阑坡	男	44	章丘县	元泰裕记	经理	儒学	纬三路三五号	新选
董事	王漠三	男	39	章丘县	庆泰昌义记	经理	高中毕业	估衣街四〇号	新选
董事	杨东甫	男	33	山西太谷县	馀丰庆	副经理	儒学	纬五路七九号	新选
董事	薛谟铭	男	43	山西太谷县	聚泰银号	总理	高小毕业	经三路二二号	留任
董事	李锡三	男	55	潍县	聚兴祝	经理	儒学	经三路七七号	留任
董事	王建平	男	27	河北东鹿县	聚义银号	副经理	高中	经二路八七八号	新选
董事	孟步青	男	38	山西文水县	大德通	副理	儒学	馆驿街二九号	留任
监事	王涨臣	男	59	章丘县	元懋银号	经理	儒学	公祥街二五号	留任
监事	李德宸	男	42	章丘县	启明新记	副经理	儒学	经三路七七号	新选
候补董事	张仁山	男	57	章丘县	通益银号	副理	儒学	经三路五〇号	
候补董事	程笃庵	男	58	章丘县	鲁丰银号	经理	儒学	经三路五六九号	
候补监事	郑笕文	男	55	章丘县	厚记银号	经理	儒学	纬五路八一号	
候补监事	李昭千	男	32	潍县	聚泰银号	经理	儒学	纬五路二二号	

资料来源：《济南市钱业同业公会第二次改选董监事名册》，1944年2月18日，济南市档案馆藏历临76—1—39。

根据日伪政府法令，公会组织形式从委员制转变为会长制。公会的最高权力机构是全体会员大会，然后是董事会、监事会和常务董事会。在常务董事会之下，由会长领导的各办事员负责日常事务。与委员制相比，会长制在内部分工上更为细化，并在监督机制方面取得了显著进步，设立了专门的监察机构——监察委员会。这一变革形成了执行机构与监察机构相互制衡的权力结构，有效避免了因个人操控会务而产生的弊端，有利于会务的科学化运作。以下是同业公会组织机构的示意图。

会员大会 { 董事→常务董事→会长→各办事员
         监事→候补执行委员

（五）理事制

1942年2月10日，国民政府颁布《非常时期人民团体组织法》，规定："人民团体均置理监事，就会员中选举之。"[①] 根据该法令的规定，济南市同业公会完成了从会长制向理事制的转变。然而，这种组织名称的变更仅是形式上的，其本质并未发生根本性变化，各理事和监事的职权与会长制时期保持一致，最高权力机构仍然是会员大会。理监事制的组织结构如图所示：

会员大会 { 理事→理事会→常务理事会→理事长→各办事员
         监事→监事会

当时，济南的各同业公会理事会通常由11名成员组成，包括3名常务理事。在常务理事中，会选举出1名理事长，同时还会选出2名候补理事和2名候补监事。当然，职员的具体人数会根据同业公会的会员数量以及行业事务的繁简程度来确定。例如，济南市天然冰贮藏贩卖业同业公会就

---

① 《非常时期人民团体组织法》（1942年2月10日公布），《中华民国国民政府公报》第166册，台湾成文出版社有限公司1972年版，第7页，转引自李柏槐《现代性制度外衣下的传统组织——民国时期成都工商同业公会研究》，四川大学出版社2006年版，第143页。

规定："本会设理事长一人，理事七人，监事三人。"① 济南市理发业同业公会设"理事长一人，常务理事二人，理事六人，监事三人"②。同时，各同业公会的章程明确规定了理事会、常务理事会以及监事会的职权。例如，《济南市颜料业同业公会章程》明确规定："理事会之职权：一、执行会员大会议决案；二、召集会员大会；三、决议第二章列举各项事务。常务理事会之职权如左：一、执行理事会决议案；二、处理日常事务。监事会之职权如左：一、监察理事会议决案；二、审查本会收支款项及编制预计算。"③《济南市天然冰贮藏贩卖业同业公会章程》规定："理事长系代表本会及掌理会内一切事务，得随时召集本会各理事评议会内关系事项。理事会同理事长办理本会一切事项，监事监查本会执行议决事项及一切出纳事项。"④

国民政府在日本投降后接管了济南。按照国民政府的要求，济南市未进行改组的同业公会逐步更新了章程并完成名称的变更。据1946年的统计数据显示，共有粮业、颜料等80个同业公会负责人更名为理事长。然而，在理事制时期，同业公会理事长下的日常办事机构与会长制时期相比几乎没有变化。

三 组织系统

从济南同业公会的组织演变来看，无论是会董制、委员制、会长制还是理事制，都涉及宏观权力结构的讨论。若具体到制度本身，它还涵盖了同业公会机构及其成员的选举产生方式、权力分配以及成员间的相互关系

---

① 《济南市天然冰贮藏贩卖业同业公会章程》，1940年7月，济南市档案馆藏历临76—1—105。
② 《济南市理发业同业公会第二届当选理监事名册》，1945年4月7日，济南市档案馆藏历临76—1—92。
③ 《济南市颜料业同业公会章程》，1942年10月，济南市档案馆藏历临76—1—93。
④ 《济南市天然冰贮藏贩卖业同业公会章程》，1940年7月，济南市档案馆藏历临76—1—105。

等诸多运行规范。本书将以民国时期济南同业公会组织结构相对成熟、实行时间较长的委员制为例,对其内部权力结构及其组织系统进行详细论述和分析。在委员制内部,权力组织模式可以划分为四个层次:会员大会、执行委员会、常务委员会以及专项办事机构,这些组织内部及其相互之间存在着严密的联系。

(一) 会员大会

全体成员构成会员大会,该大会是济南各同业公会的最高权力机构,主要负责处理涉及同业成员切身利益的重大或紧急事务。北京政府农商部在1918年颁布的《工商同业公会规则》首次以法令的形式明确了会员大会的地位。会员大会通常分为定期会议和临时会议两种形式。

会员大会通常每年举行一次,所有会员均需出席。主要职责包括是审查公会的预算和决算,决定会员代表的更替,审查新会员的加入申请,讨论公会章程的修改事宜,作出处罚决议,以及确定会费的收取标准等。会员大会的召开"由执行委员会于十五日前通知召集,会员大会的议决问题必须由会员代表过半数参加,参会代表过半数同意才能生效。如果参加会员大会的代表不过半数时,此时大会通过的决议称为假决议,必须将大会的假决议通告各位代表,于一星期后两星期内重新召集会员大会,以出席代表过半数的同意,对假决议形成决议"。临时会议不定期召开,仅在遇到公会必要事项时才会举行。"如遇有必要事宜或经会员代表十分之一以上请求,得由执行委员会召集临时会议。"① 为确保能够反映大多数公会会员的意愿,并保障公会决策的科学性,会员大会或临时会员大会要求过半数或十分之一以上的出席率。会议遵循一套成熟的议事程序,通常包括提议、讨论酝酿和形成决议三个环节。首先,在提议阶段,委员们就特定问题或事项提出议案。随后,在讨论酝酿阶段,参与人员对提出的议案进行深入讨论,各抒己见。最终,根据多数人的意见形成决议。决议一旦形成,将由监督委员会负责监督执行。整个会议过程都有详细的文书记录,

---

① 《济南市钟表业同业公会章程》,1934年11月24日,济南市档案馆藏历临76—1—85。

以便日后查核。公会的这种会议制度是推行会务的重要制度保障。从整个民国时期济南同业公会的运行情况来看，这套会议制度成效显著。各同业公会的章程中都有关于会员大会的相关规定，各类档案中也保存了大量会议记录。例如，济南市玻璃镜业同业公会为组织同业公会召开的筹备会议记录①如下：

  日期及时间：九月十一日午后一时
  地点：本市商埠经三路纬二路大通商行
  主席：郑景尧
  记录：李攸之
  出席同业：五十三人
  报告事项：
  一、由代表人郑景尧，向大会报告筹备经过情形，次将奉到市公署批示，向大家恭读，其应行呈报议录册件，并召开选举大会各重要事项，应否公推人员负责筹备，以利进行案。
  议决：照案办理，公推郑景尧、刘香圃、郭玉泉、孟丹臣、苑仲文等五人为筹备员，推郑景尧为筹备主任报市公署备查。
  讨论事项：
  一、在筹备期间，所需一切费用，先由何处支出。
  议决：先由郑景尧筹备主任处支借，但须有账目可查，公会成立筹有经费时，即行归垫。
  二、本会事务所，应由大家工委寻觅，以利会务。
  议决：已借妥南门里舜朝街，国医慈善医院内，为临时事务所。
  三、召开会员答辩选举大会日期，应如何规定案。
  议决：呈请市公署核定，以资遵照举行。

---

① 《济南市玻璃镜业为组织同业公会召开筹备会议记录》，1942年10月1日，济南市档案馆藏历临76—1—102。

（二）执行委员会

执行委员会是同业公会的执行机构。济南各同业公会对执行委员会的产生、人数、职权等在章程中都有明确规定。执行委员会成员由会员大会通过无记名投票的方式从会员代表中选举产生①，通常情况下，执行委员会由7至15名成员组成。同业公会根据会员数量或业务规模来确定执行委员会的人数。例如，济南市澡堂业同业公会规定："本会设执行委员七人。"② 济南市粮业公会，会员数量达到512家，设有10名执行委员③。镶牙业同业公会规定："本会设执行委员十五人。"④ 为保障委员会成员实现良性新陈代谢，公会章程详细规定了委员任期以及改选人数。例如，济南市镶牙业同业公会就明确规定："委员任期均为四年，每两年改选半数，不得连任。第一次改选以抽签定之，但委员人数为奇数时，留任之数较改选者多一人。"⑤ 其他同业公会章程同样设置了相关任期规定。

由于会员大会每年仅召开两次，同业公会的实际权力主要由每月举行的两次执行委员会代为运行。此外，执行委员会有权根据需要召开临时会议。公会章程对执行委员会的职权作出了明确规定，例如"一、执行会员大会议决案；二、召集定期及临时会员大会；三、执行其他临时发生重要事件；四、答复官署咨询事项；五、调处同业之纠纷；六、执行第四条各项事宜"⑥。济南市蜂业同业公会和济南市钟表业同业公会的章程均对执行委员会的职权作出了明确规定⑦，其他同业公会章程也进行了类似规定。

---

① "无记名连选法"：指选举人不记名一次性将被选举人记名选出，按得票多少计算，得票多数者一次当选，如果票数相等就采用抽签的方法确定当选者。
② 《山东济南市澡堂业同业公会章程》，1934年7月6日，济南市档案馆藏历临76—1—91。
③ 《济南市粮业同业公会职员名册》，1938年12月21日，济南市档案馆藏历临76—1—61。
④ 《山东济南市镶牙业同业公会章程》，1934年8月11日，济南市档案馆藏历临76—1—95。
⑤ 《山东济南市镶牙业同业公会章程》，1934年8月11日，济南市档案馆藏历临76—1—95。
⑥ 《山东济南市眼镜业同业公会章程》，1934年11月24日，济南市档案馆藏历临76—1—85。
⑦ 参见《济南市蜂业同业公会章程》，1932年5月10日，济南市档案馆藏历临76—1—103；《济南市钟表业同业公会章程》，1934年11月24日，济南市档案馆藏历临76—1—85。

(三) 常务委员会

常务委员会是公会的常设核心机构。1929年，国民政府颁布实施的《工商同业公会法》第九条规定："同业公会置委员七人至十五人，由委员互选常务委员三人或五人，就常务委员中选任一人为主席。"① 1931年，《山东济南市建筑业同业公会章程》规定："由执行委员中互选常务委员五人，组成常务委员会，就常务委员中选任一人为主席。"② "常务委员会定每月一日、十一日、二十一日为例会日期；常务委员会处理日常事务，遇有重大事件得提交执监委员联席会决议后施行。"③

作为公会的常设机构，常务委员会成员通常从执行委员会成员中选举三人或五人产生，常务委员会主席必须从常务委员会成员中选出。常务委员会每月仅召开三次会议，但可在必要时召开临时会议。因此，常务委员会承担着同业公会的日常管理工作。可以说，常务委员会是同业公会的核心机构，对公会事务的决策和执行具有直接影响，它与执行委员会共同掌握同业公会的决策权力。例如，济南市卷烟业同业公会1941年3月的会议记录就体现了这一点：④

> 第二次常务会议
>
> 日期：三月十一日
>
> 地址：本会
>
> 出席人：会长 张庆致
>
> 常务董事：徐味青、金次华、张子桢
>
> 缺席：胡仲祥

---

① 工商部工商访问局编：《商会法、工商同业公会法诠释》，1930年，第90页。

② 《山东济南市建筑业同业公会章程》，1934年5月21日，济南市档案馆藏历临76—1—113。

③ 《山东济南建筑业同业公会办事细则》，1931年8月18日，济南市档案馆藏历临76—1—113。

④ 《济南市卷烟业同业公会常务会议三月份记录》，1941年5月，济南市档案馆藏历临76—1—128。

记录：吕英超

甲　报告事项：

（一）会长报告今日本会系关于商店捐事项，午后二点商会亦召集开会。

（二）市商会交来济南观音堂募捐册并指定本会担任捐款洋八十元，已分别募捐矣。

乙　讨论事项：

提议：统税局前函本会催各商号申报上年度营业所得额，系自本年三月九日起至五月末日止，又二十八年度未申报者亦须同时办理补缴，申报手续应如何办理。

议决：再分别催各会员查照限期办理申报手续，勿再延误。

提议：本日午后二点市商会召集开会商洽商店捐事项，应如何办理。

议决：公推张会长前往参加听候如何办法。

丙　散会

（四）专项办事机构

同业公会的事务繁多且错综复杂，仅凭有限的委员团队难以承担日常事务的管理职责。因此，公会会依据实际需求，设立多个专门的办事机构来处理这些日常事务。这些办事机构涵盖了组织、总务以及专门委员会，它们独立聘请书记、总务、文书、会计和干事等工作人员，相应的薪酬由同业公会承担，确保了各同业公会的日常事务能够顺利进行。为了应对运作过程中出现的矛盾，济南市建筑业同业公会特别制定了相关规章制度。《山东济南市建筑业同业公会办事细则》第四条规定：①

常务委员会下设五股：

---

① 《山东济南市建筑业同业公会办事细则》，1931年8月18日，济南市档案馆藏历临76—1—113。

（1）总务股——掌理一切文件收发、交际、调查、统计、报告、处务、会计等事项。

（2）工务股——计划并调查各建筑工厂之状况以及发展实业、改良工具或工程做法、创设各种合作社等事项。

（3）训练股——掌理会员之政治的、组织的、行动的、会务的各种训练及创设各种补习班、俱乐部等事项。

（4）宣传股——掌理本会对内、对外一切宣传事项。

（5）组织股——掌理所属会员登记、入会、转移、退会暨会员统计等事项。

第五条规定，上列各股设股长一人，副股长一人。[①]

第七条规定：[②]

常务委员会下暂设干事二人：

总务干事——秉承常务委员暨各股股长之命令，总理日常事务。

助理干事——协助总务干事理料各股事务。

第八条规定：遇公务忙，迫公务发展时得随时酌量增加办事员。

济南市棉业同业公会章程规定：本同业会并聘请会计、庶务、文牍等员；文牍专管文件、函电事件，会计专管收支、登记及统计各项事宜；庶务专管不属他科之杂项及调查交际事宜。[③]

随着专门办事机构及其人员的逐步完善，济南同业公会的组织结构也日益健全，办事效率显著提升，这为各同业公会业务的顺利运作提供了坚实保障。

---

① 《山东济南市建筑业同业公会办事细则》，1931年8月18日，济南市档案馆藏历临76—1—113。

② 《山东济南市建筑业同业公会办事细则》，1931年8月18日，济南市档案馆藏历临76—1—113。

③ 《济南市棉业同业公会章程》，1930年11月，济南市档案馆藏历临76—1—8。

第四章 近代济南同业公会的运作机制

同业公会的运作机制涵盖了该组织的各类制度、公会间的相互联系以及他们之间的互动过程。根据其功能,这些机制可以划分为内部运转机制和外部运作机制。本章将重点探讨内部运转机制。

一 会员管理

会员构成了同业公会的基础,也是其最为关键的组成部分。缺乏会员的公会无疑只是一具空洞的躯壳。因此,如何有效地管理会员,自然成为社会组织的核心问题。这一点,对于民国时期的济南同业公会同样重要。

(一)会员资格及代表的相关问题

会员构成了同业公会的基础。通常情况下,会员指的是同业法人组织这一团体概念。例如,济南市棉纱业同业公会就规定:"凡在本市经营同业之公司、行号,均得填具志愿书,自请入会为本会会员,但须有同业两家之介绍。"[1] 济南市南纸业同业公会规定:"凡在本市经营同业之商号,均得填具志愿书,自请入会为本会会员,但须有同业两家之介绍。"[2] 济南市洋纸业同业公会规定:"凡在本市经营洋纸业之公司行号均应为本会会员,前项会员推派代表出席本会称为会员代表。"[3] 济南市竹货业同业公会

---

[1] 《济南市棉纱业同业公会章程》,1931年3月,济南市档案馆藏历临76—1—28。
[2] 《济南市南纸业同业公会章程》,1931年3月,济南市档案馆藏历临76—1—28。
[3] 《济南市洋纸业同业公会章程》,1931年10月,济南市档案馆藏历临76—1—28。

规定："凡在本市营竹货业者，不计其营业年限，均得入本会为会员。"①其他同业公会均作了大致相同的规定。

国民政府于1930年颁布的《工商同业公会法施行细则》第十条规定："本法第七条之会员代表，每一公司、行号得派一人至二人，以经理人或主体人为限。其最近一年间平均店员人数，超过十人时，应增派代表一人，由各该公司、行号之店员互推之。"② 由此可见，加入同业公会的会员应当派遣会员代表出席公会，代表人数通常为1至2人，具体人数依据店员数量或缴纳会费的多少来决定。例如，济南市棉纱业同业公会便是根据店员人数来确定会员代表的数量，其规定如下："最近一年间平均店员人数每超过十人时，应增派代表一人，由各该公司行号之店员互推之，但至多不得逾三人。"③ 同时，济南市棉业同业公会规定："最近一年间平均店员人数在十五人以上者，得增派代表一人，由该公司行号店员互推之。"④

1938年1月，国民政府颁布了《工业同业公会法》，规定："有左列情事之一者不得为会员代表：一、被国民政府经判决确定或在通缉中者；二、曾服公务而有贪污行为经判决确定或通缉中者；三、褫夺公权者；四、受破产之宣告尚未复权者；五、无行为能力者；六、吸食鸦片或其代用品者。"⑤ 对于会员代表的要求是"经理或主体人为限"，具有中华民国国籍，年龄在25岁以上者。对会员代表的限定，规定有下列情事之一者不得为会员代表：一、褫夺公权者；二、有不正当行为者；三、受破产之宣告尚未复业者；四、无行为能力者。⑥ 济南市棉业同业公会规定，"一、褫夺公权者；二、有反革命行为者；三、受破产之处分尚未复业者；四、无行为能力者"⑦ 不得为会员代表。

---

① 《济南市竹货业同业公会章程》，1941年12月，济南市档案馆藏历临76—1—143。
② 工商部工商访问局编：《商会法、同业公会法诠释》，1930年，第97页。
③ 《济南市棉纱业同业公会章程》，1931年3月，济南市档案馆藏历临76—1—28。
④ 《济南市棉业同业公会简章》，济南市档案馆藏历临76—1—28。
⑤ 《工业同业公会法》，1938年1月，济南市档案馆藏历临76—1—1。
⑥ 《济南市棉纱业同业公会章程》，1931年3月，济南市档案馆藏历临76—1—28。
⑦ 《济南市棉业同业公会章程》，1930年2月，济南市档案馆藏历临76—1—8。

济南的各个同业公会在章程中都明确规定了对会员代表的处罚机制。例如，济南市成衣缝纫业同业公会就制定了相应的规定："会员代表有不正当行为致妨害本会名誉信用者，得以会员大会议决将其除名并通知原举派之会员；受处分之会员代表自除名之日起三年以内不得充任会员代表。"[1] 济南市酿酒业同业公会规定："会员代表如有违反章程或行为不正及损坏本会名誉者，得由会员大会议决除名或酌予处罚。"[2] 济南市金银首饰业同业公会规定："会员代表如有违反章程或行为不正及损坏本会名誉者，得由会员大会议决除名或酌予处罚。"[3]

（二）入会制度

在传统行会时期，行会具有强烈的垄断性和封建性特征，未加入行会的个体是不允许在会外开展经营活动的。例如，在传统的商业行业中有明确规定："商业行会强制会员入会，而会员鉴于不入会之孤立无助，亦自然而然地要参加。"[4] 一个社会组织是否制定了自由加入和退出的规定是判断其是否具有现代性的重要标准。学术界普遍认为，与传统行会相比，近代工商同业组织之所以具有进步性和现代性，是因为新兴的工商业同业公会不再强制要求成员加入。关于同业公会是否采用强制入会的原则，1918年4月27日北京政府颁布的《工商同业公会规则》中并未明确规定，因此，当时实行的应该是自由入会原则。到了1929年，南京国民政府颁布的《工商同业公会法》第七条明确指出："同业之公司、行号均得为同业公会之会员。"[5] 1930年1月7日，国民政府颁布了《工商同业公会施行细则》，并在同年9月公布了第一次修订的《工商同业公会法》。在这些条文中，对于同业公司和行号的入会问题并未作强制性的规定。同样地，济南市政府在《济南市同业公会模范章程》第2章第5条中也作出了相同的规

---

[1]《济南市成衣缝纫业同业公会章程》，1942年12月，济南市档案馆藏历临76—1—122。
[2]《济南市酿酒业同业公会章程》，1941年12月，济南市档案馆藏历临76—1—124。
[3]《济南市金银首饰业同业公会章程》，1942年7月，济南市档案馆藏历临76—1—118。
[4] 全汉升：《中国行会制度史》，百花文艺出版社2007年版，第142页。
[5] 工商部工商访问局编：《商会、法同业公会法诠释》，1930年，第97页。

定:"凡在本市经营同业之公司行号均得填具志愿书自请入会为本会会员。"①"均得"二字,表明公会对会员入会依然采取自愿原则。

实行自愿入会导致一些企业选择不加入行业协会。这种游离于行业协会之外的状态,虽然能够享受到政府规定的权益,但同时也不受行业协会规章的约束,这无疑会引发会员企业的强烈不满。因此,济南市政府发布训令:"为令遵事案奉:山东省政府农矿厅第六六三号训令内开为训令事案奉,省政府训令第二八一八号内开为令行事案准,实业部篠代电开查未入公会之同业应遵守行规。"②当时,全国各地对于强制入会的呼声日渐高涨。国民政府采纳了民间的建议并在法律上进行了修订。1938年实施的《商业同业公会法》第十二条明确指出:"同一区域之商业公司、行号,不论公营或民营,除关系国防之公营事业或法令规定之国家专营事业外,均应为商业同业公会会员,其兼营两类以上商业者,均应分别为各该业公会会员。两类以上商业合组商业同业公会时,其各该业之公司、行号均应为该商业同业公会会员。"③1940年实施的《非常时期职业团体会员强制入会与限制退会办法》规定:"凡合有商会及同业公会法定会员资格之从业人员或团体,均应加入当地业经依法设立之各该团体为会员。"④1942年,《非常时期人民团体组织法》同样规定:"各种职业之从业人,均应依法组织职业团体,并应依法加入各该团体为会员。各种职业团体依法许其有级数之组织者,其下级团体均应加入各该上级团体为会员。"⑤"均应"取代原法规中的"均得"表明工商同业公司和行号加入同业公会已成为一项强制性的法律要求。因此,自1938年起,济南市的各同业公会章程均明确规定了公司和行号必须加入公会成为会员的条款。例如,济南市南纸业同业公会规定:"凡在本市经营同业之商号,均应填具志愿书,自请入会为本会会员,

---

① 《济南市同业公会模范章程》,1930年11月7日,济南市档案馆藏历临76—1—8。
② 《奉令未入同业应遵守行规的训令》,济南市政府训令第88号,1931年1月,济南市档案馆藏历临76—1—8。
③ 《商业同业公会法》,1938年1月13日国民政府颁布。
④ 《非常时期职业团体会员强制入会与限制退会办法》,1940年8月国民政府颁布。
⑤ 《非常时期人民团体组织法》,1942年2月10日国民政府颁布。

但须有同业两家之介绍。"① 洋纸业同业公会规定："凡在本市经营洋纸业之公司行号均应为本会会员，前项会员推派代表出席本会称为会员代表。"② 济南市黑白铁业同业公会规定："无论新开、旧有之黑白铁商号，均须加入本会为会员，并遵守本会章程。"③ 其他同业公会也制定了类似规定。

同业公会会员入会需遵照一定的程序和手续，大致如下：

第一，填写入会志愿书及调查表。志愿书应详细记录会员的基本信息。例如，"济南市钱业同业公会入会志愿书"包含以下内容：商号名称、营业地址、成立日期、东家姓名、年龄、出生地、是否经营其他业务、经理的姓名、年龄、出生地以及任职时间、资本总额、组织性质、会费缴纳数额、商号东家、介绍人及担保人的印章和日期。④

济南市同业公会入会志愿书样本（见图4—1），如下：

入会愿书

入会愿书人杂货行恒义和号经理人李徇卿，今凭介绍人李梦符、铺保通顺栈号情愿入会，承诺遵守章程，绝不违背，谨将以下各项逐一填写，呈请鉴核。⑤

行别	字号名称	坐落地址	成立年月
杂货行	恒义美和	二大马路经十路西	民国十七年三月
东主姓名	年龄	籍贯	他处有无营业
朱耀堂	四十八岁	历城县	
经理姓名	年龄	籍贯	何时任事
李徇卿	四十二岁	历城县	民国十七年三月
资本共计若干	独资或合资或股份公司	股份若干每股若千元	每月认纳会费
五百元	独资		八毛
字号盖章	介绍人盖章	铺保盖章	中华民国十八年一月　日

图4—1　济南市杂货业同业公会入会志愿书样本

---

① 《济南市南纸业同业公会章程》，1943年3月，济南市档案馆藏历临76—1—28。
② 《济南市洋纸业同业公会章程》，1943年4月，济南市档案馆藏历临76—1—28。
③ 《济南市黑白铁业同业公会会员商号整理业务暂行细则》，1941年11月，济南市档案馆藏历临76—1—138。
④ 《银钱业元丰成银号入会自愿书》，1929年4月，济南市档案馆藏历临77—12—3。
⑤ 《杂货行恒义和入会志愿书》，1929年1月，济南市档案馆藏历临77—12—3。

再如银号申请加入济南市钱业同业公会入会志愿书（见图4—2）。

具志愿书人鸿记银号经理李鸿瑄，今托德庆银号介绍加入济南市钱业同业公会。上关所有公会一切规则、费用并义务捐款等项悉遵定章办理，倘有违反介绍人担负责任。谨将后开各项逐一填列，即希公鉴。 资东姓名、年龄、籍贯：李玉清，七十七岁，长山县 经理人姓名、年龄、籍贯：李鸿瑄，四十五岁，长山县 开设地点及成立年月：民国三年设立纬五路 资本若干独资或合资：独资，叁仟元整 伙友人数及其姓名：十三人 介绍人：济南德庆银号 中华民国二十年四月十七日济南鸿记银号具
附记
注意： 一、以上各项如有不能详细备载者，请于附记栏内注明。 二、资本栏内须填写东主之姓名，不得以某某堂代之，其有入资确系堂号者，亦须将其代表人之姓名填列，若系股份公司须将其董事长或总理之姓名填列。

图4—2　鸿记银号入会志愿书样本

资料来源：《钱业公会各银号入会志愿书》，1931年4月17日，济南市档案馆藏历临77—14—7。

入会会员除填写志愿书外，还需要填写担保书。（见图4—3、图4—4）

敬启者兹在商埠纬一路开设晋茂银号，经理艾广海、蓝光蔚，今托德盛昶、仁康银号介绍人 所上关所有公所一切规则费用并有义务捐款等项悉遵照定章办理，倘有违反，介绍人担负责任。谨具证书，即希查照收存是何此请 济南市商埠钱业公所　台签 介绍人：德盛昶银号 　　　　济南商埠仁康银号 中华民国十九年十月二十日　济南晋茂银号立

图4—3　济南商埠钱业公所保证书样本

资料来源：《济南商埠钱业公会各商号入会志愿书》，1931年4月，济南市档案馆藏，济南市商会各行业同业公会档案历临77—14—7。

敬启者，兹在西门福康街开设敦益厚余记银号，经理唐俊三，今托万聚银号介绍入钱业公所上关所有公所一切规则费用并有义务捐款等项悉遵照定章办理，倘有违反，介绍人担负责任。谨具证书，即希查照收存是何此请 济南市商埠钱业公所　台签 介绍人：万聚银号 中华民国二十年二月二十日　济南敦益厚余记银号立

图4—4　济南商埠钱业公所保证书样本

资料来源：《钱业公会各商号入会志愿书》，1931年4月15日，济南市档案馆藏历临77—14—7。

第二，入会需由两名会员推荐。例如，济南市京货业同业公会规定："凡在本市经营京货业之公司行号均应填具志愿书入会为本会会员，并须有同业两家之介绍。"① 济南市当业同业公会也规定："凡属中国国籍，经营当业，住在济南市者，均得填具志愿书自请入会为本会会员，但须有同业二家之介绍。"② 济南市鞋帽料业同业公会规定："凡在本市经营同业之行号，均应为本会会员，但须有同业两家之介绍，并担保其思想纯正者方可为本会会员。"③ 济南市竹货业同业公会规定："凡业务纯正品格端方同业之人，经二人以上之介绍，证明审确后方可为会员。"④ 而济南市旅栈业同业公会则规定："新设旅栈须有同业三家以上介绍，联名具呈本会，经全体大会通过审查合格，认为正当时方准入会为会员。"⑤ 济南市黑白铁业同业公会规定："凡市区内经营黑白铁业者，经同业二人之介绍，并经董事会议许可，由会发给入会证，得为本会之会员。"⑥

第三，交纳入会费。历届国民政府颁布的法律均未对是否交纳、如何交纳以及交纳多少入会费作出明确规定，因此，各同业公会的章程中也未包含关于交纳入会费的具体条文。然而，在实际操作过程中，济南的各同业公会根据自身具体情况，自行制定了入会费和保证金的征收标准。至于交纳入会费的具体数额，由于缺乏统一规定，各同业公会的征收标准也各不相同。例如，济南市新药业同业公会规定："入会费每家五十元，保证金每家五十元。"⑦ 济南市棉纱业同业公会规定："入会费每家一百元，保证金两千元。"⑧ 济南市旅栈业同业公会规定："新入会者得缴纳会费二百元。"⑨ 显

---

① 《山东济南市京货业同业公会章程》，1941年8月，济南市档案馆藏历临76—1—66。
② 《山东济南市当业同业公会章程》，1931年10月，济南市档案馆藏历临76—1—71。
③ 《济南市鞋帽料业同业公会章程》，1943年1月，济南市档案馆藏历临76—1—83。
④ 《济南市竹货业同业公会章程》，1941年12月，济南市档案馆藏历临76—1—143。
⑤ 《济南市旅栈业同业公会会员入会规则》，1932年11月，济南市档案馆藏历临77—16—7。
⑥ 《济南市黑白铁业同业公会会员商号整理业务暂行细则》，1941年11月，济南市档案馆藏历临76—1—138。
⑦ 《济南市新药业同业公会临时会员大会记录》，1941年7月，济南市档案馆藏历临76—1—115。
⑧ 《为棉纱业公会会长张芳圃秘书孙等收支各项公款未曾公布恳请饬令据实呈报以释群疑由》，1942年4月18日，济南市档案馆藏历临76—1—145。
⑨ 《济南市旅栈业同业公会会员入会规则》，1932年11月，济南市档案馆藏历临77—16—7。

而易见，交纳会费既是会员入会的必要条件，也是基本资格。

第四，领取会员证。公司和行号提交的入会志愿书，以及向政府主管部门的备案报告，都必须经过认真审核。只有在这些程序完成后，公司和行号才能正式成为同业公会的会员，并且领取会员证。（见图4—5至图4—11）济南市鞋帽料业同业公会向济南市政府提交了关于申领会员证的申请，申请文件指出："为职会新发会员证，请求备案事，窃属会成立瞬经半载有余，诸项事务蒙钧署训导将归入正轨，全体会员是无任感激。现依照公会法则印妥会员证，分发各会员家张挂室内以凭存执，理合检同会员证一纸具文呈请均署准予备案，不胜感戴之至。"① 主管官署将对济南市鞋帽业同业公会提交的呈文予以认可。"呈一件：为呈送新发会员证样式请准备案由。呈件均悉。准予备案。此令。"②

```
济南市鞋帽料业同业公会
    会员证（天字第　号）
        兹有　　愿加入为本会会员，遵守会规，服从指导，经本会审查合格，发给会员证，
以凭收执。
                                              会长王尧辰
                                      中华民国三十二年　月　日
```

图4—5　济南市鞋帽料业同业公会会员证样本

资料来源：《济南市鞋帽料业同业公会会员证书》，1943年10月，济南市档案馆藏历临76—1—83。

```
济南市呢绒洋服业同业公会
    会员证书
        号经理　君字　系　省　县人现年　岁业已按照本会章程履行入会手续并
经本会审查合格，特给此证书为证
                                              会长张伯文
                                        中华民国　年　月　日
```

图4—6　济南市呢绒洋服业同业公会会员证样本

资料来源：《济南市呢绒洋服业同业公会会员证书》，1943年1月，济南市档案馆藏历临76—1—123。

---

① 《为会员证请求备案由》，1943年10月，济南市档案馆藏历临76—1—83。
② 《济南市公署指令》，社字第787号，1943年10月，济南市档案馆藏历临76—1—83。

```
会员证书
   济南市成衣缝纫业同业公会证书   字第   号
   为发给证书事兹据    申请志愿加入本会为会员并愿遵守左列事项,除由本会注册外,特
发给证书以资证明
   计开:一、遵守本会会章
         二、服从本会议决案
         三、按时交纳会费
         四、不侵害同业间之营业
         五、应尽本会所举办各项事业上之义务
   右给              收执
                                                      会长
                                         中华民国三十 年  月  日
```

```
存根
   济南市成衣缝纫业同业公会证书   字第   号
   为发给证书事兹据    申请志愿加入本会为会员并愿遵守左列事项,除由本会注册外,特
发给证书以资证明
   右给              收执
                                         中华民国三十年  月  日
```

图 4—7 济南市成衣缝纫业同业公会会员证样本

资料来源:《济南市成衣缝纫业同业公会证书》,1943 年 1 月,济南市档案馆藏历临 76—1—123。

```
会员证书
济南市面食业同业公会
   为发给证书事兹据    来会声称愿遵照本会章程第五条之规定请予登记,业经本会审查合
格,应即准予入会,除分别截存证根备查外,合行发给证书以资保障营业权利。此证
```

商号	姓名	年龄	籍贯	住址

                              右给   收执
                                    会长 马庚生
                                    副会长 万福善
                              中华民国二十九年   月   日

图 4—8 济南市面食业同业公会会员证样本

资料来源:《济南市面食业同业公会会员证书》,1941 年 7 月,济南市档案馆藏历临 76—1—156。

```
入会证书
    济南市机器铁工厂业同业公会 机字第　号
        兹为发给入会证书事今有　　铁工厂经理　　填具志愿书声请入会，兹经本会董事会
审查合格，准予入会，除转呈备案外，合行发给入会证书以资此证。
                                      右给            收执
                                      中华民国  年  月  日填发
```

```
存根
    济南市机器铁工厂业同业公会 机字第　号
    为发给入会证书事今有　　铁工厂经理　　填具志愿书声请入会，兹经本会董事会审查合
格，准予入会，除将入会证书填。
                                      右给            收执
                                      中华民国  年  月  日填发
```

图 4—9　济南市机器铁工厂业同业公会会员证样本

资料来源：《济南市机器铁工厂业同业公会会员证书》，1942年11月，济南市档案馆藏历临76—1—22。

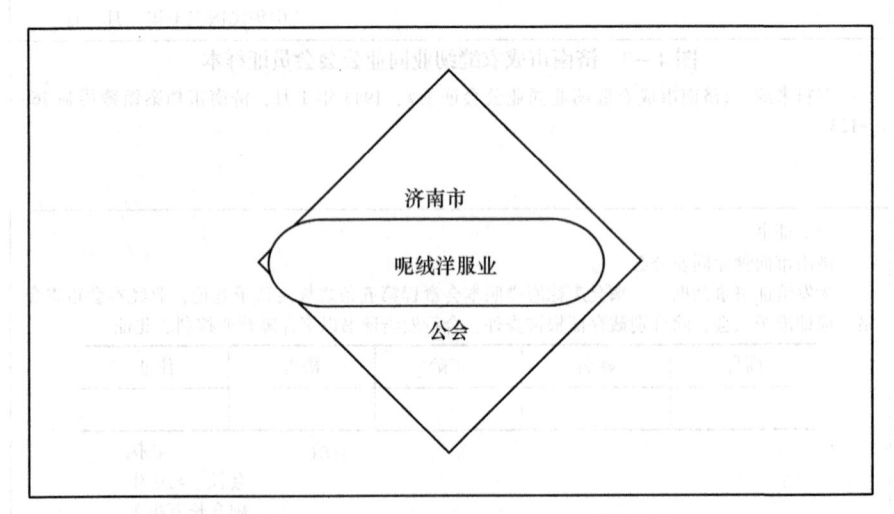

```
         济南市
      ┌─────────┐
      │ 呢绒洋服业 │
      └─────────┘
         公会
```

制造者华礼徽章公司　　　　　　　　　材料镀钢

图 4—10　济南市呢绒洋服业同业公会证章样式

资料来源：《济南市呢绒洋服业同业公会证章样式》，1943年1月，济南市档案馆藏历临76—1—123。

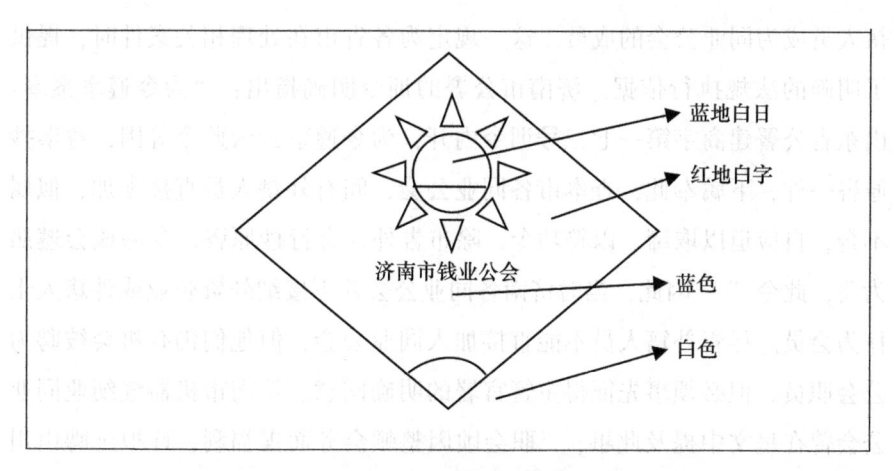

图 4—11　济南市钱业同业公会会员证徽章式样

资料来源:《呈送弊会徽章式样请准予备案由》,1930 年 9 月 3 日,济南市档案馆藏历临 76—1—40。

关于外资企业及外籍人员的入会资格问题,国民政府既往颁布的相关法令中并未明文禁止外籍人员成为会员。然而,从中央执行委员会训练部所给出的解释性条文中,我们或可窥见某些隐含导向。1936 年 8 月,福建省闽侯县电影剧场同业公会曾拒绝接纳含有外籍人员的电影院加入其组织,此举激起了外籍电影院的强烈抗议。面对这一棘手案件,县府在缺乏明确法律依据的情况下难以作出裁决,遂将此案上报至福建省党部,后者则进一步呈请中央执行委员会训练部予以裁示。中央执行委员会训练部在随后的批文中,针对外籍人员入会问题,明确提出了四项限制性措施,以期在保障行业规范的同时,妥善处理外籍人员的融入问题。第一项,推派的代表应仅限于中华民国公民,且必须依法进行;第二项,公司或商店的资本额中,需有半数以上为华资股份;第三项,该公司或商店的表决权中,中国方面应占据半数以上;第四项,该公司董事会成员中,中华民国公民的比例必须超过半数。[①] 由此看出,上述四项措施实质上是在拒绝外

---

① 《为中外合资商号入会事通行各业公会函》,《商业月报》第 10 卷第 12 号,1930 年 11 月,转引自魏文享《中间组织——近代工商同业公会研究(1918—1949)》,华中师范大学出版社 2007 年版,第 126 页。

籍人员成为同业公会的成员。这一规定为各省市在处理相关案件时，提供了明确的法规执行依据。济南市公署的训令明确指出："为令遵事案奉：山东省公署建商字第一七三号训令内开，为令遵事云云此令等因，益奉抄原咨一件，下属奉此，查本市各同业公会，间有外籍人员直接参加，似属不合，自应道以取缔，以符功令，除布告外，合行抄原咨，令仰该会遵照为要，此令。"① 因此，当时济南各同业公会并不接纳外资企业或外籍人士作为会员。尽管外籍人员不能直接加入同业公会，但他们仍有机会被聘为公会职员，但必须事先征得主管官署的明确同意。济南市机器缝纫业同业公会曾在呈文中提及此事，"职会顷因整顿会务而谋福利，计拟延聘山川一雄为职会指导员，未敢擅行聘用，理合遵令检同该员履历一份及最近二寸半身相片一张备文呈请钧署鉴核批示"②，济南市公署第 269 号训令指出"呈件均悉。可请应毋庸议"③。

为应对公司行号拒绝加入同业公会的情况，国民政府制定了相应的处罚规定。国民政府在《工业同业公会法》《商业同业公会法》以及《输出业同业公会法》中明确规定：未加入同业公会的商店需在限定日期内完成加入手续，对于逾期仍未履行此义务的，将依法给予警告并采取相应的惩戒措施。④《非常时期职业团体会员强制入会与限制退会办法》则规定："拒绝入会者，从业人员予以罚款或停业处分；下级团体予以整顿或解散。"⑤ 根据法律规定，所有工商业者均有义务加入相应的同业公会，然而，现实中却存在不少工商业者选择不加入同业公会的现象，这一行为引发了各同业公会会员的强烈不满，他们纷纷向政府提交申请，要求采取措施制裁那些未加入公会的工商业者。1945 年，济南市陶器业同业公会也向

---

① 《济南市公署训令第 327 号》，1941 年 4 月 21 日，济南市档案馆藏历临 76—1—163。
② 《为延聘外籍职员呈请鉴核批示由》，1941 年 5 月 8 日，济南市档案馆藏历临 76—1—120。
③ 《据呈拟延聘外籍职员检自履历所请核示等情可请应毋庸议由》，1941 年 5 月 12 日，济南市档案馆藏历临 76—1—120。
④ 魏文享：《中间组织——近代工商同业公会研究（1918—1949）》，华中师范大学出版社 2007 年版，第 128 页。
⑤ 魏文享：《中间组织——近代工商同业公会研究（1918—1949）》，华中师范大学出版社 2007 年版，第 128 页。

政府呈递了类似的文件，表达了对这一问题的关切。"钧府换字五五号通知内开，为通知事查刘寿亭在本市经二路门牌三四五号开设庆丰字号，计资本捌万元……前往该号屡次督催，竟然置若罔闻延宕，迄今尚未入会，理合备文，呈请鉴核处理，实为公便。"① 同年，济南市制碱业同业公会呈文声称："钧府第八一号训令，略以对于未经入会各商加以劝导，务使入会，如或坚执拒绝，即行列报来府以便制裁，事关团体公益，切勿漠视等。因属会当向未入公会同业商号永安等六家转达，前令劝其加入公会，拒料各该商号等均各置若罔闻，诚心拒绝坚不入会，谨将各商号名称住址开单呈报。"② 济南市政府在接到呈文后，迅速派遣相关人员进行处理并随即发布政府指令："为呈请特饬永安碱厂等商号加入公会由，呈件均悉。已饬永安碱厂等商号加入公会矣。"③ 针对故意拖延、长期未履行入会义务的商号，一是采取发送传票至官府进行训诫的措施。"案据曲业公会呈以复康曲厂等号、迄未入会、附呈商号名单、请核办等情、前来、合行票传、仰警士前往、即将后开商号经理、立传到府以凭训办为要。"④ 对尚未成为粮业同业公会成员的商号，济南市政府接连发出传票，"即换各粮商经理，传唤到府，以资问话"⑤。二是对其进行罚款处罚并设定入会时间。"本市良友鞋铺等二十三家商号几经传劝，均延不入会，兹按照本市《商业同业公会入会退会办法》第八条之规定予以处罚，计共罚国币贰拾陆万肆仟元，除饬各该被罚商号限期入会并罚款俟积有成数提交金库外，谨缮列被处罚商号名单，签请鉴核"⑥。

据统计，截至 1946 年 5 月，提交济南市政府的呈文报告明确指出有

---

① 《为呈报同业家庆丰号久不入会请鉴核处理由》，1945 年 8 月 16 日，济南市档案馆藏历临 76—1—14。
② 《呈为同业商号拒不入会具文恳请鉴核赐予派员查饬入会以重功令而维会务由》，1945 年 8 月 2 日，济南市档案馆藏历临 76—1—14。
③ 《济南市政府指令第 668 号》，1945 年 8 月 18 日，济南市档案馆藏历临 76—1—14。
④ 《济南市政府传票第 1265 号》，1947 年 7 月 15 日，济南市档案馆藏历临 76—1—59。
⑤ 《为票传粮商泰丰货栈经理李罗臣等来府问话由》，1946 年 4 月 24 日，济南市档案馆藏历临 76—1—59。
⑥ 《社会局签呈》，1947 年 8 月 25 日，济南市档案馆藏历临 76—1—59。

17家同业公会拒绝加入公会，这些公会涵盖了磨坊业、五金业、石灰业、黑白铁业、粮业、茶叶业、铁业、针织业、机器铁工厂业、卷烟业、自行车业、藤竹绳经业、木器业、古玩业、饭馆业、陶瓷业及色纸业等多个行业。① 截至1946年12月30日，尚未加入同业公会的商号共计1354家。② 可见，尽管政府部门已多次申明各商号必须加入同业公会，但是依然存在大量商家未加入同业公会的现象。

会员加入同业公会后通常不得擅自退出。济南市成衣缝纫业同业公会规定："会员不得无故出会，其因商店解散或迁移本区域外营业及商店倒闭等必须出会者，须声叙理由，填具出会书送交本会审查认可。"③ 济南市新药业同业公会规定："会员不得无故退会，如有因商店解散或迁移本区域外营业等出者，须声叙理由，填具出会书送交本会审查认可。"④ 济南市竹货业同业公会规定："本会会员有左列情形之一者为丧失会员资格，一不遵守本会会议决议案及其应履行之义务者；二对本会有破坏之情形者；三自请退回者；四停业者。"⑤

（三）会员的权利与义务

依据规定，凡成为同业公会会员者将享有相应的权益，并需承担对应的责任。在会员内部，每位成员均享有平等的选举权、被选举权、表决权以及提出建议的权利；而在外部则享有受同业组织保护之权益。济南市旅栈业同业公会特此明确规定："新会员对于会内权利义务与旧会员共同享受之。"⑥ 济南市酿酒业同业公会规定："会员代表有表决权、选举权及被选举权。"⑦ 济南市鞋帽料业同业公会明确界定了会员应享有的权益及必须履行的职责，具体规定如下："一、有发言权、表决权、选举权及被选举权；

---

① 《济南市政府训令第1934号》，1945年5月16日，济南市档案馆藏历临76—1—59。
② 《济南市未加入同业公会工商号调查表》，1946年12月，济南市档案馆藏历临76—1—1。
③ 《济南市成衣业同业公会章程》，1942年12月，济南市档案馆藏历临76—1—122。
④ 《济南市新药业同业公会章程》，1940年11月，济南市档案馆藏历临76—1—115。
⑤ 《济南市竹货业同业公会章程》，1941年12月，济南市档案馆藏历临76—1—143。
⑥ 《济南市旅栈业同业公会会员入会规则》，1932年11月，济南市档案馆藏历临77—16—7。
⑦ 《济南市酿酒业同业公会章程》，1942年1月，济南市档案馆藏历临76—1—125。

二、本会举办各项事之利用"；会员应尽之义务："一、遵守本会章程；二、服从本会决议案；三、按时缴纳会费；四、不侵害同业间之营业；五、应尽本会所举办各项事业之义务。"①济南市竹货业同业公会在其章程中针对会员的权利与义务进行了明确规定："凡会员均有享受会中优遇维护扶植之权利；凡会员对本会事务均有提议及选举之权并均有被选为本会职员之资格；凡会员均须恪遵本会会规与互助同业公益之义务。"②1938年后，济南市的同业公会纷纷制定了统一的权利与义务规范。

（四）违规会员的处罚

会员入会后不得擅自离会，若会员选择退出同业公会则被视为违规并会面临相应的处罚与惩治。济南市成衣缝纫业同业公会明确规定："会员不遵守本会章程决议或有其他破坏本会之行为或欠缴会费者，得由会员大会予以警告或除名等处分。"③济南市制鞋业同业公会规定："第七条，各会员商号得依照本会公议等级价目施行，不准私自升落，如不遵行者即以五元以上二十元以下之处罚。第八条，各制鞋店使用之工人工徒，除报户籍外，须一律报告公会登记，不准私自用人，倘有不遵者，一经查出以违反规则论处，以五元以上二十元以下之罚金。"④济南市建筑业同业公会出台《惩戒会员暂行条例》，规定："第一条，本条例依据本会章程第九条及本会办事细则第十三条之规定，并本会第二十六次执监委员联席会之决议案制定之；第二条，本条例以促进会员团结精神，免除散漫习惯为宗旨；第三条，本条例所称会员指本会之全体会员而言；第四条，惩戒办法如左：一、凡本会各种会议或其他事件，经通知不到会，亦不预先声明一次者，由本会予以相当之警告书，二、凡本会各种会议或其他事件，经通知不到会，亦不预先声明两次者，处二十元以上八十元以下之罚金（如抗不

---

① 《济南市鞋帽料业同业公会章程》，1943年1月，济南市档案馆藏历临76—1—83。
② 《济南市竹货业同业公会章程》，1941年12月，济南市档案馆藏历临76—1—143。
③ 《济南市成衣缝纫业同业公会章程》，1942年12月，济南市档案馆藏历临76—1—122。
④ 《济南市制鞋业同业公会整理业务暂行规则》，1941年12月，济南市档案馆藏历临76—1—82。

遵办，由本会呈准政府执行之），三、凡本会各种会议或其他事件，经通知不到会，亦不预先声明三次者，由本会发报开除会籍，并请工务局取消其登记资格，并禁止所有会员与该号之一切交易往来；第五条，本条例由执监委员联席会议决通过后，呈准主管官署备案施行。"[1] 济南市旅栈业同业公会规定："入会会员当遵守会内章程，如有违纪或破坏团体及损坏本会名誉者，得开大会免除之"，并且规定"入会后如有不法行为发生坑拐撞骗情事，介绍人得负完全责任"[2]。由上可知，会员若处分后被迫退会，其入会介绍人也要受到牵连。

二 经费管理

同业公会的经费管理问题不仅是其组织构建的关键一环，而且更深刻影响着其在社会中的定位及其各项功能的实现。值得注意的是，在北京政府农商部发布的《工商同业公会规则》以及南京国民政府制定的《工商同业公会法》两项重要法规中，并未能寻觅到关于同业公会经费来源的明确阐述，而只是对同业公会的非营利性质做出了原则性的规定。直至在1930年出台的《工商同业公会法施行细则》第十二条中方始有了具体的规定："公会经费由会员分担，方法由会员代表大会决定之。"[3] 这意味着同业公会必须恪守非营利原则，通过收取会费来支撑会务的正常运作。因此，济南同业公会的经费主要源自会员的入会费及日常会费，同时临时费用与捐款也构成了经费来源的重要补充。然而济南同业公会在支出方面却显得尤为纷繁复杂，因为同业公会肩负了诸多本应政府机构承担的职责，除银行业、丝绸业等少数几个行业公会外，济南市的大部分同业公会在筹集经费时均重重困难，许多活动难以顺利展开。

---

[1]《济南市建筑业同业公会惩戒会员暂行条例》，1943年5月，济南市档案馆藏历临76—1—113。

[2]《济南市旅栈业同业公会会员入会规则》，1932年11月，济南市档案馆藏历临77—16—7。

[3]《工商同业公会法施行细则》，1930年1月7日，济南市档案馆藏历临76—1—8。

会费是同业公会经费的主要支柱，其收取需严格遵循既定标准且仅限于在会员群体内部进行。委员制时期同业公会的会费征收普遍采用甲乙丙丁四级制度，例如1930年济南市木业同业公会就明确规定本会经费由会员承担，并细分为甲、乙、丙、丁四个等级，甲等会员每月交纳八角，乙等六角，丙等四角，丁等则为二角。此外，木业同业公会还确定了特定的会计年度，即自每年6月30日起至次年12月30日止，在此期间常务委员会需编制预算与决算，提交委员会审议后，再提交会员大会进行追认。同时，本会的预算决算及业务成果需每年编纂成报告并公布，同时上报社会局并转报市政府备案。① 济南市屠宰牛肉业同业公会则规定："本会经费分担办法按甲乙丙丁戊五等，甲等八角，乙等六角，丙等四角，丁等两角，戊等一角。"② 1945年，济南市木业同业公会呈文称："钧府训令第三一九号略开，公会有摊派不均发生争执，亟应改善办法。兹经钧府规定表式自本年七月份起，各按公会会员家数准照登记证所定资本额分甲乙等。因窃会会员均系开办有年之多，登记证较多，各资本额不过二三千元，现开办之营业登记证较少，所定资本各系二三万元，倘按资本规定，实难摊派。窃会前开理监事会议决，按会员临时营业情况规定甲乙丙丁，会费甲等一百五十元，乙等一百元，丙等七十元，丁等四十元。理合具文，呈请钧府鉴核，准予备案，以便微收而利进行。"③ 济南市黑白生铁业同业公会规定："经董监事会会议议决会费暂定四等，甲等一元五角，乙等一元，丙等五角，丁等三角。"④ 济南市茶业同业公会呈文称："钧署训令微收常年经费时须按《工商同业公会施行细则草案》第十四条之规定，并应呈由本署核准备案等因，自应遵办。查属会微收常年经费办法，系经会员大会议决通过分为四等：甲等月纳二元八角，乙等月纳二元四角，丙等月纳一元六角，丁等月纳八角，历经办理在案，奉令前因，理合并文，呈请钧署鉴

---

① 《济南市木业同业公会章程》，1930年11月，济南市档案馆藏历临76—1—8。
② 《济南市屠宰牛肉业同业公会章程》，1931年11月，济南市档案馆藏历临76—1—34。
③ 《为呈报摊派会费办法及会费格式由》，1945年6月，济南市档案馆藏历临76—1—14。
④ 《呈为不能召开会员大会订定会费之原因及董监事会议决会费暂定等级收纳增用以应开支由》，1940年11月，济南市档案馆藏历临76—1—138。

核备案，至为公便。"①济南市色纸业同业公会规定："会费按各家营业状况分甲乙丙丁戊五等缴纳会费。甲等每月会费一元八角，乙等每月会费一元二角，丙等每月会费八角，丁等每月会费六角，戊等每月会费四角。"②而济南市洋纸业同业公会的经费则明确划分为两大类别，即事务费和事业费。关于事务费，"由会员比例，于其所派代表之人数及资本额、营业实际状况负担之，计分甲乙丙丁四级。甲级每月三十元；乙级每月二十元；丙级每月十元；丁级每月五元。"关于事业费，则"由会员大会决议征集之"③。

除了依照既定规定正常征收会费外，在面临财政困境或需应对其他活动的情况下，公会也会偶尔提升会费征收标准或额外征收临时会费。然而，一旦发生此类情况，公会必须预先向官署提交报告，获得批准后才能召开会员大会进行决议，待决议通过后方可执行。济南市色纸业同业公会在呈文中提及此事，表述如下："钧谕保送事务员训练及规定员役薪资各等因，奉此亟应遵办。更兼食粮昂贵，开支浩繁，收入经费不敷过巨。兹于十一月十五日召开会议讨论办法，经众议决按照营业状况当场规定会费改编预算记录在卷，所以属会议决增加会费改编办法各缘由是否有当，理合抄同缴费等次清单改编九月份预算书备文，呈请钧署鉴核，速赐指令只遵。"④ 1946年，济南市木业同业公会因"窃查职会前规定之会费，每月约收洋一万元，当时因物价较低，收支适合，惟自入7月以来，物价猛涨，因职会生活不能维持，特此召开董监事会议，讨论救济办法，经一致议决，拟将经常费自七月起，增收一倍，每月约收二万元，以此办理，会中事务不致停顿，理合将增加会费及开会经过情形并文呈报"⑤。从上述报告可以明显看出，会费收不抵支是同业公会决定提高会费的关键因素，这一

---

① 《为呈报征收常年经费办法请备案由》，1940年9月，济南市档案馆藏历临76—1—163。

② 《为本会征收会员会费办法请鉴核备案》，1940年10月11日，济南市档案馆藏76—1—163。

③ 《济南市洋纸业同业公会章程》，1940年8月，济南市档案馆藏历临76—1—28。

④ 《呈为经费不足会议增加会费拟具改编预算呈请鉴核速赐予指令只遵由》，1942年12月28日，济南市档案馆藏历临76—1—28。

⑤ 《为呈报职会自7月份起增加会费请鉴核示遵由》，1946年7月21日，济南市档案馆藏历临76—1—14。

现象也间接反映了当时物价普遍上涨的趋势。此外，同业公会还可能因为临时应对公务需求而额外增设临时会费。例如，济南市新药业同业公会就曾因此类情况采取了相应的会费调整措施："钧署整顿公会办法实施以来，职工待遇均行提高，又值现在各物昂贵期间，文具纸张开支倍增，月收会费几有不敷之象。兼之派员赴经济指导班长期服务，生活津贴更无所出。"于是，"爰于本月七日召开董监事联席会议筹商办法。当场议决自十月份起每三个月增收临时费一个月，所收之款，除支给该员津贴外，余则补充本会经常不敷之用等情"①。

济南各同业公会均针对经费征收问题制定了严格的管理规定。在委员制时期，会计年度设定为自每年 6 月 1 日起至次年 12 月 31 日止；而转入董事制时期后，会计年度则调整为自每年 1 月 1 日起至同年 12 月 31 日止。会计人员需每月提交经费决算报告，并经会员大会审议通过，年终时再编制预算决算报告并予以公布，同时提交地方主管官署进行备案。

从支出构成的角度加以审视，济南同业公会的开支涵盖办公费、职员工资、车马费、公益费、捐款以及商会入会费等多个关键类别。其中，办公费具体细分为印刷费、打印费、纸张费及办公用品费等必要开支；车马费则专指公会执监委在履行会务职责时所享受的差旅补助；职员工资则专门用于支付公会聘请的文书、书记、门卫等专职人员的薪资，而公会执监委作为名誉职务，并不纳入此薪资体系。公益费则聚焦于支持同业公益教育、行业内救济等公益活动；捐款则体现了公会回馈社会的责任感，用于慈善、福利或救济等事业；作为商会会员，同业公会还需向商会缴纳入会费、事务费以及其他相关费用。此外，公会还需应对各类临时性开支，确保运营的灵活性，应对突发情况。

济南各同业公会的经费支出均有详尽记录且账目处理较为规范。以济南市钱业同业公会为例，其主要支出涵盖薪给费、办公费及特别费等多个方面。具体而言，薪给费主要包括办事员薪资、津贴费、服役工资等费用；办公费则涉及文具邮电、册簿印刷、笔墨纸张、交际应酬、书报订

---

① 《为属会派赴商会经济指导班服务人员薪金无着拟具临时费收付预算肯祈鉴核备案由》，1942 年 12 月 3 日，济南市档案馆藏历临 76—1—116。

阅、杂项支出及捐助房租等多样开销；而特别费则特指年终奖金及租粮费用等特定支出项目。① 此外还存在一些临时性支出。

各同业公会由于经营状况、会员数量、行业趋势等多元因素的差异，在经费充裕度上呈现出显著不同。部分同业公会因会员企业实力强劲且会员基数庞大而具有相对充裕的经费，在处理公会事务时游刃有余，从而可以发挥更为重要的作用。相比之下，有些同业公会则因会员稀少、会费短缺而面临经费不足的困境，运营困难重重。

以济南市色纸业同业公会1941年全年的收支概况为例，揭示该年度公会财务运作的实际情况：公会年度总收入由会费、会员捐赠及筹备改选费用三大部分构成，具体为会费36160元，筹备改选费15200元，会员捐赠总计12160元，三者相加，年度总收入达63520元。反观支出方面，各项费用详尽如下：车马费耗资14400元，杂项开支共计23980元，书报订阅费用2600元，交际应酬费用4300元，纸张采购费用572元，选举活动支出12995元，印刷费用则控制在160元，另有捐款支出10000元及特别费用6695元，全年总支出累计达到75702元。可以发现，收入与支出的差额达12182元，即会费收入不足以覆盖全年运营所需。为确保公会会务活动的持续与正常进行，公会不得不采取临时性融资措施，先后向义兴号借款16000元以填补资金缺口。②

再以济南市砖瓦业同业公会1941年1月至10月的财务收支状况为例，见表4—1、表4—2：

表4—1　　济南市砖瓦业同业公会1941年1月至10月收支清单　　（单位：元）

月份 项目	1	2	3	4	5	6	7	8	9	10
会费	150	150	150	150	150	150	144	144	144	144
薪金	30	30	30	30	30	30	30	30	30	30

---

① 《为遵令修改三十一年度预算书呈请鉴核示遵由》，1941年7月20日，济南市档案馆藏历临76—1—39。

② 《济南市色纸业1940年1月至12月份收支对照表》，济南市档案馆藏历临76—1—29。

续表

月份 项目	1	2	3	4	5	6	7	8	9	10
工资	24	24	24	24	24	24	24	24	24	24
文具	5.8	2		1		6.57	4.91			8.5
消耗	40.1	36.6	43.95	30.85	41.65	38.9	9.6	10.8	17.8	10.4
房租	24	34	34	34	34	34	34	34	34	34
书报	27.6	15.97	22.75	32	19.2	21.1	14.35	14.8	24.7	5
杂支		2.87					27.14	27.2	16	25

资料来源：《呈报1941年1月份至10月份收支款项报告表的呈文》，济南市档案馆藏历临76—1—89。

表4—2　　　**济南市砖瓦业同业公会1941年1月至10月收支情况表**　　　（单位：元）

收支分类	收支项目	收支款数（元）
收入部分	会费	1476
	上年结存	6.91
	收入合计	1482.91
支出部分	薪金	300
	工资	240
	文具费	28.78
	消耗品	280.65
	房租	340
	书报费	197.47
	杂支	98.21
	支出合计	1485.11
余额		负2.2

资料来源：《呈报1941年1月份至10月份收支款项报告表的呈文》，济南市档案馆藏历临76—1—89。

从表4—1、表4—2中可以看出，济南市砖瓦业同业公会的资金主要源自会员会费，然而自7月起，会费收入有所缩减。就支出而言，核心构成包括薪金、工资及房租，总计880元，占据了总支出的大约60%；紧随其后的是消耗品与书报费用，两者相加达到478.12元，占比约为32%。为确保会务活动的持续进行，虽然济南市砖瓦业同业公会在会员会费缩减的情况下在消耗品与书报费用上有所削减，但杂项开支却急剧攀升。此外，书报费用的持续支出，凸显了当时济南同业公会对外部信息接收的高度重视。然而总体而言，会费收入难以覆盖支出的事实反映出济南市砖瓦业同业公会面临的财务困境。此类现象并非济南市砖瓦业同业公会独有，而是广泛存在于当时的同业公会之中。

三　基本制度

国民政府颁布的《工商同业公会法》与《商业同业公会法》均对职员的产生方式进行了详尽的规定，明确要求实行民主选举制与任期制，并对会议制度进行了相应的规范。在济南市，各同业公会均严格遵循这些法令，确立了包括选举制、任期制、议事制及调控制在内的基本建设制度。

（一）选举制

济南市各同业公会的所有相关职员均经由民主选举产生，这一流程在各自的公会章程中有详尽且具体的规定。选举流程分为三个阶段：首先，会员大会的召开，全体与会代表均需出席，共同在参会会员中遴选出执行委员（或董事、理事）、监察委员（或监事），以及相应的候补执行委员（或候补董事、候补理事）、候补监察委员（或候补监事）；其次，通过互选方式在已当选的执行委员（或董事、理事）中产生常务委员（或常务董事、常务理事）；最后，在常务委员（或常务董事、常务理事）中进一步互选产生主席（或会长、理事长）。济南市各同业公会的选举流程与上海、成都等城市同业公会的选举模式在本质上并无显著差异。[1]

济南市各同业公会职员的选举方法主要包括两种：其一为"无记名连

---

[1] 有关成都或上海同业公会的选举程序可参见李柏槐《现代性制度外衣下的传统组织——民国时期成都工商业同业公会研究》，四川大学出版社2006年版。

举法"，亦称"无记名连选法"；其二则为"记名双记投票法"。

济南市各同业公会职员选举普遍采用"无记名连选法"。具体而言，"无记名连选法"即指选举人在投票过程中无需署名，直接一次性将被选举人姓名记录在选票上，随后根据得票数量多少依次确定当选者。① 如济南市烟厂业同业公会规定："本会设执行委员七人，由会员大会就会员代表中用无记名连举法选任之，由执行委员互选常务委员三人，就常务委员中选任一人为主席。"② 如济南市生铁业同业公会规定："本会设董事七人、监事二人，由会员大会就代表中用无记名连举法选任之。"③ 济南市五金业同业公会规定："本会设董事五人、监事三人，由会员大会就代表中用无记名连举法选任之，以得票最多数者为当选，选举前项董监时，应另选候补董事二人、候补监事二人。"④ 济南市染业同业公会规定："本会设董事七人监事三人，由会员大会就会员代表中用无记名连选法选任之，就董事中互选常务董事三人，并就常务董事中选任一人为会长，以得票多者为当选。"⑤

但也有部分同业公会明确规定采用"记名双记投票法"的选举制度。例如，棉业同业公会便明确采用这一投票方式："常务委员、主席由委员选举之，但被选者年龄须在三十岁以上，均用记名投票法。"⑥ 济南市制香业公会就改选职员投票情况呈文"执行委员：李梅亭五十七票，康九龄四十七票，王虎臣四十五票，仇兆麟四十二票；候补执行委员：齐连斌三十六票，郑子瑜十六票，张广元八票"⑦。1930年10月29日，济南市棉业同业公会举行了第三届主席换届选举大会，经过公正而透明的投票，张冠三以四票的优势胜出，而王玉岩则获得了一票，最终，张冠三被正式

---

① 李柏槐：《现代性制度外衣下的传统组织——民国时期成都工商业同业公会研究》，四川大学出版社2006年版，第153页。
② 《济南市烟厂业同业公会章程》，1941年8月，济南市档案馆藏历临76—1—130。
③ 《济南市生铁业同业公会章程》，1943年2月，济南市档案馆藏历临76—1—136。
④ 《济南市五金业同业公会章程》，1942年1月，济南市档案馆藏历临76—1—136。
⑤ 《济南市染业同业公会章程》，1944年1月，济南市档案馆藏历临76—1—52。
⑥ 《济南市棉业同业公会章程》，1930年11月，济南市档案馆藏历临76—1—8。
⑦ 《呈报当选职员并请发图记的呈文》，1940年1月，济南市档案馆藏历临76—1—72。

选举为新一届棉业同业公会主席。此外，从济南市棉业同业公会的选举方式中，我们也能明确看出此次选举采用的是记名投票制。①（见图4—12）

济南市棉业同业公会 常务委员选举票	
选举人 　李 　雨 　轩 民国十九年十月二十八日	当选人 　宫 　俊 　谦

济南市棉业同业公会 主席选举票	
选举人 　范 　崇 　德 民国十九年十月二十九日	当选人 　张 　冠 　三

资料来源：《通知当选委员选举主席的知单及当选人名票数》，1930年10月29日，济南市档案馆藏历临77—13—3。

图4—12　济南市棉业公会第三届选举票样本

同业公会采纳的选举制度与会馆、公所的传统推举制及轮流制存在本质区别，它在一定程度上彰显了现代民主的精神风貌。然而，同业公会的选举制度并非广泛意义上的全民普选，而是依据会员的资本规模及其所缴纳的会费多寡来界定代表名额与表决权重。此种以会费与资本额为基准的选举机制实质上赋予了资本雄厚、缴纳会费较多的企业、商行更多代表席位与表决权数，进而使其在同业公会的选举流程、决策制定等关键环节中占据了更为显著的话语权。济南市政府在相关法规中已就表决权与资本额

---

① 《通知当选委员选举主席的知单及当选人名票数》，1930年10月29日，济南市档案馆藏历临77—13—3。

之间的比例关系作出了明确规定，且针对工业同业公会与商业同业公会分别设定了差异化的标准。（见表4—3、表4—4）

表4—3　　济南市工业同业公会会费单位会员代表及权数计算表

资本	会费	选举决议权	代表人数	备考
不满两万元	一单位	一权	一人	
两万元以上不满五万元	二单位	二权	二人	
五万元以上不满十万元	三单位	三权	二人	
十万元以上不满十五万元	四单位	四权	三人	
四十五万元不满五十万元	十一单位	十一权	三人	
五十万元以上不满五十五万元	十二单位	十二权	四人	
二百四十五万元以上不满二百五十万元	五十一单位	五十一权	四人	
二百五十万元以上	每五万逐加一单位	每五万逐加一权	五人	
附注	资本在两万元以上会费单值及表决权选举权计算公式如下： 会费单位＝表决权――选举权＝$\dfrac{资本元数}{50000}$＋（过小数点须保整） 该表所定资本数已失时刻应按现物价指数计算			

资料来源：《工业同业公会会费单位会员代表及权数计算表》，1938年，济南市档案馆藏历临76—1—1。

表4—4　　济南市商业同业公会会费单位会员代表及权数计算表

资本额（万元）	会费单位	会员代表	选举表决权	备注
零点一万元以下	一单位	一人	一权	
零点一万元至零点三万元	一单位又二分之一	一人	一权	
零点三万元至零点五万元	二单位	一人	一权	
零点五万元至一万元	三单位	一人	一权	
一万元至一点五万元	四单位	一人	一权	
一点五万元至二万元	五单位	二人	二权	由五单位至十四单位代表均为二人
二点五万元至七万元	十五单位	三人	三权	由十五单位至二十四单位代表均为三人
十一点五万元至十二万元	二十五单位	四人	四权	由二十五单位至三十四单位代表均为四人

续表

资本额（万元）	会费单位	会员代表	选举表决权	备注
十六点五万元至十七万元	三十五单位	五人	五权	由三十五单位至四十四单位代表均为五人
二十一点五万元至二十二万元	四十五单位	六人	六权	由四十五单位至五十四单位代表均为六人
二十六点五万元至二十七万元	五十五单位	七人	七权	以上会费单位仍照原资本额选增但代表人数不得过七人
附注	一、法令对于资本额最低额有规定之商业，依其最低额为一会费单位，每增一最低额加一单位，例如交易新最低额为二十万元，即以二十万元为一单位，每增二十万元加一单位；二、会费单位额由大会议决之；三、经依法令登记资本额者依其登记之资本额，未登记者应将资本额报告公会；四、因兼营他业同时加入两公会以上者，其会费得依加入一公会时所定担负之最高额平均分交于各公会；五、会员代表以经理人、主体人或店员为限；六、代表均有表决权选举权			

资料来源：《商业同业公会会费单位会员代表及权数计算表》，1938年，济南市档案馆藏历临76—1—1。

随机抽样调查1931年至1944年间济南市自行车业、染业、食物业、制香业、冶铁业、制碱业、建筑业、南纸业、砖瓦业、屠宰牛肉业、钱货业十一个同业公会共计139人次的董监委员（或理监委员），调查涵盖性别、年龄、籍贯、职务、教育程度等多个维度，最终得出的数据为我们提供了一个深入洞察民国时期济南同业公会职员基本情况的视角。有关性别结构，被调查的所有职员均为男性。就年龄结构而言，60岁以上职员占6%，共有8人；50岁至59岁职员占21%，达30人；40岁至49岁职员则占比最多，为31%，共有43人；紧接着是30岁至39岁职员，占39%，数量为53人；而20岁至29岁职员占比最少，仅为3%，共计5人。综上所述，年龄在30岁至59岁之间的职员，共计126人，占总人数的91%，构成了公会职员的主体与骨干力量。至于籍贯分布，来自济南市区的职员占比23%，共有32人；来自山东省内其他地区的职员占据了半数，占50%，达到69人；而来自山东省外的职员则占比27%，为38人。由此可见，山东省内其他地区的职员是同业公会职员的主体部分。抽样调查统计结果显示，籍贯为河北省的职员共有 24 人，占职员总数的 18%，主要集中在自行车业和南纸业。此外，章丘和桓台两地的职员人数也相对较多。在职务构成方面，抽样调查中的职员，除了 2 位担任副经理职务、1 位为店员外，其余均为经理级别。至于教育程度情况，值得注意的是，仅制碱业在档案中记录了职员的受教育程度，而其他行业则未涉及此项。深入分析制碱业职员的教育背景，我们发现：受过私塾教育的职员占据了该行业职员总数的 70%；拥有中等教育背景的职员占 15%；而接受过小学教育的职员则有 3 人，占总数的 23%。与成都市抽样调查中，同业公会 51% 的职员普遍接受过小学以上教育的现象相比，济南市同业公会中的职员，虽然中青年群体占据主流，但整体受教育程度相对较低，可能在一定程度上限制了其管理水平的提高。

(二) 任期制

任期制度是同业公会民主架构中不可或缺的一环，它确保了公会职员的定期流动与更新，从而维持了公会内部机制的平衡与活力。在济南市各同业公会中，无论是委员制时期还是会长制时期，关于任期制度的规定大致相同。具体而言，执监委员或常务董事的任期设定为四年，且每届满两年需进行半数改选，以避免连任。以济南市钟表眼镜业同业公会为例，其"委员任期均为四年，每二年改选半数，不得连任"①。济南市印刷业同业公会规定："委员任期均为四年，每二年改选半数，不得连任。第一次之改选以抽签定之，但委员人数为奇数时，留任之人数得改选者多一人。"②济南市同业公会自 1938 年起正式实施会长制，且这一任期制度在后来并未发生显著变动。1942 年济南市颜料业同业公会亦明确规定："董监事任期均为四年，每二年改选半数，不得连任。第一次改选时以抽签定之，但董监事人数为奇数时，留任者之人数得较改选者多一人""董监事缺额时，

---

① 《济南市钟表眼镜业同业公会章程》，1931 年 9 月，济南市档案馆藏历临 76—1—86。

② 《济南市印刷业同业公会章程》，1931 年 4 月，济南市档案馆藏历临 76—1—111。

由候补董监事依次递补，其任期以补足前任任期为限，在递补前不得列席会议。"①

　　济南市众多同业公会在实际运营过程中普遍遵循规定执行任期改选制度。济南市大部分同业公会成立于1931年，自1934年起各业同业公会陆续展开了改选工作。同年5月，济南市古玩业同业公会顺利召开了会员大会，并成功进行了改选，投票结果揭晓：李星泉等五位人士荣获执行委员职位，杨瑞亭等两位则当选为候补执行委员。② 1936年，济南市古玩业同业公会举行第三次职员改选活动，经过公正投票，刘鸿霖等二人荣幸当选为常务委员，王茂青等三人被选为执行委员，而徐绍堂等二人则担任候补委员之职。③ 1934年6月6日，济南市冶铁业同业公会召开改选大会，济南市政府代表王修与历城县党部成员苏守贵亲临现场监督整个选举过程。会议严格遵循法定程序，通过公正投票，成功选出了李连如等三位执行委员，以及王纪水等两位候补执行委员。随后，经过一致推举，牛寿三被公推公会主席。④ 济南市电影业同业公会于1934年5月14日成功召开了会员大会，并依据相关法律法规对公会职员进行了全面的改选工作。⑤ 1943年12月28日，济南市南纸业同业公会严格遵循市公署发布的第1565号指令，成功召开了会员大会并进行了改选。此次改选依法进行了半数成员的替换，通过公正的抽签方式，最终确定原有董事中的5人离职，5人继续留任，并新选出了4名董事、2名候补董事以及1名监事和1名候补监事。⑥

　　但这并不意味着所有同业公会均能严格遵守规定如期进行改选，特别是在社会政治环境动荡不安的时期，这种既定的任期制度往往难以维系，

---

① 《济南市颜料业同业公会章程》，1942年11月，济南市档案馆藏历临76—1—94。
② 《为报告事项》，1934年5月25日，济南市档案馆藏历临76—1—62。
③ 《济南市古玩业同业公会第三次改选委员名册》，1936年12月24日，济南市档案馆藏历临76—1—62。
④ 《为呈请备案由》，1934年8月14日，济南市档案馆藏历临76—1—33。
⑤ 《呈送委员会员名册由》，1934年5月14日，济南市档案馆藏历临76—1—24。
⑥ 《为呈报改选情形并请准予备案由》，1944年4月10日，济南市档案馆藏历临76—1—28。

延期改选的情况时有发生。例如，济南市广货业同业公会便曾提出因"会员增加费时较长，于26日之期赶办不及，拟请展期改选"①。济南市油漆业同业公会呈文称："钧局通知定于本月十三日改选等因到会，奉此本应如期办理，惟遵照方案各条属会有赶办不及者，请求展期数日以俟各项手续办竣后，确定日期再行。"②济南市铜锡业同业公会呈文称："钧署训令，饬属会于11月19日依法改选等因，奉此，理应如期遵办，以符功令，惟以会长因事赴潍购货，迄未返济，所以一切手续均未筹备，届时实难如命办理，拟请钧署准予暂缓十日，俟筹备妥协再行呈报改选。"③据统计，1941年本应依据法令进行改选的同业公会中，除已知未改选的广货业、油漆业、铜锡业三家同业公会外，尚有染业、盐业、油业、砖瓦业、鞋帽业等五家同业公会也提出了改选展期的申请。④1943年，社会局为更有效地指导各同业公会，遵循工商同业公会章程准则第二十二条中"董事任期四年，每两年改选半数，禁止连任"的原则，精心制定了济南市工商业同业公会的改选流程，并详细编制了第三十二年度应参与改选的各公会清单。（见表4—5）

济南市工商业同业公会改选程序规定⑤：

第一项　改选前预备事项

一、由公会印制会员代表登记表分发各会员，依照表式填写清楚，送交公会审查。

二、公会印制之会员代表登记表，应载明会员代表之姓名、年龄、籍贯、商店名称、在店职务、教育程度、住址等项。

三、公会收齐该项登记表后，即开始审查其所报之代表是否合格。

四、审查委员会由各同业公会董事会担任之。

---

① 《呈请展期改选由》，1941年11月25日，济南市档案馆藏历临76—1—65。
② 《呈请展期改选由》，1941年7月12日，济南市档案馆藏历临76—1—77。
③ 《为呈报展期改选乞鉴核由》，1941年11月21日，济南市档案馆藏历临76—1—80。
④ 参见济南市档案馆藏历临76—1—52、76—1—75、76—1—83、76—1—87、76—1—89等卷宗。
⑤ 《为本年度应行改选各公会可否次第举办理合检同程序各件请核示由》，1943年8月4日，济南市档案馆藏历临76—1—87。

五、审查会员代表资格应依据工商同业公会章程准则第六、七、八各条之规定办理之。

六、公会应将审查完竣之会员代表，缮具名册呈请市公署核准，并请指定选期派员监选。

七、公会应预制选举票及委托书，选举票预呈市公署用印，委托书分送各会员按照所列各项详细填明，并由各该会会员商店署名盖章俾各代表届期持书换领选举票。

八、凡经审查合格会员代表须将其姓名榜示会场并分送各会员以为写票之依据。

九、会场以假用市商会大礼堂为适宜，其他适当地点亦可。

十、改选日期呈由市公署指定后，公会应即分呈警察总署、市新民会、市商会及所在地警察分署，届时派员参加指导。

十一、摘录修正人民团体选举通则及本程序公布于会场，并分送各会员俾便遵行。

第二项　办理改选手续应行事项

一、公会应预制票匦（借用商会票匦），并规定签到处、写票处及一切应行筹备事宜。

二、会员代表出席选举时，须持业经填妥之委托证书于入门时向签到处签名，签名后入选举会场。

三、会员代表入场后，须静候发票，发票时凭委托书换领之领得选举票后，即按榜示名单摘写，写毕即跟同监选委员投入票匦。

四、会员代表入场后，一切行动均须服从监选委员之指导。

五、会员代表入场选举须遵人民团体选举通则之规定办理。

六、董监事人数：甲等公会董事十一人至十五人，乙等公会董事九人至十三人，丙等公会七人至十一人，丁等公会七人至九人；监事各五人或三人，候补董监事各二人，改选半数者依抽签法定之。

七、应改选半数之公会，即由市公署备具签筒，当众抽签以定去留，抽签结果由监选委员即席公布。

八、开票、唱票、计票事宜，由监选委员会同市商会职员办理之。

九、选举董监事用一票无记名，连选法选出之。

十、当选人如同时被选为董事，复被选为监事时，由当选人选就一职，所遗空额，以票数次多者递补之。

十一、缮列当选人名单，由监选委员当众报告周知，改选半数者连任董监事及新选董监事一并公告。

十二、董监事选定后，应由全体董事票选常务董事五人或三人，并由常务董监事中推选会长一人，所以当选人员应按期举行就职仪式。

十三、公会于办理改选完毕后十五日内，应依照章程准则赶造章程职会员名册各三份，呈送市公署核转备案。

表4—5　　　　　　1943年度应行改选各公会一览表

公会名称	成立年月	改选年月	备注
盐业	1931年2月		应全部改选
柴草业	1938年		应全部改选
白灰业	1939年2月		应全部改选
枣行业	1940年7月		应改选半数
黑白铁业	1940年10月		应改选半数
海味杂货	1930年12月	1941年5月	应改选半数
绸布呢绒	1931年3月	1941年5月	应改选半数
五金业	1931年6月	1941年5月	应改选半数
电料业	1931年3月	1941年5月	应改选半数
古玩业	1931年3月	1941年5月	应改选半数
丝绢业	1931年4月	1941年5月	应改选半数
南纸业	1931年3月	1941年5月	应改选半数
色纸业	1931年3月	1941年5月	应改选半数
生铁业	1936年6月	1941年7月	应改选半数
钟表眼镜	1931年2月	1941年7月	应改选半数
自行车	1931年12月	1941年7月	应改选半数
木料业	1931年6月	1941年7月	应改选半数
油漆业	1931年10月	1941年7月	应改选半数
卷烟业	1931年1月	1941年8月	应改选半数

续表

公会名称	成立年月	改选年月	备注
棉纱业	1931年3月	1941年9月	应改选半数
金银首饰	1931年3月	1941年9月	应改选半数
磨坊业	1941年10月		应改选半数
制棉业	1941年10月		应改选半数
洋纸业	1941年10月		应改选半数
钱业	1930年7月	1941年2月	应改选半数
照相业	1931年2月	1941年2月	应改选半数
铁货业	1931年2月	1941年11月	应改选半数
估衣业	1931年3月	1941年11月	应改选半数
广货业	1931年2月	1941年12月	应改选半数
茶叶业	1931年1月	1941年12月	应改选半数
酱菜酒	1932年12月	1941年12月	应改选半数
酿酒业	1939年9月	1941年12月	应改选半数
食物业	1931年2月	1941年12月	应改选半数
鞋帽业	1931年2月	1941年12月	应改选半数
织布业	1936年12月	1941年12月	应改选半数
国药业	1931年2月	1941年12月	应改选半数
印刷业	1931年3月	1941年12月	应改选半数
藤竹绳经业	1931年2月	1941年12月	应改选半数
天然冰	1939年6月	1941年12月	应改选半数

资料来源：《为本年度应行改选各公会可否次第举办理合检同程序各件请核示由》，1943年8月4日，济南市档案馆藏历临76—1—87。

1943年11月，济南市公署再次颁布了训令，明确指出："经查，本市各业公会已届改选期者，计有39会之多，业经本署令催迅速遵办在案。现在遵令办理者，固属甚多，而延不呈报者，亦属不少。似此玩忽，殊属不合。今在重申前令，仰该会长务于12月10日以前赶将筹备结果，呈报本署，以便施完日期，办理改选事宜。倘再逾期不报，即由本署指令筹备委员、负责办理，遂勿再延。"①

尽管济南市公署已多次发出明确指令，强调各同业公会务必按期完成

① 《济南市公署指令第698号》，1943年11月29日，济南市档案馆藏历临76—1—87。

改选工作，然而卷烟业、黑白铁业等部分同业公会未能遵循规定及时开展改选活动。济南市黑白铁业同业公会所提交的呈文明确指出："惟因公务繁忙，除例行之各种报告表册外，尚有各机关令办或委办之许多不定期调查统计工作，加以本业各商教育程度甚低，各项文件均须本会派员前往各商店先行调查后，再代为填写，工作人员不敷分配，常有顾此失彼之处，是以关于筹备改选事项进行略迟是实。"① 直到 1944 年 3 月再次呈文要求延缓，"钧府面谕，饬于三月二十三日午后三时举行半数改选，大会自应遵照办理。惟因本会现正动员职员进行现金工作，深恐届时筹备不及，拟请延期于三月二十九日午后三时举行可否之处，理合备文呈请钧府鉴核示遵"②。

各同业公会在延期改选时往往会列举出多种理由。这些理由主要包括：其一，时间仓促，导致筹备工作难以充分展开；其二，会员数量激增，编制完整的会员名册需要更多时间，从而延误了改选的进程；其三，会长因公务繁忙外出，无法及时参与筹备工作；其四，章程及相关手续尚未完备，使得改选无法进行。不论何种延期原因，它们共同指向一个事实，即这些延期改选并非同业公会自主决定，而是需经过向主管官署提交申请并获得正式批复后方能实施。没有政府主管部门的许可，改选延期是无法实现的，这一现象从某种程度上凸显了同业公会所受到的政府的严密控制。

（三）定期议事制

在运营过程中，同业公会会遭遇一系列重要事件，包括但不限于会费的征收与会员资格的撤销等，这些关键决策均需通过规范的会议流程进行深入讨论并作出决议。济南市内的各同业公会的会议架构鲜明地划分为三个层次：首先是会员大会，作为最高决策机构；其次是执行委员会（或称董事会、理事会），负责执行与监督；最后是常务委员会（或称常务董事

---

① 《为呈复筹备改选进行迟缓原因请鉴核备查由》，1943 年 11 月 3 日，济南市档案馆藏历临 76—1—136。
② 《为呈请延期举行改选请鉴核示遵由》，1944 年 3 月 18 日，济南市档案馆藏历临 76—1—138。

会、常务理事会），负责日常管理与快速响应。

会员大会通常分为定期会议与临时会议两大类。定期会议，顾名思义，是在既定且相对固定的时间点召开的会议。然而，值得注意的是，不同同业公会所设定的定期会议召开频次并不一样，有的公会选择每年仅召开一次会员大会，而有的则选择更为频繁地每年召开两次。以济南市山果业同业公会为例，其便明确将固定会议设定为（此处原文未给出具体次数，假设为"每年一次"）"每届年终举行一次"①，以确保公会事务的有序进行与会员间的有效沟通。济南市面粉业同业公会规定："会员大会每年举行一次。"② 济南市染业同业公会规定："会员大会定期会议每年举行二次，由执行委员会于十五日前通知之。"③ 1944 年又规定："会员大会定期会议每年至少开会一次。"④ 济南市磨坊业同业公会规定："会员大会每年举行二次。"⑤ 济南市海味杂货业同业公会规定："定期会议每年至少开会一次。"⑥ 临时会议，顾名思义，其召开时间并不固定。依据济南各同业公会所制定的章程，当执行委员会（或董事会、理事会）认为有召开之必要时，或经会员代表中十分之一以上成员提出请求，抑或监察委员会（或监事会）以函件形式请求召集时均可召集此类会议。对于会员大会的召集，通常需提前十五日进行通知，但如遇紧急事项需召集临时会议时，则不受此时间限制。在公会的运作过程中，若遇以下情形之一，可决定召开临时会员大会：一是对公会章程进行修订或变更；二是对会员或会员代表进行除名处理；三是涉及职员退职的相关事宜；四是清算人的选任及与清算相关事项的决议。

如果是同业公会进行改组并成立新的组织，那么会员大会的程序通常会更为繁复。以 1938 年济南市同业公会第二届改选为例，当时设立了详尽

---

① 《济南市山果业同业公会章程》，1932 年 1 月，济南市档案馆藏历临 76—1—54。
② 《济南市面粉业同业公会章程》，1933 年 7 月，济南市档案馆藏历临 76—1—58。
③ 《济南市染业同业公会章程》，1934 年 5 月，济南市档案馆藏历临 76—1—51。
④ 《济南市染业同业公会章程》，1944 年 1 月，济南市档案馆藏历临 76—1—52。
⑤ 《济南市磨坊业同业公会章程》，1947 年 1 月，济南市档案馆藏历临 76—1—60。
⑥ 《济南市海味杂货业同业公会章程》，1944 年 1 月，济南市档案馆藏历临 76—1—55。

的会议流程，具体包括：一、正式开会；二、全体成员肃立；三、主席就座；四、齐唱国歌；五、向国旗及国父遗像行三鞠躬礼以示敬意；六、由主席进行工作报告；七、监选人发表致辞；八、各机关代表相继发表讲话；九、进行选举环节；十、公布最终的选举结果；十一、新当选人进行宣誓并就职；十二、监誓人致以训勉之词；十三、新当选代表发表答谢辞；十四、会议圆满结束。① 如果是紧急或临时召集的会员大会，其程序会显著简化，通常涵盖提议、深入讨论及最终决议三大核心环节。在此过程中，大会主席（或称会长、理事长）首先负责阐述会议的主要议题，随后会员大会将围绕这些议题展开全面而充分的讨论。最终，与会代表将通过表决形式，决定各项议题是否获得通过。值得注意的是，大会主席通常会在会议初期就明确相关的规定与流程："会员大会召开时由常务董事组成主席团轮流主席"②，或"会员大会开会时由会长及常务董事轮流担任主席"③。根据规定，会员大会的决议需由超过半数的会员代表出席，并经出席代表过半数同意方可执行。若出席代表人数未达半数，可先行假决议，并将结果通告各代表，随后在一至两周内重新召集会员大会，以出席代表过半数同意的方式将假决议转为正式决议。对于特定事项，包括变更章程、会员或会员代表的除名、职员的退职、清算人的选任及关于清算事项的决议等，则需满足更高的出席与同意要求：要求会员代表三分之二以上出席，并经出席代表三分之二以上同意方可执行。若出席代表人数超过半数但未达到三分之二，仍可经出席代表三分之二以上同意先行假决议，并按前述程序重新召集会员大会进行正式决议。④

除会员大会之外，还存在执行委员会（或称董事会、理事会、监事会）与常务委员会（或称常务董事会、常务理事会）这两种重要的议事机制。1931年，济南市古玩业同业公会章程中已明确规定了这一制度："执

---

① 《济南市△△△同业公会第二届改选大会程序》，济南市档案馆藏历临76—1—1。
② 《济南市漆油材料业同业公会章程》，1943年9月，济南市档案馆藏历临76—1—77。
③ 《济南市新药业同业公会章程》，1940年11月，济南市档案馆藏历临76—1—115。
④ 《济南市漆油材料业同业公会章程》，1943年9月，济南市档案馆藏历临76—1—77。

行委员会每月举行二次，如遇必要事宜得召集临时会议。"① 1942 年，济南市古玩业同业公会改组后规定："董事监事会议每月举行二次，如遇必要事宜得召集临时会议。"② 济南市新药业同业公会规定："本会常务董事会议每星期开会一次，董事会议每月开会二次，监事会议每月开会一次"，同时规定"本会于会长认为必要时得召集董监事联席会议。"③ 济南市各同业公会普遍制定了类似的规定。根据这些规定，执行委员会（或董事会、理事会）、常务委员会（或常务董事会、常务理事会）的会议通常由公会主席主持并遵循一套正式的程序：一、全体成员肃立；二、向国旗行最敬礼；三、由主持人致开会词；四、报告相关事项；五、讨论既定议题；六、处理临时动议；七、邀请长官发表训词；八、宣布闭会。④ 一般意义上的委员会（或董事、理事）负责提议事项、讨论事项、议决事项及提出临时动议等程序。

相对完善且定期的议事制度是确保同业公会健康运行的重要制度基石。审视民国时期济南同业公会的实际运作情况，这套议事制度成效显著，营造了公平、公正、公开的运营环境。

（四）调控制

任何组织系统均拥有独特的内部调控机制，以确保高效运转。济南同业公会亦遵循此理，其调控体系涵盖组织保障、奖励与惩罚等多重制度。

第一，建立组织保障制度。同业公会均详细制定了章程与业规，这是维系组织正常运作、管理会务不可或缺的根本依据。在日常管理中，章程与业规发挥着至关重要的作用。章程明确了同业公会的宗旨、任务、组织机构、会议制度及经费管理等基本原则。而同业规则则是依据章程与习惯

---

① 《济南市古玩业同业公会章程》，1931 年 9 月，济南市档案馆藏历临 76—1—62。
② 《济南市古玩业同业公会章程》，1942 年 5 月，济南市档案馆藏历临 76—1—62。
③ 《济南市新药业同业公会章程》，1940 年 11 月，济南市档案馆藏历临 76—1—115。
④ 《济南市新药业同业公会董事会记录》，1940 年 7 月 17 日，济南市档案馆藏历临 76—1—115。

法，对营业活动、价格制定、交易方式及契约签订等细节作出的详尽规定，构成了同业交易的重要准则。各同业公会的章程与业规均需经过会员大会审议通过，并上报上级主管官署备案后正式生效。

第二，奖励与惩罚机制。各同业公会普遍设立了详尽的奖励与惩罚条款。以济南市建筑业同业公会为例，其特别制定的《惩戒会员暂行条例》明确规定："一、凡本会各种会议或其他事件，经通知不到会，亦不预先声明一次者，由本会予以相当之警告书，二、凡本会各种会议或其他事件，经通知不到会，亦不预先声明两次者，处二十元以上八十元以下之罚金（如抗不遵办，由本会呈准政府执行之），三、凡本会各种会议或其他事件，经通知不到会，亦不预先声明三次者，由本会发报开除会籍，并请工务局取消其登记资格，并禁止所有会员与该号之一切交易往来。"① 济南市机器缝纫业同业公会规定："同业各号应遵守本会规则，如有违犯者，处经调查员查出，应受罚金处分，开会解决之；同业开会议定价目务须格外注意，不得无故破坏，如有只图私利妨害公益，不遵议定价格者，查出应予以相当之处罚。"② 济南市刻字印刷同业公会规定："凡会员商号均得依照本会公议价目营业，不准私自更改升落，查有操纵破坏规定者，从重议罚；本会会员及技工人等如有品行不端，破坏公会名誉及不遵守本规则者，会中予以相当之警告，如三次仍不悔改者，即呈请主管官署取消其执业资格。"③ 济南市制鞋业同业公会规定："各制鞋店使用之工人工徒，除报户籍外，须一律报告公会登记，不准私自用人，倘有不遵，一经查出，以违反规则论处，以五元以上二十元以下之罚金。"④

但如何执行惩罚措施却是一个难题。由于同业公会本身并不具备执法权，在面临某些同业商号公然违反章程或规约时，公会只能向相关主管官

---

① 《济南市建筑业同业公会惩戒会员暂行条例》，1943年5月，济南市档案馆藏历临76—1—113。
② 《本会规则》，1940年5月，济南市档案馆藏历临76—1—120。
③ 《济南市刻字印刷业同业公会整理业务暂行规则》，1940年2月，济南市档案馆藏历临76—1—154。
④ 《济南市制鞋业同业公会整理业务暂行规则》，1941年12月，济南市档案馆藏历临76—1—82。

署寻求协助。济南市面食业同业公会明确规定:"凡本会会员违反会章及规约者,得按情节轻重由本会呈请官署予以惩处或勒令停业。"① 济南市制鞋业同业公会规定:"各会员商号得依照本会公议等级价目,不准私自更改升落,如不遵行者,即以违反规则论处,由本会呈请官署处分。"②

---

① 《济南市面食业同业公会规约》,1941年7月,济南市档案馆藏历临76—1—156。
② 《济南市制鞋业同业公会整理业务暂行规则》,1939年8月,济南市档案馆藏历临76—1—84。

第五章 近代济南同业公会的经济功能

关于近代同业公会的多种功能,中外学者纷纷提出各自的独到见解。朱英认为:"在近代社会经济生活中,同业公会充当了市场建设的主角和行业经济利益的维护者,在一定程度上对弥补政府行为与法律规范的不足或纠正政府行为的偏差起着十分重要的作用。"[①] 徐鼎新以近代上海同业公会为考察中心,从"开展调查研究、监督产品质量、协调供需关系、解决原料供给、沟通政府关系、调解劳资纠纷六个方面综合分析了近代上海同业公会的经济职能"[②]。李柏槐则认为:"同业公会作为行业组织,实行行业管理、维护行业的发展是其重要的职能,从同业经营资格的限制、同业业务经营的管理、同业交易市场的管理、同业牙行的管理、学徒管理及职业教育、各种公益互助团体的管理和同业工商纠纷的协调七个方面分析了同业公会行业管理职能。"[③] 魏文享从政府与企业、企业与市场之间关系的视角,探讨了同业公会的经济职能。[④] 吴奋以近代上海保险业同业公会为考察对象,强调了同业公会在保护民族经济与抵御外国资本入侵方面的经

[①] 朱英:《中国近代同业公会与当代行业协会》,中国人民大学出版社2004年版,第253页。

[②] 徐鼎新:《旧上海工商会馆、公所、同业公会的历史考察》,《上海研究论丛》第5辑,上海社会科学院出版社1990年版,第79—113页。

[③] 李柏槐:《现代性制度外衣下的传统组织——民国时期成都工商同业公会研究》,四川大学出版社2006年版,第172页。

[④] 魏文享:《中间组织——近代工商同业公会研究(1918—1949)》,华中师范大学出版社2007年版,第221—254页。

济作用。① 应当说，同业公会的功能极为广泛，触及社会生活的方方面面，而其中最为核心的无疑是经济功能，这紧密地与其宗旨相契合。本章将聚焦于调解同业纠纷、制定行业规范、捍卫同业权益以及参与经济问题的解决这四个关键维度，对民国时期济南同业公会的经济功能展开详尽的考察与分析。

一　调解同业纠纷

执行商事仲裁及调解各类纠纷，是商会、同业公会等工商社团组织不可或缺的核心功能。随着近代中国商品经济的蓬勃兴起与工商业者队伍的日益壮大，各类商事纠纷也随之急剧增加。在传统中国社会，商事纠纷往往由地方官府衙门负责审理，然而，这些官员往往视商事纠纷为琐碎的钱债纷争，敷衍了事，甚至拖延不决；更有甚者，滥用职权，胡乱判决，公然索贿受贿，这不仅未能有效解决纠纷，反而让商人因诉讼而耗费巨资，甚至家破人亡。随着近代市场经济的深入发展，商事纠纷的数量激增，种类也日益繁多，矛盾冲突愈发尖锐。面对这一严峻形势，清政府被迫在1904年颁布了《商会简明章程》，并谕令在全国广泛设立商会，同时明确赋予商会调处商事纠纷的权力。②

各地商会成立时均将解决商事争议、维护商人权益作为重要职能，并明确写入组织章程之中。为此，商会还设立了包括理案处、评议处、商事裁判所以及商事公断处等一系列专门机构，旨在高效、公正地处理各类经济纠纷。首先，在履行商事仲裁职能的过程中，各地商会普遍发现，需要借助同业组织的力量与支持。具体而言，商事公断处在处理案件时，常常需要依赖公所等同业组织在清算账目、调研市场价格等方面的专业能力，

---

① 参见吴奋《抗日战争时期的上海保险公会》，《上海保险》1994年第1期；吴奋《解放初期的上海保险同业公会（1949.6—1952.2）》，《上海保险》1995年第10期。
② 参见陈争平《中国早期现代化进程中工商社团的社会整合作用》，《第四期中国现代化研究论坛文集》，2006年。

因为这些同业组织对本行业的经营细节有着深入了解和丰富经验,其成员的专业知识对于公断处做出准确裁决至关重要。其次,在商事公断处处理商事纠纷的过程中,同业组织往往扮演着调解者或裁决协助执行者的重要角色。这些遍布各地的同业组织,在商事仲裁领域中"一直扮演公断证人、调查员、仲裁者的重要角色"①。如1931年1月济南市运输业同业公会就同昌恒亏赔案调查情况向济南市商会联会办事处呈文:"为呈复事窃缘同昌恒以账目交涉,当即召集常务委员及该东主魏奎轩同其经理万俊卿,双方到会请求,呈领其簿同众核算。据魏奎轩声称,十九年之账已赔累无余,十八年是否盈亏未可知是;十九年之账证明无讹,理应分担偿还,不必查阅。敝会负维持之责,向其双方调解并同其东西查问其事实,其司账人万九经按照其账开明后并言魏东十九年方行归家,十八年之事实及一切之出入,魏奎轩并非不知其交涉之原因。十九年之账,有自去年更来长余利一笔,此等余利,其垫底及东伙支使均作为现款。若照实数核算,十八年已有亏空。其又云十五年,每人出二百五十元,三人共资本七百五十元成立同昌永西记。当年亏赔罄尽,其一股退出,余两股改为同昌恒并未添入资本,继续进行。自十六年至今,不但毫无钱文,各东伙又不分皂白,任意支使。此即同昌恒赔累之原因也。奈魏奎轩当面已承认东主并承认还款,竟有时到有时不到,以致不能调解。终则携账归回彻底查算,今已原账缴回,请求呈复,据此等因,备文呈复,伏乞查照。"②济南市运输业同业公会在处理行业内部纷争时扮演了至关重要的角色。他们不仅积极协助解决同业间的纠纷,还深入调查事件的来龙去脉,确保商会在处理这些纠纷时能够秉持公平合理的原则,发挥了不可替代的作用。

同业公会不仅助力商会履行商事仲裁的职能,而且在多数情况下更是独立承担着调解同业纠纷的重要职能。实际上,同业公会与商会在商事纠纷的调解领域的权责界限并非泾渭分明,更多时候是携手合作、共同应

---

① 付海晏、匡小烨:《从商事公断处看民初苏州的社会变迁》,《华中师范大学学报》(人文社会科学版) 2004年第2期。
② 《为同昌恒亏赔东西一案的呈文、笔录》,1931年1月7日,济南市档案馆藏历临77—14—24。

对。1931年1月，应商会之需，济南市屠宰业同业公会特向市商埠商会呈文表明立场，其文称："为请议事，窃属会主席法洪禄来会声称，会员麻凤喜欠商大洋陆拾叁元捌毛捌分，有账目可查。屡次追问，置若罔闻。今又向伊索讨，伊竟顽硬不理。商以其归还无期，抗债不交，可恶已极，敬请属会设法代为追讨，据此等因，诚恳贵会鉴核恩准严追以恤商艰，则感德无涯矣。"① 同时向商埠商会提供了详尽的欠款清单字据，并附加了被告人麻凤喜的具体住址信息。鉴于此，商埠商会在收到函件后，迅速做出反应，即刻要求："今有洪法禄请议麻凤喜欠薪一案，仰麻凤喜即刻来会质明，以凭理处，幸勿诿却为要。"② 经商埠商会与济南市屠宰业同业公会的深入沟通与协商，最终在担保人张树春的鼎力支持下问题得到解决。双方郑重其事地签署了担保书，"现蒙贵会议处着麻凤喜陆续偿还（需本年阴历年底还清），嗣后如有差错，保人担负完全责任，所具宝结是实，铺保凤祥号具"③，以作为此次合作的坚实保障。至此，法洪禄状告麻凤喜欠薪案件得到圆满解决。另一起案例，济南市屠宰业同业公会会员马庭庆对丁怀宝欠款一事提起诉讼，公会迅速介入调解，召集马庭庆与丁怀宝双方到会，深入询问事件始末，使得这场纷争迅速得到妥善处理。当济南市商埠方面要求双方到会进行质询以资处理时，济南市屠宰业同业公会则正式呈文说明："恳请钧会原谅销案，马丁两家均系与商等至交，丁怀宝生意萧条，商等尽知并非故意拖欠，商等招请两家共同义妥，以两星期为限照原数偿清，决无再生纠葛之事。为此，呈请钧会鉴核恩准，将原案撤销，商等感德无涯矣。"④ 如果深入剖析两者之间的差异，我们可以发现商会主要聚焦于跨行业间的争端解决，或是那些工商同业公会难以独自应对的复杂矛盾。相对而言，同业公会则更多地聚焦于处理其内部成员间的纠纷。它

---

① 《为麻凤喜抗债不交请严追的请议书》，1931年11月22日，济南市档案馆藏历临77—14—24。
② 《来会通知》，1931年11月30日，济南市档案馆藏历临77—14—24。
③ 《担保书》，1931年12月3日，济南市档案馆藏历临77—14—24。
④ 《为请议事窃有马延庆同丁怀宝欠款的请议书》，1931年10月11日，济南市档案馆藏历临77—14—24。

们处理或受理的经济类争议以钱债纠纷最为常见，具体涵盖欠款、逃债等情况。例如，1930年，棉商晋丰泰号与裕丰昌花行之间因代售棉花过程中出现的严重短磅问题而引发纠纷，双方均向棉业同业公会寻求解决方案。随后，济南市棉业同业公会于12月30日召集了关于裕丰昌与晋丰泰补磅纠纷的评议会议，并邀请双方当事人到场陈述各自的观点。在此过程中，裕丰昌方面表示："民国十八年冬季，彼我两方，在利津同晋丰泰伙卖花衣，上半年底卖出三百余包，余下剩六百余包，至本年三月间，彼我共议分别双方赞同，晋丰泰应分二百余包，敝号分三百余包。敝号于所分数内卖于承德号一百包，下剩二百余包。晋丰泰情愿收买，敝号以情不可却，全数让之，当时行市计元，此货作价七十元。彼号应分运，卖花货五十七包，除屡次卖于洋行纱厂四百三十七包，下剩一百三十二包，加该号库存十包，应共存一百四十二包。彼号将此存货加入江棉五十六包，均经该号自己监视，至本年十月，敝号受该号指挥，将货卖于青岛，作价四十四元七角，言明将货递交青岛。经手人见货样不符，坚不收货，如数退回，并要求赔偿。经手损失否则原货不收，敝号因此赔日人江商，经手实大洋二百元。将原货企图存于仓库，此以前之情形也。今该晋丰泰称补磅过巨，惟以前卖货，皆有时随买随过，均有磅码单，交伊收执。补磅多寡，彼号均明悉，何得迄今方云补磅过巨，况原货均系潮货，存搁一年之久，岂有不补之理，请求评议等情。"观晋丰泰之回应，其表述内容大致与裕丰昌相当，而针对其提及的补磅改窄之缘由，其言辞支吾，似有难言之隐，内含不便公之于众的秘密。双方当事人在充分陈述后，济南市棉业同业公会随即宣布双方暂时退席，并作出以下评议："业查双方所称，皆有不当不尽之处，攷此有实主系裕丰昌居于主位，可认磅一千斤，所有货，裕丰昌认洋三百元，其余均归晋丰泰担任，如是归了。裕丰昌虽系吃亏，可不失实主情感，议决后谕知双方照办。"①

较为典型的案例发生在1930年，当时济南市钱业同业公会于同年12

---

① 《裕丰昌与晋丰泰因补磅纠葛评议记录》，1930年12月30日，济南市档案馆藏历临77—13—6。

月接到了多家银行的函件,这些函件均涉及因元通银号倒闭而引发的同业间的纠纷和冲突。

1930年,山东华茂银号正式致函钱业同业公会,称鉴于"敝号于本月四日由元通银号经手购入裕兴银号至青岛通聚照付票洋柒千元。兹因元通银号于本月四日晚间倒闭,该出票因受经手人请托,借故电青停止付款,既使敝号丧失兑现权利,为此甬请贵会召集全体委员开会评议,按据汇票法以彰公道"①。济南晋茂银号函称:"敝号于本月四日由元通经手购入东和公司立青岛,本公司青票洋二千元,抬头鸿记,票背面盖有转移,经手家鸿记、华茂、义聚隆等图章,兹因元通银号于本月四日晚间倒闭,该出票人因受经手人情托,藉故电青停止付款,冀使本号丧失兑现权利,为此甬请贵会召集全体委员开会评议,按据汇票法以彰公道并恳赐示无人感纫,此致。"②济南通聚银号函文称:"敬启者本月三日敝号使有元通经手三天期津票二张,系天津裕通皮庄立津衡通皮庄照付一张计洋五百元,东口皮公司立,今本公司照付一张计洋两千元,该二票均是济源银号抬头,背面亦有济源图章,至今已经挂七号付款,元通于四号下午倒闭,然今票业经挂号至期提款,济源银号去电止付,今将原票退回,按票据法钱业公会定章票已挂号无论有何纠葛,非付款不可。敝号已向济源银号理论,该云凭钱业公会评议八六特此函逢贵会平公议决实为公便。"③济南恒康银号函文称:"敬启者敝号于本月三号收买元通银号津票洋贰仟整,迟期三日,此票乃天津裕通皮装立票,恒通皮庄照付,济源银号抬头,此票立津已挂号七日照付,元通于四号下午倒闭,然津票业经挂号尚未提款,济源去电止付,今将原票退回,按票据法钱业公会定章票已经挂号无论有何纠葛非付款不可,敝已向济源银号理论矣,言凭钱业公会评议借理特函贵会平公

---

① 《华茂银号关于元通银号倒闭无法兑现的函》,1930年12月9日,济南市档案馆藏历临77—13—6。
② 《致钱业公会为与义聚汇票纠葛案请评议的函》,1930年12月9日,济南市档案馆藏历临77—13—6。
③ 《济源银号止付汇票的函》,1930年12月9日,济南市档案馆藏历临77—13—6。

议决实为公便。"①

1930年9月29日，元丰成银号与厚记银号之间因一张伪造汇票的交易产生了激烈的矛盾与纷争。据济南元丰成银号来函所述："敬启者于本月七号本埠元丰成银号由厚昌银号买得填具即付汇票壹张计洋贰仟元整，此票纯系伪造，敝号之图章上开天津聚义银号照付号码第叁拾贰号。裕德和银号抬头九月七号立票，查此票上之花样图章号码与敝号之票板图章号码壹概不符，纯系伪造刻下正在追究中，除登报声明外特先奉详务，望钧会备案并祈将此情形告诸同业壹体注意勿使奸徒蒙蔽至以为要。"②

为此，济南市钱业同业公会特定于1930年12月10日下午组织了一场旨在探讨并寻求解决元通倒闭后引发的汇票纠葛问题的会议。此次会议由主席綦忆轩主持，并有众多重量级代表参与，包括委员董子洋、艾学川、陈有章、袁少濂、许典五、孙品三、李锡蕃、段秀峯、牛敬之、李锡三、解心齐、王奎五、李祝亭及赵震升等。然而，鉴于汇票纠葛牵涉商号众多，会议最初未能达成明确决议。因此，公会决定13日再次召开特别会议，并特别邀请了业界具有丰富经验的专家列席，共同为问题的解决出谋划策。在会议中，李君锡先生着重指出，应对各商号来函及声明进行逐条梳理与深入研究。此提议迅速获得了与会成员的一致赞同，并据此展开了详尽的讨论与决议。具体议决内容如下：一、关于裕兴与华茂的纠葛：经审议，确定出票方裕兴的款项已收妥，且不存在止付的合理理由，因此应由裕兴直接向持票人履行付款义务。二、通聚恒康与济源号汇票纠葛案：根据审议结果，济源号曾向元通出具汇票，而元通随后又将该汇票转交于通聚恒康。鉴于该汇票已按本会汇票章程第五条之规定完成挂号手续，故不得进行止付操作。三、晋茂与义聚隆汇票纠葛案：经公议，确认义聚隆曾向元通银号出具了一张面额为贰仟元的汇票（该汇票由鸿记转自东和公

---

① 《济源银号止付汇票的函》，1930年12月9日，济南市档案馆藏历临77—13—6。
② 《为元丰成由厚记银号购买本号汇票纯系伪造请予备案的函》，1930年9月29日，济南市档案馆藏历临77—13—6。

司）。随后，元通银号又将此汇票转给了晋茂。然而，义聚隆随即致电青岛东和公司要求止付。对于此案的讨论结果，因本会汇票章程中并无相关明确规定，故无从直接核议，建议相关方自行协商处理。①

会后，济南市钱业同业公会逐一向各相关银号发送了复函，如复函华茂银号："贵号来函敝号于本月四日，由元通银号经手，购入裕兴以后支青岛通聚照付票洋两千元，因元通银号于本月四日晚间倒闭，该出票因受经手人请托，借故电青停止付款，致使本号丧失兑现权利，请为召集会议评议示覆，等情据此，当经提交会议，合经出票家裕兴，款已收进，无止付理论。应由裕兴付款于持票人，因特函复即请查照为何。"②

档案中记录的同业公会处理并调解本会内各行业纠纷的案例不胜枚举，且多数都在本会内部，并严格按照章程和既定规则加以妥善解决。

二 制定行业规则

行规，又称业界规范，是由同行业者共同商议确立的，旨在指导并规范本行业内部应遵循的经营习惯与行为标准，根本目的在于"为公会之命脉，在矫正营业，增进公共利益，如偷工减料、劣货影响、扰乱市价种种不良习惯，均由行规之约束，为之消除，而商业上道德信用，亦可相互增进"③。民国工商同业组织致力于通过制定并维护行规业规调整行业经济秩序，提升运作效率，借此巩固行业组织自身的权威地位。这些业规大多依据行业经营习惯精心制定，它们经由同业公会会员大会的集体讨论与审议后拟定，再上报至上级主管官署备案，正式生效。行规不仅明确了入会、出会、开业、营业、停业等基本规则，还细致入微地规范了度量衡器的使用等具体细节。业规的执行需秉持奖惩并重的原则，确保赏罚分明。奖惩

---

① 《关于元通银号倒闭汇票纠纷事特别会议记录》，1930年12月13日，济南市档案馆藏历临77—13—6。
② 《复华茂银号裕兴款已收进停止付理由》，1930年12月14日，济南市档案馆藏历临77—13—6。
③ 《各同业公会又将集议行规问题》，《申报》1930年10月25日。

制度的相关条款大多已明确纳入业规体系内,其有效执行主要依赖于同业的自觉性与公信力,共同推动会务发展。若遇会员对惩罚措施持有异议或不服从的情况,同业公会可适时向政府部门报告,以寻求协助并确保制度的顺利执行。

为确保会员遵循法律规章,各同业公会不仅制定了详尽的章程,还额外设立了行业规则。这些规则,或称规约,对行业内商号的经营活动进行了全面而细致的规范。关于行业规则的具体程序与效能,均独立成文,并经会员大会审议通过后正式实施。以济南市棉业同业公会为例,其制定的营业规则共计16条,内容广泛涵盖了营业时间的规定、营业标准的设定、交易基本原则的确立、交易价格的制定,以及对违规行为的处罚措施。"以上各条均经十三家花行一致赞成设,以后有破坏违反以上各条时按扣用十倍处罚,所罚之款留作发展改良棉业之用,并由受罚人登报道歉。"[1]

济南市棉业同业公会营业规则:[2]

第一条 各花行经手买卖之货于成交后即行验货,验妥后批立订单,应即过磅于五日之内一律过清。

第二条 过磅之后买客应将货款一律以现款付清,以便提货,如过磅付款后过十天尚不起货等,每包应缴栈租二角,如满一月仍不起货等,每月每包缴栈租大洋二角。

第三条 花行经手卖妥之货,业经过磅付款尚未起货或提取未完等,倘遇意外危险,花行不负责任。

第四条 过磅地点以经手花行现存货场内为限,过妥对磅起货出栈后如有短少花行概不负责。

第五条 卖客货已到行均须遵章保险以谋货物安全,倘未经保险遇有危险致受损失,花行概不负责。

第六条 卖客如有急需内花行通挪款项时须先将存在本行之货物优先予交于行内以便由花行酌量给款项,利息以银行当时活动利息档核算,花行

---

[1] 《营业暂行章程通知单》,1931年8月,济南市档案馆藏历临77—14—20。
[2] 《山东济南市棉业同业公会营业章程》,1931年8月,济南市档案馆藏历临77—14—20。

不得强加借以渔利。

第七条 卖客在各花行可存花包，如因本处价值不合，起往他埠售销，存包每月应付栈租二角。

第八条 卖客之货原存甲行，如归乙行成交时，所有抽收二分信用，应由甲乙两行均分至货价及零星费用皆归乙行担任交付。

第九条 卖客所来之货，如潮湿过重或掺杂沙土石焦花籽等物，倘经查出除扣除掺杂物货斤重外，由公会公议处罚。

第十条 每包包皮绳扣照半斤重，如分除净杂无百斤净花升加绳皮四斤半，无论原包榨包一律照行不得丝毫增减以照划一。

第十一条 卖客来货须任客投行，不得沿途截获妨害违商。

第十二条 各行成交以现货为标准，凡未进栈之货，不能预先成交以杜买空卖空之弊。

第十三条 各花行经手买卖，均须遵章抽用二分，此外不得丝毫增减。

第十四条 买客看货时可带花样以四两为限。

第十五条 买客卖客住各行内每日每位食费大洋三角。

第十六条 本章程如有未尽事宜得由同行开全体会议协商或修改之。

济南市棉纱业同业公会精心编制了营业所办事细则，该细则共计八章三十七条，内容详尽且条理清晰，涵盖了组织机构构建、交易单位界定、市场交易代理人职责、交易流程梳理及操作方法等多个关键方面[①]。其他诸如济南市粮业同业公会与济南市枣业同业公会等，均已确立了营业规范。这些规范规定了统一营业时间，此举不仅惠及广大消费者，确保他们能在适宜的时间段内享受服务，同时也有效维护了本行业的整体利益。以济南市澡堂业同业公会为例，鉴于行业特性与市场需求，通过制定统一的营业时间，既保障了顾客的舒适度与满意度，也促进了行业的健康有序发展。具体如下："素有客人习惯成性，往往假澡堂为休憩之所，夜间不泯消耗精神非聚赌即宿娼不正当行为，大都以夜代昼。天气甫明即呼朋引

---

① 《济南市棉纱业同业公会营业所办事细则》，1942年1月23日，济南市档案馆藏历临76—1—145。

党拥至澡堂,假名沐浴实为休憩,往往自朝至暮仍在瞌睡未醒,宝贵光阴即此虚掷,既害自己之生活,复碍澡堂之营业。兼有公务人员假沐浴而瞌睡,视澡堂为旅社。一觉醒来致误上班时间。上述种种情形随时均可发现",因此制定澡堂勤肃时间表:"第一,自进门起以两小时以内按一个澡价计算;第二,超过两个小时以上收澡价一半;第三,超过三个小时以上即按两个澡价计算;第四,勤肃时间至多不得超过四个小时。"①

《济南市刻字印刷业同业公会整理业务暂行规则》明确指出:"凡同业技工无论其已否登记注册,概不得接受非同业之雇聘,倘有违背者从重议罚。凡会员商号均得依照本公会价目营业,不准私自更改升落,查有操纵破坏规定者从重议罚。凡会员不准接受红样(即仿刻伪章),倘有私自刊刻者,发觉或查出时,定即请主管官署按律治罪。本会会员及技工人等如有品行不端,破坏公会名誉及不遵守本规则者,会中予以相当之警告,如三次仍不悔改者即呈请主管官署取消其执业资格。"②《济南市面食业同业公会规约》规定:"凡会员制造面食不得掺杂米面及各种粗面,违者严加取缔。凡会员制造面食务须整洁以重卫生,本会不时派员检查,违者严加取缔。"③ 这些行业规则在呈请主管官署并获得批准后正式实施,它们对各个行业商号的经营活动进行了有力约束,进一步规范了行业商号的经营秩序。此举不仅促进了行业的健康稳定发展,还有效维护了行业的整体利益和长远规划,为行业的持续繁荣奠定了坚实基础。

在中国传统社会,人们专利意识淡薄,市场上假货泛滥,严重扰乱了市场秩序,引发了不公平竞争。为应对此问题,同业公会挺身而出,坚决制止以假乱真、缺斤短两、以次充好等不法行为,并对违规者实施严厉的惩罚。为了更有效地打击假冒产品,同业公会不仅制定了统一的质量标

---

① 《为昂扬人民精神废除懒惰习惯拟甫正洗澡时间仰乞鉴核示遵由》,1944年5月,济南市档案馆藏历临76—1—91。

② 《济南市刻字印刷业同业公会整理业务暂行规则》,1940年2月,济南市档案馆藏历临76—1—154。

③ 《济南市面食业同业公会规约》,1940年7月6日,济南市档案馆藏历临76—1—156。

准，还建立了联合交易鉴定规则，以确保产品质量可靠。例如，济南市酿酒业同业公会与酱菜酒业同业公会便共同制定了联合交易鉴定规则："凡市区酒局摊贩酒斤须由本处派人鉴定其货色之真伪，倘查出有搅兑杂质冒充好酒售销者，本处得呈请主管官署取缔之；本处每日得派调查员巡视各路道口，凡由市外输入各酒商应来本处加以鉴定；凡不遵守本处鉴定规则者，得由本处转呈市公署按其情节之轻重酌量办理之。"① 明确规定了产品质量的检验标准和流程，从而进一步维护了市场的公平与秩序。蔬菜业同业公会规定："凡批发各种蔬菜须以公会设备之衡器为标准；本会为代客买卖免除短量掺杂取巧种种弊害并主张公道起见，得派员分赴各蔬菜交易所专司检查衡量之责。"② 1931 年，济南市棉业同业公会鉴于"查花行近系营业明知做法危险，却故意冒险，亦晓失败不免，不惜孤注一掷，仍不及念固整顿行规，一旦失败，轻则失却花行信用，重则紊乱市面，毁及身家，见笑中外。本会见此现状，不寒而栗。召集同人开会讨论补救办法，非取一致标准不足挽狂澜"，出台了五条办法：第一，棉花以十二分水分为标准，若水分介于十二分至十三分之间，则退潮一次，超出十三分则加倍退潮；若水分达到十五分，则进行退货处理；而水分低于十二分者，则需按数倍增加退潮标准。第二，对于客人所运货物的保险费，每百斤货物每月保险费为八分，以此类推；若货物重量尾数不足十斤，则不予计费。第三，客人提货时需出示行书条。对于客人途经的货物，每包每月收取租金一角、保险费八分；若存放时间不足一月，则按一月计收费用，以此类推。第四，凡客人来货，可按照货物数量的七成借款，但自借款之日起，利息按银行利率减轻二成计算。此前所借款项，均自八月十五日起一律开始计息。公会将刻章加盖于折首处，以备检查之用。第五，本规则实施

---

① 《济南市酒业联合交易处鉴定规则》，1939 年 10 月 20 日，济南市档案馆藏历临 76—1—15。
② 《济南市蔬菜业同业公会整理业务暂行规约》，1941 年 8 月 7 日，济南市档案馆藏历临 76—1—98。

后，如有违反或不遵守者，将由公会共同商议处罚措施。①

各业同业公会业规均对本业所需原材料、工艺制造流程及产品与服务质量设立了严苛标准，以捍卫行业声誉。具体到济南市理发业同业公会，其行规亦明确规定了相关要求，以确保服务质量与行业水准。"各理发店必须时刻扫除污秽器具，尤应以药水、酒精之类消毒，理发工人须身穿白色外衣及口罩以重卫生。凡各理发店使用之男女工人，倘有品行不端及染有暗疾不良嗜好者，一经查出呈请官署立即取消其执业资格。"② 济南市茶馆业同业公会亦颁布了此等行规："各茶馆需用之火炉、水壶务要整洁，水缸加以木盖，每日刷清一次以维清洁；各茶馆室内需力求整齐，不得柴炭狼藉以防发生火警；各茶馆需用之凉水以自来水及清洁之井泉水为标准，如苦盐浑浊之水不得汲用以重卫生；关于清洁卫生各事项由会派员赴各处检查指导以资改善，如不听指导时，应请主管卫生机构取缔之；凡会员各家售卖熟水必须沸开，不准以温水冒充之。"③

近代工商业界的同业组织，坚持不懈地与价格欺诈、哄抬物价、虚假广告及冒牌假货等不正当经营行为作斗争。在打击假冒伪劣产品的行动中，商会及同业组织凭借专业眼光与深厚经验，精准揭露假冒商品的伪劣本质，有力捍卫了合法经营会员商户的权益，同时也保障了广大消费者的利益，成效显著。

再以济南市钱业同业公会为具体案例进行深入分析。作为同行业间不可或缺的业务环节，汇票的重要性不言而喻。追溯至 1920 年，商埠钱业公会一经成立，便通过会员大会的集体决议，制定了《钱业同业公会汇票章程》。次年，该章程正式呈报山东省实业厅，并转呈实业部核准存档。随着南京国民政府的成立，1931 年，济南市钱业同业公会积极响应济南市政

---

① 《致各花行通知单整顿行规以挽以前之失败由》，1931 年 8 月 8 日，济南市档案馆藏历临 77—14—20。
② 《济南市理发业同业公会整理业务暂行规则》，1939 年 8 月 29 日，济南市档案馆藏历临 76—1—92。
③ 《济南市茶馆业同业公会整理业务暂行规则》，1940 年 7 月 16 日，济南市档案馆藏历临 76—1—110。

府训令，进行了改组重组。鉴于原有汇票章程行经多年，部分条款已不适应当前需求，济南市钱业同业公会特此召集会员大会，公开讨论并决定对其进行修订。在修订过程中，公会严格遵循中央颁布的《票据法》，并充分考虑济南市的地方习惯，对旧有汇票章程进行了详尽而周密的修改，最终定名为《济南市钱业同业公会汇票章程》。此章程历经会员大会三次严格审查，逐条审议通过，确保了其内容的合理性和权威性。新修订的汇票章程共计三十条，全面覆盖了汇票的金额规定、兑换流程、收发管理以及异地汇票的使用规则等多个方面，为济南市钱业同业公会成员间的汇票业务提供了更为明确、规范的操作指南。

汇票填写注意事项，在与各埠往来之户进行委托收付款项及买卖汇票（包括汇信汇条、异地支单与汇票同）等，除依据函电外，汇票必须明确包含以下关键信息：一、金额；二、付款人姓名及当前所在地；三、收款人姓名；四、汇票是否设定有效期；五、发票人（即出票人）姓名及开票日期（年、月、日）。特别提醒，若汇票上未明确载明收款人姓名，则默认执票人为收款人。

在同城或异地进行汇票汇发时，本埠将采取电汇方式进行款项的收取。付款人在收到电汇通知后，应立即提供空白收条，并要求收款人出示其印鉴以便核对并支付款项。收款人则需携带原始电汇通知及填写完整的收条，确保安全地向付款人收取款项。若收条上所加盖的图章与付款人索取的印鉴不符，付款人有权拒绝支付。同时，若付款后因任何原因产生纠纷，付款人将不承担任何责任。若来电字迹模糊，可凭保证预付，并在收到信件或电汇证明错误后，收款人应立即退还原款，其退款期间的利息将按本会每月设定的活期利率进行计算。对于汇往外埠的电汇，汇款人需将款项妥善交付，并由双方各自发电报确认收款。付款手续将按照付款所在地的相关规定进行办理。若收款人在收到电汇通知后向付款人索取款项，而付款人以当日未能收进为由推诿，则迟付期间的利息将按照本会每月设定的活期利率进行补偿。

如遇汇票迟期或板期情况，本市规定照付之迟期以汇票挂号注明日期为准，注期之后不得止付，但遗失请求挂失者除外。若付款人在付款期前倒闭，款项应退归原经手人，由原经手人负责将原款退回。对于板期汇票，若付款人已注明票面至期准付省界，则必须照付，否则付款人有权拒绝支付，持票人不得有异议。若迟期或板期汇票已挂失止付作废，但又被付款人误为挂号，则该挂号视为无效。若持票人故意争执，付款人需出示该汇票以前挂失止付作废的一切证据以拒绝支付。迟期汇票在挂号时必须注明照付日期并加盖字号图章，若未见票根亦须照挂，但票面可注明未见票根。若至期票根仍未到，付款人可自行决定是否支付。

汇票遗失处理规定：一、汇票遗失后，遗失人应立即向付款人出具相关证明，请求办理挂失止付手续，并在付款地至少刊登两份声明作废的公告。二、遗失人需以书面形式通知立票人，所刊登的报纸应持续公告至少三个星期，以确认无任何纠葛。三、在确认无纠葛后，失票人可在付款地寻找经付款人认可的担保人，并出具证明以取款。四、若付款人在此过程中发现存在其他纠葛情况，则原挂失止付请求视为无效。五、若未事先办理挂失止付手续，或未按照本规定流程妥善办理，导致款项已支付，则付款人不承担任何责任。同时，该挂失止付的汇票将永久作废。

买卖汇票须遵循的规则：在本市内，所有按期应付的汇票，在未完成款项支付前，严禁擅自涂销。若已发生涂销且持票人未收到款项，付款人须于当日标注"未付"字样，并加盖正式印章后，将原汇票退回给原始持有人。对于顶部（或特定位置）的汇票，则直接退回给原经手人，由原经手人补发即付汇票及邮电费，并按照本会每月设定的活期欠款利率计算迟延支付期间的利息，同时额外补偿每日每千元0.3元的损失费。请注意，利息与损失费的计算基准为邮局能寄达之日。在买卖成票的过程中，经手人必须加盖正式印章以示责任承担。对于本市范围内的汇票，自开票之日起，经手人承担为期三十天的责任期；而对于外埠汇票，则自经手之日起承担相同责任期。超出此期限后，经手人不再负责，但如遇时局动荡或交通不便等特殊情况，则不受此限制。此外，对于代收本市应付汇票并盖章作保的情况，若立票地点位于晋、鲁、皖、燕、豫、苏、浙、湘、鄂、赣等内地省份，则自付款之日起，作保人承担为期三十天的责任期；而对于其他省份，责任期则为五十天。超过上述期限后发生的任何纠纷，作保人将不承担任何责任。

同业汇票买卖问题解决方案：一、汇票责任界定：卖出由出票人自行签发的汇票，其责任以支付该汇票金额为终止。二、支票支付风险处理：以支票购买汇票，若支票款项未到账且买主突遇倒闭，无论发生在交易当日或次日，出票人有权通知付款人止付。三、已寄汇票与经手人风险：若已购买的汇票寄出但尚未在付款人处挂号，此时经手人倒闭且与出票人有纠纷，导致付款人拒绝挂号，持票人有权直接向出票人追索款项。若已挂号，除非发生挂失情况，付款人应如期足额付款。四、转账完成与汇票转移：汇票款项一经转账确认，即视为款项已收。若汇票随后转移至他处，出票人不得依据第十六条提出异议。若未转移且出票人遭遇不测，出票人有权止付。五、持票人取款责任：持票人应在汇票到期日至付款人处取款，若未取款且未提前通知经手人，而付款人随后倒闭，相关责任由持票人自行承担。六、非工作日付款与倒闭应对：汇票到期日恰逢休息日无法付款，若次日付款人倒闭，持票人有权退回原票。七、外埠汇票代收风险：委托外埠代理家代收汇票，若代理家在款项未收进前发生意外导致汇票无法退回，应同时通知付款人止付并通知原汇票主退款。八、本市支票照付规定：以支票支付本市汇票，支票取现后方视为汇票已付。若支票取现前付款人发生意外导致支票失效，则该支票视为原汇票退回原主。九、迟期与即付汇票处理：本市汇票无论迟期或即付，持票人需先经付款人确认并担保后付款。若付款前未挂失且担保虚假，付款人不承担责任。纠纷发生时，付款人可作为第三方协助解决。十、电话交易与汇票交付：同业间通过电话进行汇票交易时，若为往来户，出票人应送交汇票并转账批支单取款；非往来户则需备款并持证明书领取汇票，出票人收款后在证明书上盖章以防止欺诈。十一、外埠汇票收购条款：门市收购外埠汇票时，应与对方明确约定待汇票款收进并收到回信后方付款。双方款项交接无误后，无论发生何种纠纷，收买家均不承担责任。十二、印花税责任归属：

汇票粘贴印花税由出票人负责，若成票由经手人处理，则印花税责任由经手人承担。因印花税问题受罚与出票人无关，但特约情况除外。十三、本市汇票金额标准：本市汇票上所载金额应以本市通用货币为标准。①

三 维护行业利益

"无论是传统的行会，还是新式的行业商会或同业公会，它们都是一种行业性的团体……协调同业之间的关系，保护同业的利益，统一同业的业务标准仍然是它们的基本功能。"② 同业公会凭借自身优势，有效充当了政府与企业之间的桥梁角色，不仅积极参与政策的制定过程，还深入反映同行业的经营困境，维护会员及整个行业的合法权益。纵观整个民国时期，济南的工商业发展环境确实显得尤为艰难与不利。

由于政策、环境等客观因素的制约，众多企业深陷破产的困境之中。面对此等艰难时局，同业公会均展现出高度的责任感，积极向政府据实反映情况，恳请政府体谅商家之不易，并为企业争取到最大的利益保障。1941年，山东省公署针对此现状颁布了一项重要命令："本省民食向以高粱为大宗，而每年消耗于酿酒业者为数甚巨，近年来水旱频仍，收成减少，以致民食缺乏，粮价飞腾，瞻念前途殊堪焦虑，值兹青黄不接之时，亟应防止消耗、杜绝漏卮，禁止高粱酿酒，实为当务之急。各酒商自本年四月一日起至七月三十一日止一律停止酿烧"③，但是因行业会员已经有部分酿酒进行过半，一旦马上停止，势必造成重大损失，于是酱菜酒业同业公会呈文申请"奉此遵即传知各烧酒商一体遵照，惟据各该商声称，已经培酿之池业已屡入高粱，按十日一期分烧三期之后方可净尽。现查各家所下新粮多在三月十五日以前，即提前赶烧亦须至四月十五日方得完了。务恳向官府声明，以免将来发生误会。据此查各商所称各节，确系实在情

---

① 《济南市钱业同业公会章程汇票章程》，1933年8月18日，济南市档案馆藏历临76—1—40。
② 魏文享：《试论民国时期苏州丝绸业同业公会》，《华中师范大学学报》（人文社会科学版）2000年第5期。
③ 《为严禁高粱酿酒的训令省建商字第64号》，1940年2月，济南市档案馆藏历临76—1—15。

形,如在三月十五日以前已经加入新粮者,所酿之酒一期不能完全烧出按十日一期,三期之后内有酒液方得完全净尽,并非故意希图拖延。既有四月十五日一律挑尽之限,决不私加新粮,自甘废弃而险法令,且该商等要求虽系逾限,而实际仍系遵奉公令……呈复体察下情,准予展至四月十五日,实为公便"①。济南市酿酒业同业公会同样接到禁止酿酒命令,于是呈文声称:"窃查各同业厄于粮荒,营业已陷绝境,政府纵不禁酿,亦将难于支持,现奉明令,自当即日停顿,按高粱酿酒须先入池发酵,然后蒸烧历时约需十日,且须蒸烧三次,其所含酒质方可净尽,每蒸一次仍将糟粕入池,发酵时间亦与首次相等,先后共计一月,此乃酿酒一定之程序,凡属酿酒商莫不如是。今属会各同业奉令之时,已有多家粮和曲入池,在四月一日之前尽可蒸烧一次,若将糟粕废弃亦无其他用途,实觉可惜,若再继续蒸烧而又有违功令,商民谨慎成性,哪敢以身试法,伏思属会各同业设肆省垣历年已久,惨淡经营殊非不易,今虽禁酿数月,亦不能遣散工友,截然结束一切。国课捐税仍需照旧负担,本市自事变之后,商民所受之损失至今未能复原,于此困苦艰难情形之下,钧座饥溺怀爱民情殷,为此仰恳鉴核,准予将此发酵之粮蒸烧完毕,虽属些利益,于商民亦不无小补矣。"②经过两公会的积极呈文申请,济南市公署同意了两公会的请求并下令"准予蒸烧完毕,约计展至四月二十日,不得再行拖延,并令对正在蒸烧酒家登记造册,呈文备查"③。因针业凋敝、供不应求等原因,丰华针厂总经理韩符舟等6人恳请济南防守司令部酌予开禁针业以利工商而便民众,呈文认为:"窃查缝针一项为民众缝纫所必需,但以禁止金属出境,而该项货物亦牵连及之,以致贩卖者裹足不前,制造者推销无路,而各县民众则均极感缺乏,购求不易。似此情形则是货塞其流,物尽其用。行见全省绝无仅有之针业,日渐凋敝,而民众缝纫之工具亦将无所仰给矣。瞻念前途实深焦虑。经商人等共同筹议,以为缝针一项,虽系金属制品,然

---

① 《奉省令自四月一日至七月三十一日禁止酿酒业因饬令遵函办理具报由》,1940年3月,济南市档案馆藏历临76—1—15。
② 《呈为历陈下情仰恳鉴核格外体恤事案》,1940年3月,济南市档案馆藏历临76—1—15。
③ 《济南市公署训令第9号》,1940年3月,济南市档案馆藏历临76—1—15。

与军事用无关且其体质细小,几经锻炼绝不能再行熔化改造他物,况为人生日用必需之品,尤非奢侈货物可比,似不应在禁止出境之列。兹值秋凉之际,正需缝衣之时,设无缝针何以引线,转瞬冬令即至,倘不及早预备,诚恐各县同胞不死于刀兵者或将死于冻馁矣。此物虽微,关系非轻。理合联名呈请钧府,恳祈转请济南防守司令部,酌予开禁通令各卡暨各地驻防军警,准予放行,俾得自由运销以利工商而便民众,实为功德两便。"①

因原料供应受限,导致企业生产经营受阻,鉴于此,济南市制碱业同业公会特向济南市政府呈文汇报,内容如下:"全体会员制碱需用之原料,原情英商卜内门洋碱公司及塘沽永利化学工业公司之供给。自大东亚战争以来,舶来品绝迹,市场一般同业只能以少数贮备之原料惨淡制造,延续业务,除此原料之外,唯有仰仗塘沽永利公司之出品以救济同业要需。乃至配给办法实施后,该公司即将碱面指定由华北盐业公司转给济南日商三井洋行、三菱洋行及华方利与商行、祥记商行等共同组织之曹贩会管理,转配本市制碱业者,按配给办法,本市制碱业均有享受配给之权益,俾资供给社会之需要。但实际情形去年仅有一二家制碱厂得到少量配给,本年度更属缺乏,查本市为后方兵站基地,增产互惠,为中日商民间应有之职责,自应普及配给,仿照公允。属会见于会员等感于原料之无源,宣告歇业,停止制造者已占全体会员三分之一。为谋救济之道,当于去岁十二月间以公会名义具函,并由会长等前往大阪合同转曹贩陈述情形,请求通融配给。据执事者云,俟三十三年度优先民需,间始配给时,予以设法办理等语……属会以事关全业之兴废,全体会员之要求责无旁贷,理合具文呈请钧府鉴核体察全体会员艰困,赐予转向济南盟邦领事属陈述情形,予以充分配给,俾原料不致缺乏,以活涸辙,实为公便。"②

自铅石印刷技术兴起后,刻字木刷行业逐渐走向没落,众多从业者面

---

① 《呈为针业凋敝供不应求恳祈转请济南防守司令部酌予开禁以利工商而便民众由》,1947年10月31日,济南市档案馆藏历临76—1—245。

② 《呈为原料曹运灰缺乏恳请转向盟邦领事属陈述情形予以充分配给由》,1944年3月,济南市档案馆藏历临76—1—96。

临转行困境，生活困顿不堪。为了捍卫同业权益，阻止非同业者侵占市场，济南市刻字印刷业同业公会特此呈文："唯官署中大宗刊刻，借以调查，近数年间所有官署大宗刊刻，尽为非同业中人操纵包揽，希图渔利。刻字木刷业务不但不能灵活，尤感受极大之影响。此项弊害，若不力谋矫正，难免伊于胡底。现经董事会议决，此后凡有官署及外县大宗木质刊刻，除由本会及同业接受办理外，非同业中人，均不得包揽接受，以清营业界线，记录在案，理合将议决情形，具文呈请，伏乞，鉴核赐予备查，以维业务，实为公便。"[1]

同业公会还积极致力于为业内同仁争取有利的优惠政策。在民国时期，山东地区战乱频发，政府为应对庞大的军费开支，不得不采取增加赋税的措施，这无疑加重了农民和工商业者的经济负担。这一时期，税率不断攀升，税种也日趋复杂多样，加之官员贪污腐败，工商业者雪上加霜，苦不堪言。据不完全统计，针对地方政府征收的所得税、印花税、公益捐、军事特捐等繁重的捐税项目，各同业公会携手商会，纷纷提出异议，有的要求暂缓执行，有的则强烈呼吁免征或减征，以减轻业界的经营压力。

以货物税为例，这一税种实则源自厘金的改革与转型。厘金制度自1853年起便开始在全国范围内征收，然而，其征收标准并未实现全国统一，而是由各省根据自身情况自行制定。在山东，相较于四川、江西等地，其课税次数较为有限，仅征收一次。然而，正是这一针对工商业者的税收，对工商业的繁荣发展构成了显著阻碍。1928年，为赢得民族资产阶级的广泛认同与支持，国民政府高举"整理税制""裁撤厘金"与"减轻工商业负担"的鲜明旗帜，毅然推行统税制度。在此背景下，各同业公会积极响应，纷纷致函商会，恳请其转呈省政府，以期取消货物税，从而进一步减轻企业的经济负担。1929年6月1日，济南总商会与商埠商会携手合作，共同向山东财政厅呈递了一份正式文书，明确地表达了上述诉求与期望。"货物税系军阀时代苛捐杂税之一种。北伐成功取消一切苛捐杂税，

---

[1]《呈为非同业不得包揽刊刻请备查由》，1940年2月，济南市档案馆藏历临76—1—154。

现货物税仍复设局征收。各商号纷纷请求俯念商艰，准予取消。特推代表面陈，蒙厅长准予提交财政会议解决。解决前拟请饬令各局先行记账，以待解决。"①

再如一项地方性的税收项目——营业税，其税率由各地政府自主设定。在1931年10月23日，商会依据各同业公会的来函，正式向省府财政厅递交了呈文，恳请减轻该税收负担。具体而言，如运转业原本按税章规定应征收的税额为千分之一，但税收部门发出的通知单却规定按纯收益进行征收；同时，商会还提出青岛牛业已获免征营业税的待遇，济南地区应参照此例予以执行；对于蛋业，由于其主要从事蛋品大宗出口业务，商会认为不应按零售方式进行征税，且该行业存在淡旺季之分，不应一概而论地按旺季标准折算税额；此外，商会还指出窑业、当业、屠宰业等行业均属于牙帖范畴，应一并考虑税收政策的合理性。②课税政策中，对窑业过重征收营业税似乎有失合理性；考虑到建筑业营业额每月波动较大，仅凭某一月份数额推测全年营业额显然与实际情况存在偏差。以本业长顺工厂为例，其1月至8月的实际营业额为22100元，依此计算应缴税额应为44.20元，然而税务机关开具的缴税通知单却将全年营业额估算为56000元，导致应缴税额高达112元，这一计算结果实际超出合理范围近70%。类似这样的案例屡见不鲜，表明税务征收缺乏明确的法规依据。此外，炭业行业按照新章规定，税率从原定的千分之一上调至千分之二，无疑加重了企业的税负压力。③经过各行业协会的积极努力，减轻营业税负的要求已在一定程度上得以实现。这一成果可从济南市营业征收局致商会的正式函件中得到明确验证，该函件明确指出："据本市……二十余公会呈请减轻税率以维商业，从轻估计以轻负担等情……由财政厅呈准财政部在案，敝局未便擅作减轻……如依照厅令规定之比较至少增加一倍。兹为体恤商

---

① 参见济南市工商业联合会、济南总商会编印《济南工商文史资料》（第2辑），1996年，第207页。
② 牙帖即牙行请准官府发给的征税执照。
③ 参见济南市工商业联合会、济南总商会编印《济南工商文史资料》（第2辑），1996年，第208—209页。

艰起见,已饬各稽征员酌量情形略于增加,以符功令。如确实与实际数目相差甚巨者,自应仍予复查"①。

1946年3月,济南市政府向各同业公会颁布了训令,规定向各同业公会派遣一名驻会辅导员,名义上以促进"工商业发展"为名,实则意图加强对各行业的监管与资源掠夺。面对政府的真实动机,各同业公会迅速洞察并纷纷表示不满,他们团结一致,通过向政府提交呈文的方式,强烈要求市政府撤销这一命令。明确拒绝政府任命辅导员的同业公会涵盖了洗染业、粮业、卷烟业、照相业、自行车业、金银首饰业、碱业、席箔业、生铁业、油业、鞋帽业、估衣业、酿酒业、藤竹绳经业及电料业共计15个行业。这些同业公会一致声称,驻会辅导员的目的模糊不清,且同业公会办公空间有限,无法容纳额外人员;同时,同业公会因业务稀少,亦无额外经费租赁房屋。他们坚称,当前并无足够的公事需要额外人员处理,因此坚决抵制政府的这一举措。

由于营业状况不佳,1946年度的营业所得税高达7.5亿元,然而至1947年4月,该税款尚未缴纳。为此,各同业公会纷纷致函商会,请求其代为向当局申请税收减免。回溯至1946年4月,市政府曾委托商会代为征收"自卫建校费",但此举遭到了各同业公会的婉拒,他们以"会务繁重,实施困难重重"为由,表达了无法承担此责任的立场。随后,"自卫经费筹委会"向商会下达了征收自卫经费的命令,并要求在4月26日前缴纳高达2000万元的款项。然而,市商会也未满足此要求,他们以"防御工事费用及其他相关费用尚难以全面筹集,恐影响公共事业正常运转"为由,再次拒绝了这一要求。这一系列事件,在一定程度上为工商业者减轻了经济压力。②

由于市场低迷不振,1947年12月各同业公会联名向当局申请贷款援助。次年1月26日,商会特召集纺纱、面粉、染织、火柴等26家工厂的

---

① 参见济南市工商业联合会、济南总商会编印《济南工商文史资料》(第2辑),1996年,第209页。
② 参见济南市工商业联合会、济南总商会编印《济南工商文史资料》(第2辑),1996年,第283—284页。

主要负责人召开紧急会议，共同探讨解决工商业困境之策，并一致决议向市政府递交呈文，恳请其代为转呈至省政府及行政院，正式提出贷款申请，总额为 2300 亿元。进入 1948 年夏季，济南市电影业同业公会亦面临严峻挑战，由于观众购票难问题频发严重干扰了正常营业秩序，公会遂向市政府提出请求，希望政府能考虑降低娱乐税及电费标准以助电影业渡过难关。① 尽管各同业公会提出了诸多合理诉求，但当时的国民政府已陷入困境，因而无法满足这些要求。

以济南市钱业同业公会为具体案例进行深入剖析。每当遇到任何侵害同业权益的事件，济南市钱业同业公会总是坚定地站在同业的立场上，积极奔走呼吁，全力捍卫同业的共同利益，扮演着广大会员坚强后盾与代表的角色。1934 年，山东省财政厅发现济南市部分银号、钱庄存在虚报资本、偷逃税收的问题，随即颁布了"将定期存款纳入课税资本范畴"的新规。然而，这一规定显然与国民政府颁布的营业税法存在明显抵触。面对此情此景，钱业同业公会毅然以国民政府的营业税法为依据，正式向财政厅提交书面陈述，坚决表明立场："钱庄以资本额为课税标准，载在营业税法。自施行以来不独以本省为然，即各省亦莫营业。今竟以定期存款作为资本课税，殊不知存贷款项即系钱庄之营业。若此而课税，是既按资本课税，又按营业课税，即使从轻定税亦断难负担。誓不承认。倘谓资本不实，尽可切实调查，讵可藉此为课税之依据。仍请据情转呈，以维税则而恤商艰。"② 济南市钱业同业公会的这一行为彰显了坚决维护行业利益的崇高精神，赢得了各银号的一致赞誉。

再一典型案例就是维护会员晋逢祥银号之利益多次致函济南地方法院和山东省高等法院。起因是 1930 年长春宝隆银号倒闭，为维持市面保护债权，吉林省政府令长春公安局县政府组设债务清理处秉公清理，济南市商会函钱业同业公会命济南晋逢祥银号将济有账簿票根等件代其交邮寄回长

---

① 参见济南市工商业联合会、济南总商会编印《济南工商文史资料》（第 2 辑），1996 年，第 285—287 页。
② 参见济南市工商业联合会、济南总商会编印《济南工商文史资料》（第 2 辑），1996 年，第 209 页。

春总柜以便查核清理，并要求济南钱业公会查核各汇款汇主之数。晋逢祥银号呈文称："宝隆银号经营汇业系在敝号附设性质，其各庄汇济下票，虽经敝号代其照付，但对于票根信件等事项由其派员驻济自行理楚。1930年12月31日长春宝隆银号突然宣告倒闭，其驻济伙友闻风出走，诸多付之东流。敝号为顾全原汇主之生计起见及盼早日清理乃将所有账簿票根等件准其所请悉数邮寄长春总柜。"① 于是济南市钱业同业公会根据晋逢祥银号的呈文复函市商会因晋逢祥银号已将账簿票根悉数邮寄长春总柜，汇款汇主无从核查。

1931年2月有持票人韩景芳将晋逢祥银号依刑事程序向地检处告诉诈财并向地院民庭提起求偿之诉。3月5日晋逢祥银号接到济南地方法院送传票定于6日开始侦查。晋逢祥到庭详细陈述事实经过，法庭要求寻找保人。13日再接传票定于14日继续侦查，限期七天将长春宝隆银号总柜之人找到，晋逢祥银号向济南市钱业同业公会函为称："法院微谕期限较长迫济间往返势不可能，倒闭之后职员星散，况有该地总商会负责清算，亦恐无人肯来应诉证，以其驻济伙友之闻风潜逃。总之宝隆汇业在济派有专员，其因倒闭而不承兑乃宝隆自身事原，与敝号毫无关系。即退一步言之，设使宝隆无人在此又敝号应兑不兑，则敝号所受的利益之制裁，充其量亦不过信用丧失或宝隆另对敝号提起民事给付之讼而已。侵占问题亦殊无发生之。余地营汇业者不独宝隆，办客事者不独敝号，使汇票者不独韩某，如谓订票不付即是触犯侵占，然则任何一人任写一票，任注一号照付其照付者亦应负承兑义务，如不承兑，持票人即可以侵占告之，而法院亦即可依其所告受理并依其所告起诉耶。"② 晋逢祥银号请济南市钱业同业公会出面以解脱松累而免纠纷。钱业公会认为根据票据法第三节规定，出票人以支付之义务，委托付款人之时，付款人非即有付款之义务。换言之，付款人非经由出票人记载其姓名，而即负支付之义务。长春宝隆所出之汇

---

① 《与宝隆银号之关系的呈函》，1931年2月5日，济南市档案馆藏历临77—14—23。
② 《宝隆银号倒闭发生纠葛侦查情形的函》，1931年3月20日，济南市档案馆藏历临77—14—23。

票未经晋逢祥盖章承认，不能代为承兑，自属毫无疑义，因此晋逢祥银号没有兑现之义务。

同年7月又有朱克锯持有长春宝隆银号汇票一张计洋700元，向地方法院民庭提起求偿之讼。为维护同业利益，济南市钱业同业公会出面呈函济南市地方法院称："查案情和解虽与敝号无关，但事涉汇票自不能不问。各方着眼此件票款，据称只有七百元，况和解必双方让步，就金钱上理论厉害顾不甚大，此端一开效尤踵至，每遇一号之倒，势必穷于应付，是闻保于晋逢祥一家此尚小，影响同业全体者滋大。况就此案而论长春方面既有官督商会负责清算，持票人之汇款不患无着。如果此处因和解而得一宗，彼处因兑票而又得一宗是，持票人有得票额以外，金钱之可能结果上实不啻奖励诉讼以喘息未定，今日之钱商殊不胜此意外之打击，现经集会议决呈请贵院依法公断为荷。"①

11月27日地方法院判晋逢祥银号败诉，晋逢祥当庭声明不服决定上诉。12月济南市钱业同业公会致函山东高等法院声称，晋逢祥与朱克锯汇票涉讼一案，事涉汇票，关系钱业全体利害，因于10月13日将敝会议决情形函致济南地方法院，但济南地方法院对晋逢祥之上诉驳斥，理由以晋逢祥为票据上惟一之债务人等。然查汇票性质，发票人以支付之义务，委托于付款人之时，付款人非既负有付款之义务，须视付款人对于该项汇票，已否签名承兑以为定。按之票据法第四十条及第四十八条、第四十九条两条，均以签名承兑为唯一之要件，而济南市钱业同业公会汇票章程第九条对于迟期汇票之挂号及方式规定尤为详细。本件朱克锯所持之汇票，未经晋逢祥依照方式挂号、注明照付日期及加盖字号面章，是晋逢祥未经签名承兑，对于该项汇票即无付款之义务，自属毫无疑义。且查朱某所持之宝隆号所发指汇票，盖有济南晋逢祥小戳，系在讷河县宝隆号所盖，以表明其本号寓之地点者非晋逢祥所盖之面，以表示承兑地也。如认该项小戳为晋逢祥所盖，则晋逢祥一则向无此项面章，二则汇票未经晋逢祥注有

---

① 《致地院民庭为晋逢祥汇票案请依法公断的函转》，1931年10月，济南市档案馆藏历临77—14—23。

付款日期，其非晋逢祥之面章。总之，此事虽微，关系金融甚巨，敝会维持金融职责所在。① 并附钱业同业公会汇票章程一份，请山东高等法院参照审理。

经山东高等法院判决晋逢祥败诉后，济南市钱业同业公会再次发函山东高等法院，陈述理由，贵院固有依法裁判之职权，敝会乃钱业团体殊不得越分干事，唯关于汇票挂号一点，依本市钱业公会所定之汇票章程第九条实属要式行为之一种，而各钱业家对于迟期汇票之挂号亦靡不遵照，所谓签注付款日期加盖字号面章之规定办理，盖非如此无以证明付款之确期及承兑之表示故也。朱克锯所持之汇票上是否有晋逢祥所签之日期及加盖之号章，敝会既未得见要，亦未便轻信②。总之，济南市钱业同业公会为使法院更判，依据票据法及钱业公会汇票章程详作陈述。尽管1932年5月4日山东高等法院作出终审判决晋逢祥败诉，但钱业同业公会为维护同业利益作出了巨大努力。

四　参与经济解决

近代商会及同业组织在解决跨行业或全局性经济问题中发挥着重要作用，有效缓解了经济危机。面对经济波动或政治、社会危机对经济生活的冲击，商会、会馆、公所、同业公会等组织成了不可或缺的危机缓解力量。1935年，市场物价急剧攀升，尤其是粮面价格飙升，给民众生活带来了巨大压力。鉴于面粉作为北方主要食物原料的重要性，以及天津、上海麦价持续上涨对济南面价市场的冲击，市政府为保障社会稳定和市民基本生活，对济南市面粉业同业公会和粮业同业公会提出了稳定物价的明确要求。两公会积极响应政府号召，迅速召开会议传达指示精神，并深入商讨应对策略。随后，他们就拟采取的措施进行了详细规划，并正式呈文上

---

① 《函山东高等法院为晋逢祥因汇票涉讼一案陈述意见请参照法办由》，1931年12月28日，济南市档案馆藏历临77—14—23。
② 《函高等法院晋逢祥与朱克锯为汇票涉讼请法办的函》，1932年4月14日，济南市档案馆藏历临77—14—23。

报,体现了高度的责任感和使命感。通过这一系列努力,两公会在维护市场秩序、保障民生福祉方面发挥了积极作用。"面谕当即召集同业各厂晓以现状,鉴谓政府为稳定市面,事关公益,自应遵办。当经按照卖价现市格外削本酌定最低价格,三等面粉平均定价三元,俾符法币施行以前状况,除分呈外理合备案。"① 同业公会的慈善事业并非仅仅局限于行业内部及本地域之内,而是展现出更广阔的视野与担当。1935 年,当鲁西地区的十多个县遭受黄河水灾的严重侵袭时,济南市商会挺身而出,明确表示"发起救急,商界同仁当仁不让",召集各同业公会积极募集款物,以应对当前需求。同时,各同业公会也严格遵循济南市政府的训令,主动认捐灾民棉衣的价款,共同为灾区人民送去温暖与关怀。② 1941 年春季,济南市遭遇了粮食供应不足的严峻挑战,为此,市政府明确指示市商会与粮业公会远赴新疆,紧急采购红粮共计 1190 吨,单价定为每吨 310 元,总采购费用高达 368900 元。采购完成后,这些粮食均按照平价在济南市场销售,尽管商会承担了装运、损耗等多项费用,但最终仍遭遇了 36363.39 元的亏损。转至 1947 年 12 月 21 日,山东省政府社会处携手济南市政府,以"冬赈"为名,号召各界举办粥厂,为此特别召集了各同业公会理事长举行会议,周密部署冬赈工作,并要求各同业公会积极投身于募捐活动之中,务必在 23 日之前完成款项的缴纳。此次募捐活动得到了广泛响应,共有 85 个行业或厂家慷慨解囊,捐款总额高达 184950 万元。特别值得一提的是,济南钱业同业公会在慈善事业上的贡献尤为突出。早在 1931 年那场灾难性的洪水中,面对"亿万同胞惨罹浩劫,无衣无食"的悲惨景象,济南钱业同业公会便挺身而出,积极筹集善款,为救灾工作提供了强有力支持。"推定募捐员,向本市各银钱业分别劝募,计共募集洋壹仟伍佰零五元整"③,用以援助受灾民众。因此,南开大学丁长清教授强调,在近代市场中,首要调控力量为国家政权,紧随其后的是商会、会馆、公所以及同业

---

① 《呈为绥陈市况遵令评价由》,1935 年 11 月 14 日,济南市档案馆藏历临 76—1—260。
② 《市政府、市商会关、各同业公会等关于鲁西黄河水灾赈济捐款事项的训令、电报、公函、捐册等》,济南市档案馆藏历临 77—18—28。
③ 《函朱子桥先生请查收赈款酌量施放由》,1931 年 9 月,济南是档案馆藏历临 77—14—29。

公会等工商组织，它们对近代市场日常的交易规范与贸易行为进行着有效的调控，且在纾解经济危机方面展现出了极为显著的作用。①

不得不承认，同业公会作为维护同业会员共同利益的组织，其在价格调控与市场准入方面的举措，虽初衷良好，但可能不经意间触及了非会员及国民经济整体利益的敏感点，进而对行业的技术革新与长远规划构成潜在阻碍。与历史上的行会类似，同业公会亦存在着倾向于抑制市场竞争、促进垄断行为的倾向。例如，济南市建筑业同业公会向济南市政府提出请求，"暂予停止建筑业商号注册"②，就需审慎考量其可能对市场竞争格局及行业健康发展的影响。澡堂业呈文申请"自此以后，再有开设堂业者，加以禁止，以三年为限"③，济南市颜料业同业公会申请"抑制颜料滥行开业办法，限制现有家数，不再继准开业"④，理发业则申请市政府"参酌市面需要实况，援以限制旅栈业及澡堂业成案，将理发业加以限制，以洽商情，而维业务"⑤。

在行业议价与遏制恶性竞争的议题上，同业公会往往会对企业的自主降价行为设限，但这一举措有时也可能逾越合理边界，进而对正常的市场竞争秩序构成阻碍。1934年，济南市面食业同业公会私自制定行业价目表，此举便鲜明地凸显了这一现象。该公会认为："近年来门市上营业竞争，互相减价，彼此抵拼。现届秋节，则同业中竞争愈其而亏本愈多。在赐顾者固属贫贱买，偏易而在营业者，一方面削本出售，亦终非永远之道，所以近来时倒闭歇业者，即其原因也。本会为整顿同业，划一办法，根据会章第二条为谋同业公共之利益及矫正营业之弊害"，于是在本年度的8月21日隆重召开了全体会员大会，共计有43家会员单位参与。会上，

---

① 参见胡光明等《首届商会与近代中国国际学术讨论会综述》，《历史研究》1998年第6期。
② 《为呈请令行工务局暂于停止建筑业商号注册以资限制而安生业由》，1937年3月22日，济南市档案馆藏历临76—1—114。
③ 《为呈请限制堂业开设由》，1935年9月23日，济南市档案馆藏历临76—1—91。
④ 《为限制颜料家数不再继准开业以抑投机藉维资源由》，1943年10月2日，济南市档案馆藏历临76—1—94。
⑤ 《呈为理发业务供过于求恳请援照成案予以限制由》，1936年5月2日，济南市档案馆藏历临76—1—103。

经过大家的深入交流与多次热烈讨论,最终议决了重要事项:"月饼、点心,每斤最低价格为二角;鸡蛋糕、长寿糕,每斤定为二角四分;喜果每斤定为一角八分;其余一律按照公议价目表办理。"并且为防止同业中"再有阳奉阴违情事,雇觅调查员二人,轮流在城内外调查,有违反议决案者,如果证据确实,即报告公会,共同罚洋三十元"[①]。如此种种,均为同业公会经济职能中的消极面。诚然,我们也应认识到,同业公会私定规则与价目、加剧垄断的行为,无疑会引起济南市政府的高度关注,并受到相应的制止。1934年9月8日,济南市政府正式发布了训令,明确指出对此类行为的看法:"同业公会应以领导同业改良物品、振兴营业为职责。据呈划一价目,未为不可,惟营业原有大小,货色亦有高低,不愿同价者,亦不能加以强制。至所拟处罚一节,更出乎该公会职权以外,未便照准。"要求面食业同业公会"仰即遵照,速将调查人停止活动,勿得滋事"[②]。

济南同业公会在行业资格限制、统一定价及市场准入等方面的规定,实则揭示了其倾向于限制竞争、实施行业垄断的倾向,这与市场经济自然演进的原则相悖。然而,在特定历史背景之下,济南同业公会对于确立并维护行业秩序、有效处理并调和行业内部冲突以及协调行业内外关系,进而推动行业整体进步,均发挥了不可或缺的作用。其发展历程中展现的某些特质,为我们提供了宝贵的经验与深刻的启示,值得我们高度重视。

---

① 《为呈送价目表请鉴核备案由》,1934年9月5日,济南市档案馆藏历临76—1—37。
② 《据呈同业公会拟定价目表并派员调整营业情形请备案未便照准仰遵照停止由》,1934年9月8日,济南市档案馆藏历临76—1—37。

第六章　近代济南同业公会的社会功能

国民政府成立后，相关部门迅速颁布了超过四十项与同业公会紧密相关的法令，这些法令将同业公会的发展与日常运作置于政府机构的严格监督与管理之下。在此背景下，同业公会的政治活动空间遭受了极大的压缩，几乎走向消亡。然而，尽管面临如此困境，同业公会所承担的同业管理功能以及社会功能却得以保留并继续发挥作用。[①] 近代以来，中国社会历经动荡，内战外患此起彼伏，人民流离失所，急需救济事业的介入与调整。在此背景下，济南各同业公会纷纷行动起来，它们或从各个层面举办丰富多样的慈善活动，或积极投身于社会公益事业之中，成为服务同业、辅助政府履行经济职能、维护社会稳定的关键力量。

一　业内救济互助

在行业内推广慈善公益活动是会馆与公所不可或缺的核心功能之一。它们通过实施济困扶弱、设立公益墓地、赈灾防灾、兴办义学等一系列举措，援助行业内及同乡间的贫困群体。同业公会与会馆、公所之间存在着深厚的历史联系，从某种程度上说，同业公会的慈善行为是对会馆、公所公益传统的延续与深化，然而，其慈善活动又展现出与会馆、公所公益活

[①] 魏文享：《雇主团体与劳资关系——近代工商同业公会与劳资纠纷的处理》，《安徽史学》2005年第5期。

动不同的重要特质。原本，会馆、公所中的祀神、祭祀活动是其公益活动中极为重要的一环，但步入民国时期，同业公会中这类纯粹的祭祀活动已变得极为罕见，直至后期几乎销声匿迹。纵观民国时期济南同业公会的公益活动，主要聚焦于两大领域：一是同业救济，二是同业教育。

(一) 同业救济

传统会馆、公所历来视兴办善举、济困扶弱、赡养老人及送终服务为首要职责，它们积极为同行业中年迈、病弱、残疾及丧失劳动能力者提供经济援助，并慷慨解囊，购置墓地以安葬那些客死异乡的人。

同业公会提供的同业救济内容与方式，与历史上的会馆、公所时期颇为相近，同样涵盖了援助无法自给自足的年迈孤寡者、体弱多病者以及承担贫困者的病逝丧葬等，并协助解决成员迁徙所需资费。济南地区的各同业公会已为此制定了详尽的规章制度，旨在通过制度化的手段确保这些救济措施的有效实施。更有甚者，部分同业公会还设立了专项机构，以更专业的姿态投入到这一公益事业中。至于公益活动所需的经费，主要依赖于各同业公会成员缴纳的会费。以济南市理发业同业公会为例，其章程明确规定，公益活动经费从会费中划拨，确保每一份善款都能用到实处，为需要帮助的人群提供实质性的支持。"本会收费除办正当开支外，余款存作购买本会房屋、置买冢地、设立学校，维持同业老弱无能工人及疾病医疗、死亡埋葬之用。"[①] 济南市刻字印刷业同业公会也规定："本会所收会费除办公及正当开支外，余款存储于殷实商号，备作救济老弱无能之同业疾病死亡或倡办公共事业之用。"[②] 济南市制鞋业同业公会规定："本会收入各费，除办公开支外，款项存作同业老弱无能之工人疾病医疗、死亡埋

---

① 《济南市理发业同业公会整理业务暂行规则》，1939 年 8 月 29 日，济南市档案馆藏历临 76—1—92。
② 《济南市刻字印刷业同业公会整理业务暂行规则》，1940 年 2 月，济南市档案馆藏历临 76—1—154。

葬之用，但如何开销必须公布通知。"① 济南市棉纱业同业公会规定："本所每年度决算盈余，除提出百分之十公积金外，余者依董事会之议决，呈准主管官署寄附各机关作为市政建设及办理公益慈善之用。"② 济南市机器缝纫业同业公会规定："同业中如有贫困无力维持生活者，调查此人忠诚，应由公会设法补助之；同业中如有生意赔累不堪者，公会须得设法出资若干维持生意，其款或分几期待还并无利息；同业中如有老弱不能回籍或亡于此处者，公会应得出款若干补助葬埋或送原籍；本会如有余款甚巨救济贫民一切慈善事业，无不竭力协助。"③ 除制定并严格执行制度规范外，济南市各同业公会也普遍能够恪守规定，积极投身于对行业内贫困病弱人士的救助行动中。尤为值得一提的是，济南市卷烟业同业公会早在1941年3月便慷慨解囊，捐助了同业会员墓地及丧奠费用共计10元，这一举措充分体现了其对社会责任的担当与履行④。

（二）同业教育

举办子弟教育事业是会馆、公所的重要慈善公益举措，而在民国时期，同业公会亦将同业教育视为至关重要的公益事业。同业公会的同业教育涵盖两大核心领域：同业子弟教育与同业职业教育。鉴于各同业公会间的个性差异及经济实力强弱，它们在举办同业教育时展现出各自独特的特点。然而，从整体视角审视，各同业公会均对办学事业极为重视，其执行委员会或常务董事会定期聚首，探讨经费筹措、校长选聘、教师招募等关键议题，这一做法在旧式行会制度下的教育实践中是难以企及的。

1922年9月，济南商埠着手筹建其首所小学，依据商埠商会之指令，

---

① 《济南市制鞋业同业公会整理业务暂行规则》，1941年12月，济南市档案馆藏历临76—1—82。

② 《济南市棉纱业同业公会整理业务暂行规则》，1942年1月，济南市档案馆藏历临76—1—145。

③ 《济南市机器缝纫业同业公会规则》，1941年5月，济南市档案馆藏历临76—1—120。

④ 《济南市卷烟业同业公会三月份收支月报表》，1941年3月，济南市档案馆藏历临76—1—128。

济南棉业同业公会随即向各花行发起捐资助学倡议。各花行积极响应,迅速完成公益捐款的缴纳,为小学的顺利筹建奠定了坚实基础。据相关统计,除棉业同业公会外,鱼虾业、油行业、蒜麻业、鸡鸭业、杂货业等众多同业公会亦纷纷加入捐资助学的行列,共同助力教育事业的发展。尤为值得一提的是,济南东元盛印染厂的创始人及总经理张启垣先生具有乐善好施的品格和对教育事业的深厚情感,多次慷慨解囊,为教育事业贡献自己的力量。其中,制锦市小学更是受益匪浅,获得了张启垣先生的特别关照与大量捐助。据不完全统计,张启垣先生生前对学校和慈善团体的捐助总额高达数万元之巨。1928年,济南市棉业同业公会进一步拓展其教育贡献,开办了专门的本业学校,旨在培养本行业的未来人才。全年间,该公会为学校支出了高达三百六十三元三角二分的公益捐款,充分展现了其对教育事业的坚定支持与不懈努力。① 1929年,济南市棉业同业公会慷慨捐赠六百二十七元六角二分,用于资助其附属的第一学校。具体支付明细如下:

——教习傅冀汉的七个月薪俸,共计一百四十元;

——教习张如庆的十一个月薪俸,共计二百二十元;

——信纸、信封及笔墨等办公用品费用,合计一元七角;

——毛巾一条的费用,为七角;

——电灯费用总计三十三元;

——电灯修理费用,四角;

——茶具(包括一把茶壶及三个茶碗)的费用,共计五角二分;

——开学酒席的费用,六元三角;

——煤炭费用,五元;

——房租费用,二百二十元。

以上各项费用均记录清晰,确保了学校运营及教学活动的顺利进行。②

---

① 《本会缴纳课程暨归送去年借款并完纳地租等项》,1928年12月,济南市档案馆藏历临77—12—10。

② 《谨将棉业公会附设第一学校全年收支清册呈请查核》,1929年12月,济南市档案馆藏历临77—12—10。

1934年，济南市粮业同业公会秉持对教育事业的深切关注，创立了私立惠元小学，并由公会会长苗杏村先生挂帅，担任校长之职，此举充分彰显了粮业同业公会对教育领域的重视与投入。依据济南市公署正式发布的第44号训令："凡旧有及新设各私立学校，统限四月底内一律造册呈请立案。"因此济南市粮业同业公会呈文，"查杏村创设之惠元小学，迄今数载，前已于民国二十三年经呈准立案在案，奉令前因，理合遵照颁行办法，查填表册备文，呈请钧署鉴核，准予备案"①。此外，苗杏村在担任济南市粮业同业公会会长的任期内，不仅在桓台索镇创立了德育小学，还在济南设立了英华女学。这两所学校均由粮业同业公会提供全部办学资金，其招生政策不仅惠及同业者子女，也向所有适龄的社会儿童开放，显著推动了教育普及。

另外，同业公益的实施需依据各行业的经费充裕程度而定，重点发展方向也各具特色。同业教育与同业救济活动在加强同业间的情感联系、深化互助精神、提升同业公会的凝聚力以及增强同业人员间的信任度方面，均发挥着举足轻重的作用。

二 业外慈善公益

同业公益仅为济南同业公会公益活动之一隅，同业公会的主要职责在于广泛参与并引领同业外的慈善公共活动，此适应社会大环境，承担社团组织应有的社会责任，从而确保自身不被时代所淘汰，稳固其在社会中的一席之地。

对于传统商人而言，积极参与社会公益活动是回馈社会、展现企业社会责任的重要途径。尽管个体商人的捐款捐物行为值得肯定，但相比之下，由同业公会组织的团体性公益活动无疑能发挥更大的社会影响力与效果。作为工商社团组织的重要组成部分，同业公会不仅是同业间互助合作的平台，更是行业商人与地方政府及社会各界沟通协作的桥梁。

---

① 《为遵令填造表册请鉴核准予备案由》，1941年4月，济南市档案馆藏历临76—1—533。

民国时期，济南各同业公会的社会公益活动尤为显著地体现在社会救济领域，这与当时济南特定的社会环境紧密相连。20世纪20年代，济南地区军阀割据、政权更迭频繁，百姓生活困苦，进入30年代，济南又接连遭受自然灾害的侵袭，并遭受日本的侵略，社会动荡不安，民众生活更加艰难。在此背景下，济南各同业公会的社会救济活动显得尤为重要，它们在社会救济体系中占据了举足轻重的地位。

（一）社会救济方式

民国时期，济南同业公会的社会救济活动主要涵盖以下几种形式：

首要方式即为各同业公会直接投身社会救济事业，这构成了其参与社会公益活动的重要渠道。当遭遇重大自然灾害或突发事件的严峻考验时，同业公会通常会以行业领袖的身份挺身而出，积极向慈善机构或受灾地区捐赠资金与物资，以此彰显本行业对社会的深切关怀与对受灾民众的诚挚慰问。例如，1930年12月，红卍字会拟设立粥厂以救济难民，特向钱业公会致函，言明其善举之意，诚邀共襄善举。"前因筹办济地粥厂，当送上冬赈捐启一册，想蒙代募，现在粥厂亟待举办，须视集款多寡定通盘计划。贵会募款务请尽三日内截数，或先将捐启交还。至为期盼。"[1] 济南市钱业同业公会接到红卍字会的函件立刻复函称："案查一十九年十二月五日接准大函，已经送捐启一册，先行交还等。查该项捐启及捐款，已于年前送交城内商会，托其转交。"[2] 济南市棉业同业公会向红卍字会捐款大洋400元。[3] 1931年7月5日中国红十字会济南分会向济南商埠商会函称："敬启者本会因继办善业需款，兹就本埠游艺园开游艺大会三天发售入场券所得之款作为善捐，券额券价均经市政府核定照办，现已决定七月十日至十二日举行前以销售入场券，必须预先计划销路，函请贵会代为劝销。"[4]

---

[1] 《红卍字会关于冬赈募捐的函》，1930年12月2日，济南市档案馆藏历临77—13—9。
[2] 《复红卍字会捐款已送交城内商会》，1931年1月3日，济南市档案馆藏历临77—13—9。
[3] 《红卍字会收据》，1930年12月，济南市档案馆藏历临77—13—9。
[4] 《为函送入场券请予以劝销由》，1931年6月8日，济南市档案馆藏历临77—13—9。

1931年，中国遭受了一场极具破坏性的大洪水侵袭，这场灾难对南方多个省份的民众造成了重大伤害。面对如此困境，济南市钱业同业公会迅速响应，积极组织集资行动，全力投入到救灾工作中去。"本年洪水为灾遍十数省，亿万同胞惨难浩劫，无衣无食，凄惨状况极为痛心，敝会同人爰于日前开会议决，推定募捐员向本市各银钱业分别劝募，计共募集洋壹仟五百万元零五元整。除酌留五百零五万元，托由厚记银号李锡善先生在济南车站随时赈济由被灾区逃来之难民外，下余之捐款壹仟万元整兹特烦请贵社转交银行汇寄上海朱庆润先生酌量施放。并后附捐款银钱号或个人共计87人。"①（捐款明细见表6—1）

表6—1　　　　　　　　捐款人员名单

银钱号或姓名	捐款数量（单位：元）
杨傅亭	100
实业银行	50
中鲁银行	30
中鲁银行各同人	23
德盛昶	20
晋逢祥	20
同和裕	20
信昌银号	20
丰济银号	20
恒丰泰	20
汇丰银号	20
德聚银号	20
协聚泰	20
元丰银号	20
裕兴银号	20
鸿记银号	20
元丰成	20

---

① 《函朱子桥先生请查收赈款酌量施放由》，1931年9月3日，济南市档案馆藏历临77—14—29；《函济南时报社郭仲泉先生》，1931年9月3日，济南市档案馆藏历临77—14—29。

续表

银钱号或姓名	捐款数量（单位：元）
德庆银号	20
聚丰银号	20
广庆成	20
庆和昌	20
通聚银号	20
恒康银号	20
厚记银号	20
义聚盛	20
洪兴源	20
义聚隆	20
德生银号	20
义和云	20
谦泰银号	20
裕祥银号	20
锦丰庆	20
聚兴昶	20
山东商业银行	20
元康银号	20
瑞恒祥	20
敦益厚	20
福益合	20
瑞兴公	20
集祥恕记	20
公庆银号	20
仁康银号	20
庆聚昌	20
李赛齐	10
刘雍浦	10
王鸿波	10
马炳章	10
冉冀容	10

续表

银钱号或姓名	捐款数量（单位：元）
许典五	10
义聚筏	10
李祝亭	10
戴子瑞	10
解心斋	10
李树臣	10
赵辉声	10
大陆银行	10
秦亿轩	10
刘菊圃	10
李锡三	10
殷秀峯	10
陈有章	10
郑龙文	10
庆泰昌	10
李蒙斋	10
尹连斋	10
三合恒	10
成鸿如	10
袁少濂	10
董子洋	10
福顺德	5
公和隆	5
董雨三	5
章静轩	5
厚昌银号	5
大德通	5
渠鸿藻	5
无名氏	5
丰泰昌	5
双盛银号	5

续表

银钱号或姓名	捐款数量（单位：元）
马焕亭	5
李锡番	5
牛敬云	5
俞子久	5
曹善卿	5
魏鲁溪	5
马庆桢	5

资料来源：《函济南时报社郭仲泉先生》，1931年9月3日，济南市档案馆藏历临77—14—29。

1947年12月21日，济南市政府召集了各行业公会的负责人，召开了一次紧急会议，主要议题是讨论冬季赈灾的紧急措施。在会议上，市政府着重指出了募捐活动的紧迫性，指出要建立粥厂，帮助那些处于困境中的市民。尽管面临资金短缺和经营上的挑战，但各行业公会对于参与慈善活动的热忱并未减弱。在市政府的积极倡导下，各行业公会迅速响应，仅用了不到两天时间就圆满完成了筹款任务。（具体募捐情况见表6—2）

表6—2 1947年12月济南同业公会冬赈捐款数额（以捐额多少排序）

行业或厂家	捐款（万元）	行业或厂家	捐款（万元）	行业或厂家	捐款（万元）
纺织业	50000	兴济企业公司	5000	杂货业	3500
面粉业	10000	颜料业	5000	国药业	3000
染业	10000	油业	4000	纱布业	2500
棉业	10000	金银首饰业	4000	广货业	2000
钱业	10000	酱菜酒业	4000	卷烟业	2000
银行	10000	粮业	4000	厚德工厂	2000
汽车业	6000	绸布业	4000	机制卷烟业	2000
食物业	1500	自行车业	500	制棉业	300
鞋帽业	1500	牛商业	500	山果业	300
酿酒业	1000	益华火柴厂	500	枣行业	300

续表

行业或厂家	捐款（万元）	行业或厂家	捐款（万元）	行业或厂家	捐款（万元）
军服业	1000	洋纸业	500	日用碎货业	300
新药业	1000	铁器业	500	运输业	200
织布业	1000	生铁业	500	漆业	200
五金业	1000	席箔业	500	寿材业	200
旅栈业	1000	理发业	500	铜锡业	200
行栈业	1000	澡堂业	500	色纸业	200
饭馆业	1000	照相业	500	渔业	200
济南化工厂	1000	针织业	500	土制卷烟业	200
兴顺福酱园	1000	印刷业	500	石灰业	200
钟表眼镜业	800	肥皂业	400	藤竹绳经业	200
机器业	800	牛乳业	300	估衣业	200
南纸业	800	猪肉业	300	制碱业	200
洗染业	600	牛肉业	300	木料业	200
磨坊业	600	羊肉业	300	玻璃业	100
东源火柴厂	500	制曲业	300	陶器业	50
鲁西火柴厂	500	电料业	300	瓷器业	50
恒泰火柴厂	500	图书业	300	黑白铁业	50
薪炭业	500	皮毛业	300		
呢绒业	500	木器业	300		
合计金额			185050		

资料来源：济南市工商业联合会、济南总商会编印：《济南工商文史资料》（第2辑），1996年，第292—293页。

据统计，参与社会救济募捐的行业与厂家数量共计85个，累计捐款总额达到了185050万元。当时，几乎所有的同业公会都慷慨解囊，为济南市民提供了有力支持，作出了积极贡献。济南市政府充分利用这笔捐款，在北坛聚贤街正心慈善会、杆石桥南红十字会以及运署街省慈善所设立了3处粥厂，从1947年12月28日持续至1948年3月28日，共计施粥超过70天。每天前来领取粥食的市民高达万人，整个施粥期间惠及人数累计达到了719772人次，此次活动共消耗大米286631.5市斤，煤炭153627市斤。

除去米炭、开办、出差、管理、补助、职工遣返等各项费用共计1337829280元外，工商界的捐款还结余了511670720元。①

与民国时期上海、成都及山东青岛等同业公会在社会救济方面的积极表现相比，济南同业公会在此方面的主动性稍显不足，其直接参与的社会救济活动相对较少，主要依赖于通过政府部门及慈善公益团体的物资或资金捐赠来开展救济活动。民国时期，各类救灾会、红十字会等组织如雨后春笋般涌现。据国民政府在抗战前夕对全国慈善设施进行的详尽调查统计，在18个省、566个县中，由慈善团体设立的救济设施高达1621个，这一数字彰显了当时慈善事业的蓬勃发展。随着1945年8月日本投降，沦陷区相继收复，各地的慈善团体也逐步恢复了往日的活力。至1945年末，全国范围内的慈善团体数量已达235个，拥有会员32446名。此后，慈善团体继续发展壮大，至1946年底，数量已增至296个，会员人数也攀升至37182名。而到了1947年6月，慈善团体的数量更是达到了467个，会员总数也激增至73427名，这一系列的数字变化生动地反映了民国时期慈善事业的蓬勃发展态势。②根据《历城县乡土调查录》（1928年）的记载，济南市的慈善机构被明确划分为公所与团体两大类别。公所类慈善机构共有三家，分别是山东慈善事业公所、历城慈善事业公所以及中国红十字会济南分会。而团体类慈善机构则更为丰富，达到了七家，依次为道院、同善社、悟善社、慈悲坛（社）、贫民栖留所以及普善社。③《济南大观》详尽列举了济南地区的二十八家慈善团体，即便在日本侵略并占领济南的艰难时期，依然有二十五家机构坚韧不拔，继续维持运营。④ 1946年7月，根据《济南市公私立慈善救济团体登记表》的记录，济南市内共登记有慈

---

① 济南市工商业联合会、济南总商会编印：《济南工商文史资料》（第2辑），1996年，第293—294页。

② 魏文享：《中间组织——近代工商同业公会研究（1918—1949）》，华中师范大学出版社2007年版，第358—359页。

③ 王林：《近代济南的慈善机构》，载郭大松、刘溪主编《开放与城市现代化——中国近现代城市开放国际学术研讨会论集》，山东人民出版社2011年版，第296页。

④ 王林：《近代济南的慈善机构》，载郭大松、刘溪主编《开放与城市现代化——中国近现代城市开放国际学术研讨会论集》，山东人民出版社2011年版，第297页。

善救济团体33家。① 这些慈善团体在民国时期成为社会公益活动的核心民间驱动力。它们运作的经费和接收的捐款来源于民间，涵盖了大型公司与知名企业，同时也囊括了社团组织及个人的慷慨解囊。尤为值得一提的是，同业公会在当时济南的慈善募捐中占据了重要地位，但值得注意的是，这些同业公会的捐助行为呈现出两面性：一方面，它们能够积极主动地贡献力量；另一方面也不乏消极被动、响应不够积极的情况。

二是积极投身于商会组织的社会公益活动。商会与同业公会均为核心由工商业者构成的社团组织，然而，它们在组织架构上形成了明确的上下级关系：商会作为上级团体，引领并统辖着作为下级团体的同业公会。② 同业公会作为商会的附属机构，应积极响应商会号召，深度参与商会策划的社会公益活动，这不仅是社团组织管理体系中自然演进的必然路径，也是商会慈善公益项目取得显著成效的坚实基石。同年7月6日，济南商埠商会收到中国红十字会济南分会的募捐函件后，迅速向各同业公会发出通知："兹准中国红十字会济南分会送到戏券三千张，嘱为分派。查该会系慈善事业，自应赞助一切，以成善举，贵会慈善为怀，定能乐输，特送上戏券○○张，即希查收是何"，各同业公会收到商埠商会的信函后，均积极响应，踊跃参与此次慈善活动，最终参与公会数量达到16家，共同筹集善款洋150元。（见表6—3）

表6—3　　1931年济南同业公会捐中国红十字会戏票情况

公会名称	戏票（张）	捐洋（元）
面粉公会	20	15
粮业公会	20	20
钱业公会	15	15

---

① 王林：《近代济南的慈善机构》，载郭大松、刘溪主编《开放与城市现代化——中国近现代城市开放国际学术研讨会论集》，山东人民出版社2011年版，第298页。
② 李柏槐：《现代性制度外衣下的传统组织——民国时期成都工商同业公会研究》，四川大学出版社2006年版，第280页。

续表

公会名称	戏票（张）	捐洋（元）
转运公会	9	9
汽车公会	5	5
旅栈公会	10	10
运输公会	10	10
藤竹公会	3	3
屠业公会	3	3
木业公会	5	5
牛业公会	5	5
油业公会	10	10
建筑公会	5	5
炭业公会	5	5
蛋业公会	10	10
棉业公会	20	20

资料来源：《函送各公会红十字会募捐戏券》，1931年7月6日，济南市档案馆藏历临77—14—29。

1949年1月至3月，济南市积极接收伤员，共计超过六千余人。在此期间，各同业公会积极响应商会号召，参与发起了七次慰问活动，捐赠的慰问品种类繁多，不胜枚举，既有大件如沙发、床板、火炉等实用家具，也有小到餐具、日常吃穿以及医药用品等细致关怀。据统计，此次慰问活动共吸引了来自57个行业的1185户商家参与，他们慷慨解囊，捐款总额高达8115.1万元，展现了社会各界的深厚情谊与无私奉献。[①] 同年4月，为响应市政府号召，各同业公会积极筹集乞丐救济款，总额高达北海币170070000万元，其中纱厂直接向民政局捐赠了3亿元。时至1949年秋，为支援黄河防汛工作，各同业公会再次行动起来，募集捐款共计人民币3397350元。此款项用于购置飞马烟4箱、玉叶烟200条、普利门烟20条、白梨20包、大葱2025斤、咸菜1400斤，并制作锦旗四面。此外，还

---

① 济南市工商业联合会、济南总商会编印：《济南工商文史资料》（第2辑），1996年，第310页。

特地雇佣了乐队，前往黄河防汛前线进行慰问活动。①

三是积极融入政府工作，勇于负担公益支出。在国民政府初期，中央及省市层面设立了社会行政机构，工商同业公会等职业团体及慈善组织等均归社会部统辖，社会救济与社会福利事务也明确划归社会部及省市社会局负责。政府旨在通过这些机构完成民众的有序训练及有效的社会救济工作。②抗战时期，政府组织者发起的征集募款慰劳将士活动尤为积极。通常，他们会首先向商会指定捐助金额，随后商会再将此任务分解至各同业公会，各同业公会积极响应，或号召成员自主捐款，或直接从公会经费中划拨，以确保能够凑齐并分担各自的份额。

四是被迫承担"公益"经费的重担。在济南沦陷期间及抗战胜利后的某段时期，各同业公会不得不肩负起沉重的社会"公益"职责，此举极大地加重了各同业公会的经济压力，甚至导致了一些同业公会的破产。1940年8月，区联会会长魏寿山不幸逝世，工商界因此被摊派了"祭仪"费用共计5000元，商会依据既定规则，向各同业公会分配了不同数额的款项，并要求必须以现金形式缴纳，拒不接受祭幛、花圈及挽联等作为替代物品。同年冬季，日伪当局借"冬赈"之名，在全市范围内强行摊派了5990张戏票，每张票价定为1元，其中3990张戏票由各同业公会承担。1943年，山东陆军特务机关与伪山东公署联合决定，在济南征收"安民壕工料费"高达40万元。同年5月，商会将这一沉重的摊派任务转嫁给了各同业公会，具体分配方案如下：砖瓦石灰窑业、陶瓷窑业等20个行业按资本额的2.5‰进行摊派；毛毯、织呢等8个行业按5‰摊派；糖果、造冰等8个行业则按7.5‰的比例承担；而粮食、柴炭等25个行业则按1.5‰的比例分担。此外，麻织品、绸缎等17个行业需按3‰的比例缴纳；毛织品、呢绒等20个行业则需按5‰的比例承担；土膏这一特殊行业更是需按高达

---

① 济南市工商业联合会、济南总商会编印：《济南工商文史资料》（第2辑），1996年，第310页。
② 魏文享：《中间组织——近代工商同业公会研究（1918—1949）》，华中师范大学出版社2007年版，第361页。

20‰的资本额进行摊派。同时，运送、包作等6个行业也需按1.5‰的比例缴纳；浴室理发、牛乳等3个行业则按3‰的比例分担；而保险、照相镶牙等6个行业则需按5‰的比例承担费用。[1] 尽管此次摊派任务引发了各同业公会及商号的强烈不满，然而，为了避免潜在的灾祸，他们均按时完成了摊派任务。

（二）社会救济内容

同业公会社会救济的内容颇为广泛，依据其内容特点，大致可归纳为以下几类：

一是普遍性的救济。此类救济活动构成了同业公会日常工作的核心组成部分，具有显著的重要性和日常性。

二是针对水涝旱灾等自然灾害的救济措施。民国时期，由于自然灾害频发，此类救济活动也相应增多。在近代山东，自然灾害更是屡见不鲜，尤以20世纪二三十年代为甚。这一时期，山东地区在1920年、1927年、1928年、1929年及1930年频繁遭受旱灾、涝灾、蝗灾及冰雹等自然灾害的侵袭。以1920年为例，山东大部分地区降水量显著偏少，与往年同期相比降水量减少了20%至70%不等，而在农作物生长的关键季节，年降水量更是较往年同期减少了40%至70%。当时，相关媒体对山东的灾情进行了广泛报道："黄河以北，沿津浦线一带，豆苗高者，不过三寸，棒米谷子有一尺余者，有不及一尺者，有尚未打包者，有尚未秀穗者，至高粱则一颗全无，所有青苗因天气寒冷均难结实。""山东此次旱灾，赤地千里，为数百年来所未有。济南东临一带，受灾区域，计共三四十县。凶荒饥馑，颗粒无收。草木、牲畜餐食殆尽。"[2] 同时，山东地区还遭遇了蝗灾与瘟疫的肆虐，多种灾害齐发。

山东省政府针对此次突发灾害迅速组织起了救援行动，并成立了山东

---

[1] 济南市工商业联合会、济南总商会编印：《济南工商文史资料》（第2辑），1996年，第242—243页。

[2] 王林主编：《山东近代灾荒史》，齐鲁书社2004年版，第178—179页。

灾赈公会以专门负责具体的赈灾事宜，作为一个融合了官方与民间力量的赈济组织，公会成员涵盖了地方士绅、省议员、教育会代表、城内及商埠商会成员以及农会代表，共同致力于筹集善款与援助受灾民众。山东灾赈公会的主要职责在于接收和分配赈灾资金与物资，确保它们能够精准、高效地送达受灾地区。在此过程中，公会还负责记录并管理各县赈款的发放情况及银钱收支明细，具体数据如表6—4所示[①]：

表6—4　　　　　山东灾赈公会发放旱灾各县赈款细目表

赈款来源及发放	金额（元）
中央颁发五县赈款	30000
本会急赈	185000
本会冬赈	168500
本会春赈	188000
全省学界筹款会赈款	13762
特别赈款	13207.64
共计	598469.64

资料来源：《山东灾赈公会征信录》，1921年。

其中，城内商会、商埠商会及各大同业公会作为灾害救济的核心力量，除了直接投身于赈灾公会的各项工作外，还积极通过捐款捐物的方式，为赈济活动贡献力量。

1932年11月，济南红十字会发函指出："近因各省水旱灾荒较为巨重，远方灾区来济募捐者颇多，是以敝会对于应尽慈善事务宁为勉强支撑，未敢轻于劝募。惟以现值冬令，严寒日逼，气候失常，瘟疫易生，兼以附近居民率皆异常困苦。每日就诊者至为繁多，应需医药及看设等项费用，以及急需置备药品材料及应用之一切器物急需款项尤为烦巨……兹特函恳台端鉴察愚枕，慨予转祈钱业各行大善士赐为捐助。"[②] 济南市钱业同业公会"贵会函送捐册十本，自第四六一号至第四七零号嘱即转为劝募等由

---

① 王林主编：《山东近代灾荒史》，齐鲁书社2004年版，第197—198页。
② 《为救济贫民，请为劝募的函》，1932年11月，济南市档案馆藏历临77—16—15。

准此，兹经敝会共募得捐款洋五十一元整，合将捐册十本一并附函送上，即请查收"①。1933年，苗杏村与程幸儒分别代表各自的本业公会，慷慨地向济南各界鲁西水灾急赈会捐助了大洋700元及50元，以助力灾区民众渡过难关。②

1942年7月，济南遭受严重水灾，市商会迅速响应，积极倡议并引领各同业公会进行捐款援助。为妥善安置受灾民众，当局在多处地点——包括北洋大戏院、玉皇宫、广智院、净居寺、天庆戏院、营市街及后营坊——设立了共7个难民收容所。市商会不仅组织各同业公会派遣人员前往各收容所协助日常管理工作，还慷慨解囊，为收容所购置了大量急需物资，其中包括馍馍共计2851.5市斤、咸菜1600斤，以及苇席200领，以解难民燃眉之急。③ 1943年1月19日，公共市场突发火灾，五十余间房屋化为灰烬，受灾华商多达49家，致使150余人失业，财产损失总额高达25618.7元。随后，市商会迅速召集各同业公会理事长紧急会商，决定向每户受灾家庭发放40元的救济费用。同年10月，鉴于火灾的严重影响，重建商场的计划被正式提上日程，据估算，该工程需耗资40万元。为解决资金问题，居留民团（日侨）主动认交了20万元，同时商会也被要求承担剩余的20万元。进入11月，商会召开了第11次理监事会议，就资金分担问题作出了明确决定：按照全市资本额每万元缴纳60元的标准进行分摊。此号召一经发出，即得到了各同业公会的积极响应，他们不仅顺利完成了20万元的募捐任务，还额外为合作社联合会筹集了3.5万元的款项，为千佛山兴国禅寺捐赠了7.63万元的善款，并筹集了其他捐款约1万元。④

三是抗战捐款。1930年，济南各界慰劳前敌讨逆将士委员会正式发布了"为慰劳前敌讨逆将士募捐告同志同胞书"，筹集善款。在此背景下，

---

① 《送济南红十字会捐洋的函》，1933年1月4日，济南市档案馆藏历临77—16—15。
② 《济南各界鲁西水灾急赈会收据》，1933年9月12日，济南市档案馆藏历临77—16—15。
③ 济南市工商业联合会、济南总商会编印：《济南工商文史资料》（第2辑），1996年，第253—254页。
④ 济南市工商业联合会、济南总商会编印：《济南工商文史资料》（第2辑），1996年，第254页。

钱业同业公会积极响应，组织本业会员踊跃捐款，最终成功募集到大洋200元整，为抗战事业贡献了一份力量。①

四是援助受灾民众。1932年6月，众多同业公会纷纷慷慨解囊，向山东民众慈善医院捐款总计大洋359.1元。他们积极参与了月捐、募捐及赞助捐等多种形式的捐助活动，共同为受灾民众提供了宝贵的援助。（表6—5、表6—6、表6—7）。

表6—5　　　1932年6月济南同业公会向山东民众慈善医院捐款数

公会名称	捐洋（元）
粮业公会	20
棉业公会	10
转运公会	10
碎货公会	10
钱业公会	10
杂货同业公会	20

资料来源：《山东民众慈善医院1932年6月份收支报告书》，济南市档案馆历临77—15—18。

表6—6　　　1932年6月参与向山东民众慈善医院募捐的同业公会

公会名称	捐洋（元）
棉业公会	82
木料业公会	43

资料来源：《山东民众慈善医院1932年6月份收支报告书》，济南市档案馆历临77—15—18。

表6—7　　　1932年6月参与向山东民众慈善医院赞助捐的同业公会

公会名称	捐洋（元）
铁货同业公会	60
色纸同业公会	20
染业同业公会	24.1
棉纱同业公会	50

资料来源：《山东民众慈善医院1932年6月份收支报告书》，济南市档案馆历临77—15—18。

---

① 《济南各界慰劳前敌讨逆将士委员会收据》，1930年9月25日，济南市档案馆藏历临77—13—13。

除了以同业公会集体名义慷慨解囊外，各公会会长及广大会员更是以个人或行号身份在这次募捐盛举中踊跃捐款，总额高达大洋1665元，此举为医院持续、高效地救助病患构筑了坚实后盾。据权威数据统计，山东民众慈善医院在1932年6月成功诊疗了多达3647名患者，彰显了其卓越的医疗服务能力与深远的社会影响力。①（诊疗人数见表6—8）

表6—8　　　　　　　　　诊疗人数一览表

	日期	人数	日期	人数	日期	人数
六月共诊疗病人三千六百四十七名	六月一日	25	十一日	112	廿一日	177
	二日	87	十二日	星期	廿二日	154
	三日	85	十三日	196	廿三日	142
	四日	91	十四日	171	廿四日	180
	五日	星期	十五日	183	廿五日	174
	六日	151	十六日	169	廿六日	星期
	七日	131	十七日	170	廿七日	211
	八日	端阳节停诊	十八日	171	廿八日	170
	九日	152	十九日	星期	廿九日	189
	十日	145	二十日	169	三十日	42

资料来源：《诊疗人数一览表》，1932年6月，济南市档案馆历临77—15—18。

1933年，山东民众慈善医院"继续办理预算捐募基金仍然不足，即经公议恳向诸公按照原任月捐给担任一年，借以救济病民，广济功德地方公益"②，济南市钱业同业公会复函"当经提交委员会议决，准再继续担任一年，借襄善举"③，共捐助大洋120元。1933年1月，济南市钱业同业公会

---

① 《诊疗人数一览表》，1932年6月，济南市档案馆藏历临77—15—18。
② 《请钱业公会继续认捐一年的函》，1932年12月21日，济南市档案馆藏历临77—16—15。
③ 《复民众慈善医院按照原任月捐准再继续担任一年由》，1933年1月11日，济南市档案馆藏历临77—16—15。

"冬赈捐助大洋四百五十元，以襄善举功德，奚似嘉惠贫民"①。同年三月，济南各界义赈会积极发起了捐款活动，济南市钱业同业公会更是展现出了非凡的奉献精神，慷慨解囊捐助大洋400元整。② 棉业同业公会捐赠大洋40元整③。

1946年10月，厚德贫民工厂慷慨捐赠了500斤棉花给山东省慈善公所。同年，成通纱厂亦积极行动，向慈善公所捐赠了200斤棉花，并向济南中华基督青年会捐赠了20吨煤炭，同时还为山东省立救济院精心研制了超过4100斤的旧棉，展现了企业的社会责任感与慈善精神。④

1932年，济南市钱业同业公会慷慨解囊，向济南基督教育青年会捐赠大洋20元，以资助教育事业，展现了对公益救济的深切关怀与积极贡献。⑤ 1933年，济南钱业同业公会向本会会员发函声称："山东私立国医学社筹备函开，为发扬我国固有医学术，培植医药专门人才起见，创办医学社，送到捐册多本，嘱为代募等因。经本会议决，由本同业一律量为捐助"⑥，经过积极发动，"共募集大洋五十元整，合并捐册二十本一并附函送上"⑦。1946年，成通纱厂慷慨解囊，向青岛胶澳中学捐助法币高达50万元，并向山东秋季运动会赠送书籍共计44册，此外，还为济南市中学生青年杯演说活动捐赠了一批文具。1947年，该厂继续其慈善事业，为山东各界举办的儿童庆祝会捐赠了毛巾5打，并向私立储才小学提供了5000万元的办学基金。1948年，纱厂同业公会会长苗海南再次展现其慷慨大度的

---

① 《山东慈悲总社致钱业公会冬赈捐助呈送收据函》，1933年1月19日，济南市档案馆藏历临77—16—15。
② 《关于济南市钱业公会捐款大洋肆佰元的收据》，1933年3月6日，济南市档案馆藏历临77—16—15。
③ 《关于棉业同业公会捐款大洋肆拾元的收据》，1933年3月6日，济南市档案馆藏历临77—16—15。
④ 济南市工商业联合会、济南总商会编印：《济南工商文史资料》（第2辑），1996年，第294页。
⑤ 《济南中华基督教育青年会收据》，1932年12月20日，济南市档案馆藏历临77—15—18。
⑥ 《通知本同业一律捐助国学社由》，1933年12月1日，济南市档案馆藏历临77—16—15。
⑦ 《送国医学社筹委会捐款捐册请查收赐据由》，1933年12月9日，济南市档案馆藏历临77—16—15。

风范，捐款 5 亿元助力山东省图书馆购入图书 370 册，同时向泰山教养院济南分院捐赠了白布 5 匹，并向齐鲁大学捐赠了原煤 50 吨及该校春季运动会所需法币 1000 万元①。成大纱厂慷慨解囊，向济南市私立齐鲁中学捐赠国币高达 100 万元，同时向齐鲁大学捐赠布匹 40 疋，折合为法币价值达 330 万元之巨。此外，该厂还向博山县私立洗凡中学捐赠国币 300 万元，以及向济宁私立中学基金捐赠国币 200 万元，展现了高度的社会责任感与对教育事业的坚定支持。② 1932 年 9 月，山东通俗教育词曲评书社正式向各大同业公会致函，宣布"兹本社举行本届捐务……相应备具公函并附捐单一纸特祈贵常委府赐查照，量为照旧捐助俾资维持，实为德便"③。收到山东通俗教育词曲书社关于募捐善款的来函后，参与此次善举的同业公会包括济南市茶业同业公会、济南市山果业同业公会等十家公会共同捐赠了总计 160 元的善款。（详见表 6—9）在各同业公会所开展的社会救济活动中，慈善公益支出均占据了不可或缺的一环，且各有独特的贡献与力度。

表 6—9　1932 年 9 月参与向山东通俗教育词曲书社募捐的同业公会

公会名称	会址	捐洋（元）
济南市茶业同业公会	春和祥致记	10
济南市山果业同业公会	义盛栈	10
济南市染业同业公会	宝兴成	10
济南市木料业同业公会	太和号	10
济南市粮业同业公会	大顺粮栈	20
济南市估衣同业公会	虞祥号	20
济南市炭业同业公会	经五路路东	20
济南市油业同业公会	经八路	20
济南市卷烟业同业公会	四大马路	20
济南市棉纱业同业公会	三元宫	20

资料来源：《请募款项的函》，1932 年 9 月 30 日，济南市档案馆历临 77—15—18。

---

① 济南市政协文史委员会编：《济南文史资料选辑》（第 10 辑），1992 年，第 33 页。
② 《济南成大纺织厂厂务记录、各种费用开支收据等》，济南市档案馆藏历临 76—1—568。
③ 《请募款项的函》，1932 年 9 月 30 日，济南市档案馆藏历临 77—15—18。

六是政府摊派重负。在20世纪40年代的济南,摊派成为各主要同业公会肩上最为沉重的经济负担,它极大地侵占了本应用于公益事业的资金,使得这些公会面临难以承受的财务压力。为更直观地展现这一状况,下文将详细列出抗战胜利后一段时间内,济南同业公会所承受的摊派支出情况。

1945年9月,商会理事长苗兰亭召集了工商界的重要代表,包括67个同业公会理事长在内的众多人士参加了会议。苗兰亭在会上向各同业公会通报了商会在迎接国民党军政机关入驻方面所产生的开支情况,具体包含了两大方面的摊派:一是日降后两次面向各同业公会征收的款项,总额高达7860万元,然而,由于工商业普遍萧条,实际收到的款项仅为2544.25万元,尚余5315.75万元未能到位;二是为了继续筹措资金,商会成立了"济南市商会各同业公会联合欢迎筹备委员会",至11月初,已累计投入资金超过1亿元。值得注意的是,1945年9月时物价尚属平稳,当时2等机制面粉的售价为每袋250元,但随后几个月内面粉价格急剧攀升,至10月已涨至665元,11月更是飙升至1750元,尽管12月略有回落,但仍维持在1500元的高位。若以平均1000元每袋的价格计算,那么这1亿元的摊派资金原本足以购买10万余袋面粉,足见其数额之巨大以及对同业公会经济状况的负面影响之深远。①

1946年6月25日,即全面内战爆发的关键节点,济南市国民党当局发起了一场名为"慰劳保卫大济南将士捐款"的活动。商会整理委员会紧急召集各同业公会及各大工厂公司召开会议,会上直接分配了认捐任务,而未能参加会议的单位和个人则由商会整理委员会另行通知其捐款数额。据最终统计,此次捐款活动共吸引了81个同业公会、厂家及个人的积极参与,捐款总额超1300万元之巨。②(见表6—10,以数额多少排序)

---

① 济南市工商业联合会、济南总商会编印:《济南工商文史资料》(第2辑),1996年,第268页。
② 济南市工商业联合会、济南总商会编印:《济南工商文史资料》(第2辑),1996年,第269页。

表 6—10　　　　"慰劳保卫大济南将士捐款"
　　　　　　　　运动中同业公会捐款额　　　　　（单元：万元）

单位	捐额	单位	捐额	单位	捐额	单位	捐额
仁丰纱厂	100	五金业	20	机器业	7	照相业	5
成通纱厂	100	卷烟业	20	丝绢业	7	皮毛业	4
钱业	100	东亚面粉厂	20	印刷业	6	李文卿	4
颜料业	61.2	油业	15.89	针线业	6	书业	4
绸布业	60	钟表眼镜业	15	玻璃镜业	5	澡堂业	3
茶叶业	50	炭业	14.2	旅栈业	5	瓷器业	2.8
广货业	50	纱布业	12	寿材业	5	商会机关	2.558
成大纱厂	50	洋服业	12	席箔业	5	洗染业	2
鞋帽业	40	制碱业	12	陶器业	5	古玩业	2
粮业	40	南纸业	11.9	枣行业	5	益中公司	2
自行车业	30	机器卷烟	10	丰华针厂	5	黑白铁	1.5
杂货	30	鲁西火柴厂	10	山果业	5	腌腊业	1.47
酱酒业	30	金银首饰业	10	铜锡器业	5	土制卷烟	1
成丰公司	25	山东第二造纸厂	10	色纸业	5	天然冰	1
军服业	22.5	饭馆业	10	牛肉业	5	运输业	1
木器业	20.3	益华火柴公司	10	猪肉业	5	渔业	0.5
洋纸业	20.1	羊肉业	10	估衣业	5	鸡鸭	0.5
华庆面粉厂	20	铁货业	10	藤竹绳经业	5	泺口肉业	0.5
砖瓦业	20	酿酒业	10	牛乳业	5	生铁业	20
惠生公司	20	食物业	10	鞋帽料业	5	碎货业	8
铁道转运业	5						
合计		1319.918		81 个行业（或个人）			

1946 年 1 月起，国民党军队全面展开防御工事的修筑工作。在此过程中，木料、砖瓦、五金、白灰等多个建材行业的大量物资被征用。至同年 4 月 13 日，对第一期工事修筑的初步统计显示，已耗用红砖 352 万块，耗费资金共计 5280 万元，并投入运力费用 7500 元；白灰使用量为 40 万斤，相应费用达 800 万元；而各类木料的总费用则高达 21536283 元。上述三项费用总计达 82343783 元。

至 7 月 26 日，工事修筑的进一步投入使得费用显著增长。其中，砖瓦费用激增至 192018390 元；木料费用也达到 131227527.9 元；白灰费用为 84667700 元；此外，还包括铁器、苇席、木杆麻刀等杂项费用 1370450 元；汽车运输费用 5002500 元；马车运输费用 6268800 元，这六项费用合计高达 420555367.9 元。

此外，还有部分费用涉及军需物资征用。如十二军在粮食行业征用的马料价值 495500 元，对应马料费用 29500 元；二十军团使用的豆料麸皮价值 10430 元，对应费用 201030 元；第 3311 团则征用了价值 222200 元的 1 万斤豆子，这三项军需费用总计为 958660 元。①

1946 年 9 月，济南双十节劳军筹备会为发起"慰劳国军募捐运动"，要求工商界各同业公会认捐 400 万元。济南市商会整合委员会于 9 月 28 日向各公会和厂家转发此项通知，按资本额分配认捐数。②

1947 年 2 月 24 日，济南各界积极筹备鞋袜运动会，商会分配了总计 8.3 万双鞋袜的任务。此任务由 96 个同业公会及厂家共同承担，其中纺织业贡献最大，承担了 3168 双鞋与 1584 双袜；粮业次之，捐赠了 2286 双鞋与 1143 双袜；其余同业公会与厂家则分别承担数百双或数十双不等。然而，部分同业公会虽已认捐，却迟迟未能交货。至 3 月 1 日，鞋袜运动会统一指挥部发出严令："限 3 月 5 日前务必交齐，逾期将加倍处罚。"然而，由于各行业经营艰难，财务困难，许多同业公会难以承担此重任。最终，共有 35 家同业公会未能如期交付，共欠鞋 3488 双，袜 1633 双。其中，砖瓦业欠交情况最为严重，其原分摊鞋 720 双、袜 360 双，但实际欠鞋 670 双、袜 335 双，占分摊量高达 93% 以上。这一现象深刻揭示了当时各行业财源枯竭的严峻形势。③

1947 年 3 月 2 日，山东省建设厅正式向济南工商界发布通告，呼吁募

---

① 济南市工商业联合会、济南总商会编印：《济南工商文史资料》（第 2 辑），1996 年，第 270 页。
② 济南市政协文史委员会编：《济南文史资料选辑》（第 10 辑），1992 年，第 35 页。
③ 济南市工商业联合会、济南总商会编印：《济南工商文史资料》（第 2 辑），1996 年，第 273 页。

集慰问捐款，并特别指定振业火柴厂需承担的捐款指标为 700 万元。同年 6 月，该厅再次发起"慰劳将士捐款"活动，直指济南市内的各大工厂。面对此番号召，各厂经理人们虽感经济压力较大，却也不得不忍痛解囊，勉强完成捐款任务，其中捐款数额最多者达到了 8000 万元，而最少者也有 100 万元之巨。①（见表6—11）

表6—11　　1947 年 3 月济南工商界响应省建设厅号召捐款数

厂号及代表人	捐额（万元）	厂号及代表人	捐额（万元）
仁丰纱厂马伯声	8000	惠丰面粉公司满仿古	1000
成通纱厂苗海南	7000	东亚面粉公司	1000
成大纱厂李子厚	5000	宝丰面粉公司李公藩	1000
东元盛染厂张伯萱	2000	中兴诚染织厂王世珍	1000
电业公司俞觉先	1500	利民染厂王霞亭	1000
第一造纸厂	1400	恒泰火柴厂秦召南	800
第一酿酒厂	豆酱1万斤，折1200	济南制冰厂	800
成丰面粉公司苗星垣	1000	第一制烟厂	600
泰丰面粉公司苗筱航	1000	第二造纸厂	500
丰年面粉公司孙墨村	1000	宏聚合染厂邱连三	500
华庆面粉公司杨竹庵	1000	振业火柴厂	100

1947 年 8 月 17 日，当局正式启动了"戡乱劳军捐献"运动，积极号召各行各业"踊跃参与，共襄盛举，掀起一股强劲的劳军热潮"。面对此等压力，各同业公会虽感力不从心，却也不得不咬紧牙关，竭尽全力地进行了捐纳，真可谓是"倾囊相助，不遗余力"②。（见表6—12，以数额多少为序）

---

① 济南市政协文史委员会编：《济南文史资料选辑》（第10辑），1992年，第40—41页。
② 济南市政协文史委员会编：《济南文史资料选辑》（第10辑），1992年，第42—43页。

表6—12　　　　　　1947年8月济南各工商企业捐款额　　　　　　（单位：万元）

业别	款额	业别	款额	业别	款额	业别	款额
银行业	2000	李子厚	100	针织业	100	照相业	50
成通纱厂	2000	织布业	100	五金业	100	玻璃镜业	50
钱业	1500	酱菜业	100	石灰业	50	戏曲业	50
成大纱厂	1500	食物业	100	行栈业	50	机器业	50
七家面粉厂	1400	广货业	100	猪肉业	50	陶器业	50
汽车业	700	染业	100	铁货业	50	漆业	30
苗海南	300	肥皂业	100	军服业	50	牛肉业	30
纱布业	200	鞋帽业	100	山果业	50	刻字业	20
茶叶业	200	自行车业	100	皮毛业	50	羊肉业	20

1947年11月10日，济南市政府社会局组织召开了一次重要会议，邀请了40余名来自各行各业的公会代表参与。会议的核心议题是为"济南市兵役协会出征军人慰劳会"筹集高达3亿元的慰劳费用。根据会议决定，这笔费用将由各商号及地方上的绅士共同分担。特别是对于资本额在50万元以上的企业，制定了22个详细的等级标准，以确保公平合理地征收慰劳费用[①]。

1948年2月6日，省市当局发起了春节劳军活动，成功在全市工商界筹集了高达5亿元的款项，并额外捐赠了月值面粉476袋。然而1948年3月29日，济南市开始在工商界按资本额的30%强行征收"绥靖特捐"，此举令各业户苦不堪言，纷纷哀叹。

同年5月17日，为应对军需，济南市政府召集了商会、同业公会及各区代表，共同商讨并分配了征集军鞋的任务，目标为2万双。最终，工商界承担了主要责任，完成了1.2万双军鞋的征集，而各区则合力完成了剩余8000双军鞋的征集任务。

时至1948年夏，国民党当局为持续在工商界施加压力，不惜聘请了包括马伯声、纪博汀、苗海南、满仿古、石和轩、张兰坡、王子明、曹丹庭、张叔衡等在内的多位工商界知名人士，担任"山东省戡乱建国运动

[①] 济南市工商业联合会、济南总商会编印：《济南工商文史资料》（第2辑），1996年，第277页。

会"的委员。他们被委以重任，发动捐募济南市道路工款，数额高达惊人的 1600 亿元。面对如此巨额的摊派，工商业者们只能徒然叹息，无可奈何。①

梳理织布业同业公会会员成通纱厂在 1948 年所遭遇的困境，可确凿无疑地揭示摊派之害的严重性。具体而言，该厂于同年 5 月 5 日接获商会信函，要求摊派高达 9000 万元的金额。随后，5 月 20 日，又遭遇了更为庞大的摊派数额，包括防御工料费 726418900 元、慰劳费 358444500 元、绥靖特捐 244620000 元，以及其他费用共计 1066500000 元，总计高达 2395983400 元。紧接着，5 月 21 日，又被摊派了济南市"戡乱"殉难同志救恤基金 3 亿元。到了 6 月 17 日，本年度内对国军慰劳所需的物品征借，再次让成通纱厂背负了 19.8 亿元的巨额摊派。值得注意的是，本年度 6 月 23 日之前，该厂的大量物资与现金已被蒋军所使用。②（见表 6—13、表 6—14）

表 6—13　　1948 年 6 月 23 日之前济南成通纱厂被摊派物资数

物品名称	单位	数量	估计万元	使用者	物品名称	单位	数量	估价万元	使用者
火砖	个	700	910	松江队	木料	根	9	16200	松江队
木桩	根	60	3000	229 团 5 连	大木桩	根	5	2500	229 团 5 连
大木板	页	3	1350	229 团 5 连	小木板	页	30	6750	229 团 5 连
石块	块	30	600	229 团 5 连	火砖	个	25000	32500	229 团 5 连
木板	块	1	1275	5381 部队	火砖	个	5 000	6500	5381 部队
石块	块	157	2943	王锟之	圆木	根	15	4500	631 团 8 连
火砖	块	900	1170	73 师荣誉大队四中队	草包	个	50	600	十一区公所代 631 团 3 营征用
垫木	根	218	11990	未详，下同	大木板	页	92	48300	未详，下同

---

① 济南市工商业联合会、济南总商会编印：《济南工商文史资料》（第 2 辑），1996 年，第 281 页。
② 济南市工商业联合会、济南总商会编印：《济南工商文史资料》（第 2 辑），1996 年，第 280—281 页。

续表

物品名称	单位	数量	估计万元	使用者	物品名称	单位	数量	估价万元	使用者
小木板	页	70	18900		大梁	根	55	103125	
檩条	根	220	13200		大木料	根	57	115425	
杠子	根	180	9000		石头	块	320	56000	
火砖	块	131	170300		白细布		1500	250000	
原煤	吨	475	1900000		砖	块	162600	2113800	
木头	根	24	20700		大木桩	条	65	5500	
木板	页	196	76575		石块	块	187	35437	
石头	块	320	56000		垫木	根	218	119900	
大梁	根	55	103125		大木料	根	57	115425	
檩条	根	220	13200		杠子	根	180	9000	

以上物资共价值 5445700 万元。

表 6—14　　1948 年 6 月 23 日之前济南成通纱厂被摊派现金数　　（单位：万元）

名称	款额	名称	款额
防御工料费	729959.89	慰劳费	95544.45
出夫费	200056.4	省府摊款	16700
绥靖特捐	144462	民训义警费	72493
电灯公司摊款	4500	杂捐	433130

　　1948 年 7 月 25 日，商会致函要求成通纱厂承担 5 月至 8 月期间共计 100 万斤的麸皮摊派任务，预算约需 300 亿元。自该年 5 月至 7 月，成通纱厂所承受的各类摊派费用之巨足以扼杀任何一家民族企业。

　　种类繁多的摊派项目使得本就资金紧张的同业公会运营雪上加霜，而政府机关所推行的摊派措施更带有强烈的强制性色彩。特别是在沦陷时期及国民政府统治末期，这种强制性的捐助任务尤为繁重，给同业公会带来了沉重的经济压力。当时，政府经费分摊现象普遍存在，其征收比例或金额往往远远超出了同业公会的承受能力，导致众多业户因不堪重负而倒闭破产，纷纷通过各自的同业公会提出歇业申请。据统计，1948年第一季度，济南市便有超过400家企业申请歇业，4月份又有同等数量的企业加入这一行列，而五六月份期间，申请歇业的企业数量也达到了278家。然而，为了实现更多的"捐助"收入，政府部门对歇业申请采取了不予批准的态度。①

综合上述分析，我们可以归纳出民国时期济南同业公会在参与社会慈善公共活动时所展现的几大鲜明特点：

其一，从时间维度审视，济南同业公会参与社会公益活动展现出鲜明的阶段性特征。具体而言，20世纪20年代至30年代是其积极投身社会公益事业的黄金时期，而步入30年代末直至整个40年代，同业公会的参与则更多地带有被动色彩。此等转变，深植于政局的风云变幻与社会环境的深刻变迁之中。20世纪30年代，随着国民政府的统一进程，韩复榘成功掌握了山东的统治权。在此期间，社会秩序暂时相对稳定，交通网络逐渐恢复畅通，商品流通也逐步回归正轨。从济南的工商业发展来看，整体上工业生产呈现出复苏态势，特别是纺织、化工、火柴、卷烟等轻工业领域，实现了较为迅速的发展；商业活动则持续扩大，其中以棉粮土产的交易最为活跃。这一时期工商业的繁荣，也促进了同业公会的蓬勃发展，迎来了繁荣发展的黄金时期。具体而言，1931年济南市内成立了多达75个同业公会，这些公会不仅在经济领域发挥着重要作用，还积极主动地投身于社会公益活动之中。这一行为背后，受到儒家传统思想的巨大影响。在中国人的思想文化体系中，儒家思想始终占据着举足轻重的地位，尤其在山东地区，儒家思想更是深入人心，成为影响人们行为方式的重要思想源泉。关于儒家价值观，历史上曾展开过著名的"义利之辨"，所谓"志士仁人，无求生以害仁，有杀身以成仁"②，为追求仁义而甘愿献身。显然，儒家思想文化中对义的重视远超于利的观念，深藏着慈善的精髓。③近代

---

① 济南市工商业联合会、济南总商会编印：《济南工商文史资料》（第2辑），1996年，第282页。
② 《论语·卫灵公》，人民出版社2017年版，第111页。
③ 周秋光、曾桂林：《儒家文化中的慈善思想》，《道德与文明》2005年第1期。

随着资本主义工商业的崛起与繁荣，众多新兴商人深受儒家传统伦理的熏陶，在追求商业利益的同时，始终铭记"义"之要义，积极投身于各类社会公益活动中。此外，工商业的蓬勃发展，也为这些公益活动的实施奠定了坚实的经济基础。"财富可转化为仁慈的德行。"① 慈善事业的繁荣程度实则与经济发展紧密相连。回溯至20世纪30年代的济南，工商业如日中天，达到了前所未有的高度，这一经济盛况为同业公会投身社会慈善事业铺设了坚实的财力基石。然而，30年代末期至整个40年代战乱频仍，犹如阴霾笼罩，对各行业的发展构成了严峻挑战。与此同时，名目繁多的摊派如潮水般涌来，更是雪上加霜。在这样的背景下，同业公会虽身处各政权夹缝之中，不得不屈从于压力，上缴各类摊派资金与物资，但此举多为被迫，难以彰显其参与公益的主动与热情，积极性与主动性自然无从谈起。

其二，从捐助用途的维度来审视，国民政府的前十年（即1927年至1937年间），主要的救助焦点聚焦于频繁发生的自然灾害，然而，随着全面抗战的爆发，工商界乃至整个中国社会陷入了前所未有的困境之中。战火的肆虐、社会的动荡以及日伪政府的残酷掠夺，导致了工商业的严重衰退，进而使得各同业公会资金匮乏，运营维艰。在此背景下，济南同业公会所举办的社会公益活动，在规模和数量上均遭受了显著的压缩。尽管如此，为响应政府号召，各类与抗战、慰问士兵等相关的捐款活动异军突起，成为此阶段捐助的主要内容。这些捐款的数额与规模均较抗战前有了显著增长，但也加剧了同业公会内部"业内捐款减少，业外负担沉重"的困境。进入20世纪40年代，政府机关的活动经费几乎完全依赖于同业公会的捐助，这无疑给同业公会带来了更为沉重的负担，令其苦不堪言。

其三，同业公会直接策划并执行的救济活动相对较少，主动性不足，其公益活动大多局限于资金与物资的捐赠。这一现象与当时济南的社会背景紧密相连。鉴于慈善团体在那一时期的蓬勃发展，它们已具备策划并执行大规模救济活动的能力与资质，同业公会因此选择将资金委托给这些更为专业的慈善机构，既确保了慈善事业的顺利推进，又能从众多不熟悉的

---

① 马克·德斯贡伯：《亨利·杜南传》，《中国红十字报》1992年1月24日。

事务中抽身,实现了双赢。此外,同业公会以这种较为低调且含蓄的方式参与慈善,似乎与山东商人一贯的行事风格相吻合;同时,这也与同业公会与政府机构之间的紧密联系密不可分。社会救济的主要焦点集中在灾害、慈善、战争及教育等方面。值得注意的是,同业公会还广泛涉足医疗、市政等领域,如成大纱厂慷慨捐赠3万元用于修路,并向济南市立救济院捐赠了高达321000000元的国币,充分彰显了其社会责任感与贡献。[①]众多公会的领袖亦积极投身于公益活动中,并荣膺慈善公益组织要职或成为其重要委员。

其四,同业公会在参与社会公共活动时,往往受到政府较为明显的强制或控制影响。相较于上海等约开商埠城市,自开商埠的济南,政府力量更为强大,而社会团体的自主性则相对较弱。这种独特的政治生态深刻影响着同业公会参与社会公共活动的模式,使得各同业公会在社会活动中难以自主决策。每当政府提出需求,各同业公会均需按照既定的分摊标准按时完成任务,不得有任何违背,否则将面临严厉的惩罚。20世纪40年代,同业公会因被迫分担政府摊派而承受重负,便是这一现象的鲜明例证。

同业公会的慈善救济举措,在当时的社会保障体系中占据着举足轻重的地位。它们或直接策划公益活动,或间接融入社会公共事业,这些行动不仅稳定了社会秩序,也极大地促进了民众生活质量的提升,同时还为政府的社会治理工作提供了有力支持。从理论上讲,同业公会参与慈善活动,应如同其他社会团体一般,享有自主运作的权利,政府应适度放手,避免过度干预。然而,自南京国民政府成立以来,同业公会连同其他各类社会团体,均被纳入了政府严密的监管体系之中。特别是在动荡时期,频繁的社会摊派如同沉重的负担,压得同业公会喘不过气来。这些摊派要求同业公会疲于奔命,开支激增,甚至到了难以为继的地步,正常的业务运营也因此受到了严重影响,众多企业因此陷入困境,纷纷倒闭或停业。

---

① 《济南成大纺织厂厂务记录、各种费用开支收据等》,济南市档案馆藏历临76—1—569。

第七章　近代济南同业公会的监督管理

济南市商会各阶段章程的制定严格遵循政府颁布的《商会法》及《工商同业公会法》等法律法规，并在获得政府备案及许可后付诸实施。特别值得一提的是，1932年济南市商会的成立，更是在山东省政府主席韩复榘的指导下得以实现。自1929年南京国民政府颁布《工商同业公会法》及《工商同业公会法施行细则》以来，济南市政府积极响应，迅速制定了《济南市同业公会模范章程》，该章程共计六章二十五条，为济南市各同业公会的成立与改选提供了明确的法规遵循与指导。济南市政府对工商业组织团体的监管与控制极为细致与全面，深入至各工商业组织的每一个角落，确保了政策与法规的有效贯彻与执行。

一　组织程序监管

组织的合法性是工商组织存续与运作不可或缺的前提。1915年颁布的《商会法》第五条对此作出了明确界定："设立总商会时，须由各区域内有会员资格者五十人以上发起，详拟章程，经由地方最高行政长官咨陈农商部核准后，方得设立。设立商会时，须由该区域内有会员资格者三十人以上发起，详拟章程，经由该管地方行政长官详请地方最高长官咨陈农商部核准后，方得设立。"第四十四条规定："合组或改组时，均应依据第五条之程序，经农商部核准。"① 对于商会之集体会员同业公会之成立程序亦有规定："工商业同业公会之设立，须由同业中三人以上之资望素孚者发起，并要订规章经该处总商会商会查明，由地方长官呈候地方主管官厅或地方最高行政长官核准，并汇报农商部备案。"②

从1916年的济南总商会到1947年的济南市商会，商会章程都是严格依据《商会法》制定的。1916年《济南总商会章程》第二十九条规定"本章程由农商部核准之日发生效力"③，1932年《济南市商会章程》第四十三条规定"本章程如有应行修改之处，呈报地方主管官署转呈省政府转报实业部备案"，第四十五条规定"本章程于呈准备案后施行"④，1947年《济南市商会章程》第五十一条规定"本章程如有未尽事宜，经会员大会之议决呈准市政府修正并逐级呈报备案"、第五十二条规定"本章程呈准市政府、市党部备案施行，并转请报部备案"。⑤ 济南市各工商组织不仅在章程中明确规定了相关条款，而且在实际运作过程中也严格遵循上级部门的指导方针以及本会章程的具体要求。

工商业同业公会组织的整个生命周期，从发起筹备、章程送检、申请成立，到成立过程中的职员任免、会址变动、经费调整等，所有关乎组织合法性的重要事项，均需向地方主管部门详尽呈报，获得正式批复后方能生效。以济南市机器铁工业同业公会为例，其从筹备至正式成立的全过程，无一不处于政府的严格监管之下。1942年，济南市机器铁工业同业公会提交的呈文即明确指出此点："今各业俱已依照公会法逐渐组成同业公会，取得合法保障。而本市机器铁工厂同业现已发展至十一家之上，已超过组织公会法定数目拟即联合依法机器工业同业公会，谋同业之发展，所

---

① 彭泽益主编：《中国工商行会史料集》（下册），中华书局1995年版，第977—978页。
② 彭泽益主编：《中国工商行会史料集》（下册），中华书局1995年版，第985页。
③ 济南市工商业联合会、济南总商会编印：《济南工商文史资料》（第2辑），1996年，第343页。
④ 济南市工商业联合会、济南总商会编印：《济南工商文史资料》（第2辑），1996年，第329页。
⑤ 济南市工商业联合会、济南总商会编印：《济南工商文史资料》（第2辑），1996年，第358页。

以本市同业意见已趋一致，拟即着手筹备组织事宜，可否准予成立之虑，理合具文呈请钧署鉴核批示只遵。"① 济南市公署批示："批具呈人张敏齐等呈一件；为拟组织机器铁工业同业公会呈请核示由，呈悉。仰推代表三人，自行约定时间，前来本署社会局，听候面询一切，此批。"② 经过社会局同意后，先后于7月5日与7日召开两次筹备会议商讨公会成立事宜，筹备完成拟召开成立大会，呈文"召集同业讨论进行办法，结果一致赞同踊跃参加，拟定于八月四日假本市商埠商会开会成立大会选举董事并复选会长，理合缮具会员名册一份、简章一本、会议记录一本、空白票一百张，备文呈请钧署届时派员监选指导一切，实为公便"③。经市公署第2593号批示"呈件均悉。准予派员监选"④ 后，准时举行选举大会，并就选举经过呈报"鉴核事窃本会奉令筹备，未数日大致就绪，于八月四日下午二时假商埠商会开成立大会，计到会员四十二家，蒙警察总署市新民会市商会该管区警察分所诸主管机关各派要员莅场指导，至时如仪开会，票选结果王理符当选为会长，李世福、邱伯君当选为常务董事，张敏齐、李庆亭、尹汉亭、李玉恩当选为董事，张德厚、刘玉亭当选为候补董事，刘殿甲、刘智育、吴紫瑞当选为监事，王钧五当选为候补监事，理符自分材薄勉应重寄仅于八月五日暂假齐鲁铁厂为临时会址，正式就职，拟请钧署核发钤记一颗以昭信守而利会务，所以本会成立经过就职日期及请颁钤记，各缘由理合具文，呈请鉴核备查训示，只遵实为公便"⑤。济南市公署指令"准予刊发"⑥。领到钤记，启用时间仍需呈请本案方可生效，"请领并将启

---

① 《为拟组织机器铁工业同业公会请核示由》，1942年5月20日，济南市档案馆藏历临76—1—22。

② 《呈拟组织机器铁工业同业公会恳请核示等饬仰推代表三人来署听询由》，1942年6月13日，济南市档案馆藏历临76—1—22。

③ 《为机器铁工业同业公会筹备就绪定期成立就派员监选由》，1942年7月24日，济南市档案馆藏历临76—1—22。

④ 《据呈为机器铁工业同业公会定于8月4日开成立大会检同章程等件请派员监选等情准派员监选仰知照由》，1942年8月3日，济南市档案馆藏历临76—1—22。

⑤ 《公会成立恳请颁发钤记恭呈鉴核事》，1942年8月，济南市档案馆藏历临76—1—22。

⑥ 济南市公署指令第1143号（实字第1124号），1942年8月，济南市档案馆藏历临76—1—22。

用日期连同印模三份呈署备查为要，此令。奉此遵于八月二十八日请领到会并于是日敬谨启用，理合检同印模三份，具文呈报鉴核备查，实为公便"①。且济南市公署第 1237 号训令"呈件均悉，准予备案仰即迅速造呈章程会员名册职员名册各三份，以凭转报为要此令"，接到训令，济南市机器铁工业同业公会呈文称："奉此遵即赶急办理，兹已缮造完后，理合检同职会章程、会职员名册各三份备文呈送备案。"② 至此，济南市机器铁工业同业公会组织审查程序才结束。

当然，这种组织程序的审核，并不代表最终结束，职员的选任也需报备。济南市机器铁工业同业公会就任用职员呈文称："属会自成立以至于今日所有一切文件、会计庶务等项均由张鸿钧及怀锦章二人负责办理，现以事务日形繁剧，每日又添派陈星文一人前往经济指导班担任调查工作，拟请即以张鸿钧为属会事务主任，怀锦章、陈星文二人为事务员，俾资驾轻就熟，理合缮具各该员简明履历各一份，备文呈送恭请钧署鉴核准予加委以专责成实为公便。"③ 根据公署训令调查到差日期，公会呈文称"张鸿钧、怀锦章二员于本年八月四日本会成立时到差服务，其陈星文一员于同年十月一日到差，奉令前因，理合备文呈报"，公署第 3559 号训令"呈件均悉，所请照准，兹随令发给委任状三件，仰即转发各该员只领，并将到差日期，具报备查，此令"④。

以上是以济南市机器铁工业同业公会组织成立为例，剖析上级官署的行政监管过程，其实在民国济南的任一时期，任一同业公会组织的成立、改选进程、职会员名册等都是在主管官署的监督下进行的。1930 年，济南市棉业同业公会改组为济南市棉业同业公会时呈文"钧局训令改组为棉业同业公会等因，奉此当即遵照同业公会组织法召集同业开会，由同业公推

---

① 《为启用圆记日期呈报备查由》，1942 年 8 月，济南市档案馆藏历临 76—1—22。
② 《为呈报机器铁工业同业公会章程会职员名册各三份备文呈送恭请鉴核备案由》，1942 年 9 月，济南市档案馆藏历临 76—1—22。
③ 《呈报事务主任及事务员备文呈送钧署鉴核准予加委事由》，1942 年 12 月，济南市档案馆藏历临 76—1—22。
④ 《呈报职员到差的呈文》，1943 年 1 月 23 日，济南市档案馆藏历临 76—1—22。

七人为发起人，筹备一切，现已筹备就绪，理合抄具简章并会员姓名清册各一份，呈请钧局准予备案以便选举实为公便"①。1943年，济南市南纸业同业公会呈文称："钧署第1565号指令遵于去年十一月二十八日上午十时假舜耕街二号召开会员大会改选完竣并蒙钧府派员监选，备在案查属会会员代表共计一百二十六人，是日出席者九十八人，原系董事九人，监事三人，依法应改选半数，董事刘建勋前已因事辞职，当经抽签结果去职，董事王经五、卢荩忱、周重华等三人留任，董事刘玉轩、刘宗喜、梁润生、张礼贤、李鸿钧等五人去职，监事靳甫臣留任，监事司炳臣、曾云章等二人改选，结果王垚生五十八票、许赞唐四十四票、孟庆云三十五票、任应南三十四票均当选为董事，张庆宸二十八票当选为候补董事，高旭东十一票当选为监事，张星航九票当选为候补监事，复由新旧董事中票选王垚生、许赞唐、任应南等三人为常务董事并由常务董事中选任王垚生为会长，嗣以王垚生辞任会长未曾就职，呈蒙钧府第五二三号指令准尹辞职。复于今年二月十四日下午二时召开董监事联席会议，在钧府派员监视之下仍票选王垚生、许赞唐、任应南等三人为常务董事，由常务董事中选任应南为会长，均于当日就职，视事除将改选情形具报外，理合检附职员会员名册三份，备文呈请钧府鉴核备案，实为公便。"②由此呈报可看出，政府监管事宜极为细致，涉及改选时间、地点、出席人数、票选概况等，可谓无所遗漏。在济南市工商同业公会档案中，这种关于组织成立的监管例子不胜枚举。济南市陶器业同业公会成立后，一些具体事务仍需请示主管官署，"为呈请刊发钤记，以便进行会务事，窃因敝会于本月十三日，已遵令选举正式成立，并蒙钧署莅场监视，各在案，理合呈请钧署刊发钤记，以便进行会务，实为公便"③，11月再次呈文"呈为具领圆记事，窃敝会圆记，奉钧署批示，准予刊发，等因，奉此，理合具状钧署，并附上刊费叁元，请即照发，实为公便"④。济南市公署指令批复"为呈报启用圆记日

---

① 《呈为组织棉业同业公会并送会员清册请求准予备案由》，1930年10月17日，济南市档案馆藏历临76—1—8。
② 《为呈报改选情形并请准予备案由》，1944年4月10日，济南市档案馆藏历临76—1—28。
③ 《为呈请刊发钤记，以便进行会务由》，1942年10月19日，济南市档案馆藏历临76—1—48。
④ 《为呈缴刊费请领取陶瓷业公会圆记由》，1942年11月4日，济南市档案馆藏历临76—1—48。

期检同印模新模备由呈件均悉，准予备案"①。

在同业公会组织实际运行中，若有新的会员加入或退出、职员更换、会址变更等仍需尽快向市公署呈报备案。1943年，济南市白灰业同业公会呈报"窃据本会会员同盛窑厂经理董宝齐，润盛灰厂经理张润江及景泰灰厂经理牛景武等呈称窃会员等资本短少、营业不振，系无力进行，恳请准予歇业以免赔累等情，据此查各该会员董宝齐等所称资本短少、营业不振各节，当经职会派员复查尚属实情，自应准予歇业，理合备文呈请钧署鉴核府赐准予歇业并恳请转呈备案，实为公便"②。同日又呈文"窃职会兹有新梁庄恒兴窑厂经理张维焕及五里牌坊永兴号经理吴思方等均恳请自愿加入职会，并遵守会员一切规程，所有入会手续业经办理完竣，理合缮具新入会会员名册三份备文呈请钧署鉴核府赐准予转呈备案，实为公便"③。1936年，济南市镶牙业同业公会主席万晋三呈文称："窃因属会常务委员李文德及执行委员孙俊凯、万殿臣等三人业经先后离济去职，其常委李文德遗缺，以候补执委张宝奎递补至于执委，孙俊凯、万殿臣等二人遗缺当经补选何永源、周景文二人为候补执委，依法递补所有。属会各委员去职及递补情形，理合备文呈报鉴核施行，实为公便。"④济南市政府收到呈文，立即呈报山东省政府"窃以本会常务委员李文德及执行委员孙俊凯……等情，据此。经核实尚无不合，除指令外，理合备文呈请钧府鉴核转咨备案"⑤。同时济南市政府训令济南市镶牙业同业公会"呈悉。已转呈

---

① 《据呈报启用圆记日期检同印模新模等情准予备案由》，1942年11月23日，济南市档案馆藏历临76—1—48。

② 《呈为本会会员同盛窑厂经理董宝齐等资本短少无力经营恳请准予歇业等情呈请鉴核府赐准予备案由》，1943年1月26日，济南市档案馆藏历临76—1—15。

③ 《呈为职会新入会员新梁庄恒兴窑厂经理张维焕及五里牌坊永兴号经理吴思方等所有入会手续业经办理完竣，理合缮具新入会会员名册三份备文呈请钧署鉴核府赐准予转呈备案由》，1943年1月26日，济南市档案馆藏历临76—1—15。

④ 《呈为报告常委委员李文德及执行委员孙俊凯、万殿臣等三人去职及递补由》，1936年12月，济南市档案馆藏历临76—1—95。

⑤ 《据呈报常务李文德等去职及递补情形请鉴核等情已呈请核转备案由》，1937年1月14日，济南市档案馆藏历临76—1—95。

山东省政府核转备案矣，仰即知照。此令"①

即便会址迁移之事，也需呈报主管官署。1932年，济南市食物业同业公会呈文称："属会自民国二十年三月成立设事务所于商埠经四路纬三路西清和里，兹以办公便利起见，于六月一日迁移西关周公祠街六号，理合将迁移日期呈报钧府鉴核备案施行。"② 济南市电料业同业公会呈："窃查属会城内西门里原会址于事务上诸感不便且不敷应用，已于本月二十八日迁移麟祥门外迤南鲁东一百十八号，即日开始办公。除分呈外，理合呈请钧署鉴核备查，实为公便。"③ 济南市生铁业同业公会呈文称："属会会址向系暂借房屋仅雇一时办理要务之用，彼时原无多可以敷衍，近来事务增多，若无相宜地点实难处理。现租妥皖新街门牌十一号院内东屋四间作为办公之用，稍加修葺，现已完竣，于八月二十九日迁移，自九月一日在该处开始办公，为此呈明伏乞钧署鉴核。"④

二 运行机制监管

运行机制监管是指上级主管官署对同业公会日常成立选举、经费保障等方面进行监督。

（一）监管同业公会组织选举

同业公会的选举关乎领导群体，也是能否体现公正、公平之关键。因此，主管官署会派出指导员莅临现场监督选举，并要求同业公会和派遣人员分别呈报选举过程，以达到对选举过程的监管。如有出入，则直接给予否认。1934年6月6日，济南市冶铁业同业公会在普利门外普安水会隆重

---

① 《据呈报镶牙业同业公会委员李文德等去职及递补情形已核转备案，仰饬知照》，1937年2月1日，济南市档案馆藏历临76—1—95。

② 《呈为迁移会址日期请鉴核备案由》，1932年5月30日，济南市档案馆藏历临76—1—37。

③ 《本月二十八日迁移麟祥门外一百十八号恳请核备由》，1943年3月29日，济南市档案馆藏历临76—1—31。

④ 《呈明会址移动以便送交文件》，1942年9月，济南市档案馆藏历临76—1—32。

举行了改选大会，此次大会由济南市政府特别指派刘星符担任监选，会议结束后，刘星符随即向济南市政府呈报了改选的详细情况："为呈报事奉谕派赴本市冶铁业同业公会监视改选等因，遵于本月六日下午一时前往，计到会员代表共计二十九人，由主席牛寿三报告如仪开会，首由历城县党部委员苏守贵指导抽签，计抽掉执行委员冯红喜、梁文超、冯全巅，次即开会投票，计应选执行委员李建如、王文喜、王守仁三人候补执行委员，艾传谟、王纪水二人至该会主席及常务委员，除由执行委员另行开会推举呈报外，谨将监事选情形及新选执委等各员所得票数列后，签请鉴核。计开：执行委员，李建如二十五票，王文喜二十五票，王守仁二十四票；候补执委，艾传谟四票，王纪水三票。"① 1934年5月，济南市政府职员刘家祥监选济南市钟表眼镜业同业公会，"为报告事奉：谕派赴钟表业同业公会监选等因，遵于十四日下午二时前往。该会会员，因连年歇业退会，现只有十二家，职员只剩郑章斐等五人，当以会员代表二十五人均到齐，遂开会议决：修改章程第十一条，定委员为七人，旧有委员五人仍留任，另选二人补充。由县党部委员代表苏守贵指导发票选举，当选出應荣昌、崔理齐等二人为执行委员，毛昌元、方天祥等二人为候补执行委员，理合缮具该会委员名单，呈请鉴核"②。

表7—1 济南市钟表业同业公会委员名单一览表

职务	姓名	票数
执行委员	郑章斐	留任
执行委员	卢敬之	留任
执行委员	房德三	留任
执行委员	郑兴亚	留任

① 《为呈报监选事项及得票数由》，1934年6月7日，济南市档案馆藏历临76—1—33。
② 《呈报钟表业改选过程及当选委员由》，1934年5月14日，济南市档案馆藏历临76—1—85。

续表

职务	姓名	票数
执行委员	许祖庚	留任
执行委员	應荣昌	十九票当选
执行委员	崔理齐	十三票当选
候补委员	毛昌元	七票
候补委员	方天祥	四票

资料来源：《呈报钟表业改选过程及当选委员由》，1934年5月14日，济南市档案馆藏历临76—1—85。

（二）经费

经费是同业公会日常会务运转的基本保障。政府部门多是监管经费的收取和开支，经费的收取标准，在各同业公会制订的章程中都有明确规定，并且呈报上级主管官署备案后生效。如济南市新药业同业公会规定："本会经费由入会会员按资本等级参照营业状况比例担任之。"[1] 济南市油漆业同业公会规定："本会经费分两种：一事务费，由会员比例于其所派代表之人数及资本负担之。二事业费，由会员大会议决微集之。"[2] 因此，如若公会提高会费标准，必须呈报上级主管官署。1942年，济南市铁货业同业公会"呈为经费不足会议增加会费拟具改编预算呈请鉴核速赐指令只遵事窃查经奉钧谕保送事务员受训及规定员役薪资各等因，奉此亟应遵办，更兼粮食飞涨，开支浩繁，所收会费不敷甚巨，属会于十一月十六日召开会议大会商讨办法，经众议决会费自九月份起增加一倍，改编预算记录在卷，所有属会议决增加会费改编预算办法，各缘由是否有当，理合抄同加费等决清单，改编九月份预算书备文呈请钧署鉴核速赐指令只遵"[3]。具体增加数目见表7—2。

---

[1] 《济南市新药业同业公会章程》，1941年11月，济南市档案馆藏历临76—1—115。
[2] 《山东省济南市油漆业同业公会章程》，1943年1月，济南市档案馆藏历临76—1—77。
[3] 《呈为经费不足会议增加会费拟具改编预算书呈请鉴核速赐指令只遵由》，1942年12月30日，济南市档案馆藏历临76—1—28。

表 7—2　　　　　　议决增加会费等次数目清单一览表

等次	家数	每家缴费数目（元）	合计（元）
甲等	10	6	60
乙等	14	4.8	67.2
丙等	13	3.6	46.8
丁等	3	2.4	7.2

资料来源：《呈为经费不足会议增加会费拟具改编预算书呈请鉴核速赐指令只遵由》，1942年12月30日，济南市档案馆藏历临76—1—28。

同月，济南市色纸业同业公会也召开会员大会，讨论增加会费事宜，原因几乎和铁货业同业公会相同，可见当时物价飞涨，公会日常运营困难。有关交纳会费等次数目见表7—3。

表 7—3　　　　　　色纸业同业公会缴纳会费等次数目一览表

等次	家数	每家缴费数目（元）	合计（元）
甲等	5	7	35
乙等	11	4	44
丙等	6	5	30
丁等	6	3	18
戊等	8	1.5	12

资料来源：《呈为缴费不足会议增加会费拟具改编预算呈请鉴核速赐指令只遵由》，1942年12月28日，济南市档案馆藏历临76—1—28。

济南市制鞋业同业公会"呈为呈报事窃职会自成立以来限于会费之薄微收入太少，是以对于会务之进展实有重大妨碍。兹为发展会务谋同业之公共利益计特于本月一日召开董监联席会议，当经表决自三十一年一月份起实行强化同业登记并增加会费以利办公，议定会费分特等与甲乙丙等四种，特等每月会费三元，甲等每月二元，乙等一元五角，丙等一元。同业店员三人以上者为特等，三人为甲等，两人为乙等，一人为丙等，除留有议决案存查外，理合备文呈请鉴核备案施行只遵实为公便"①。

同样，经费收支报表也需及时呈报主管官署。济南市木料业同业公会"呈为呈送事案奉钧署社字第七五号训令内开，为令遵事查本市各工商同业公会预决算及主要会议之办理情形应呈报本署备案，前已饬令遵办有案，近查遵令造报者固属甚多，而延未办理者亦复不少。似此玩忽功令不成事体，兹再重申前令。自本年七月份起每届月终各该公会务须将每月预决算及主要会议办理情形工作状况分别造报来署，以资查考。除分行外合行令仰该会遵照办理，勿得视为。具文倘再延不遵办者，定将该会负责人严加议处，其各令凛遵勿违切切指令等因，奉此遵即按期缮造七月份收支计算书一份理合呈请备案"②。收支概况见表7—4。

表7—4　　济南市木料业同业公会1940年7月收支对照表　　（单位：元）

科目	收入数	支出数	备注
上月结存	无		本会素无基金以支出多少由会员分摊共十四家会员担任之故逐月无结存
本月收入	8780		
会长一员		2000	会长系义务职不支薪俸每月津贴车马费计如左述
文牍兼书记		3000	文牍兼书记月支薪金如左述
纸张笔墨		350	公文纸信纸信封等墨汁笔等计支如左述
杂支		230	报费茶水计入左述
交际		1200	零星酬酢及一切公份等计如左述
捐助		2000	慈善团体捐助募集等计支如左述

资料来源：《为呈送七月份收支计算书请鉴核由》，1940年8月12日，济南市档案馆藏历临76—1—78。

济南市砖瓦业同业公会"呈为呈报窃查属会三十年五月份款项收支报告表前经呈报在案，兹查本年六月份会务如常所有月内收支各款，业经结

---
① 《为呈报增加会费事》，1942年2月3日，济南市档案馆藏历临76—1—82。
② 《为呈送七月份收支计算书请鉴核由》，1940年8月12日，济南市档案馆藏历临76—1—78。

理清楚，理合造具报告表一份一并呈请公署鉴核，至为公便"①。收支报告表见表7—5。

表7—5　　济南市砖瓦业同业公会1941年6月收支款项报告表

收项（元）	旧管	上月结存洋四元五角七分
	新收	会费洋一百五十元
	合计	共收入洋一百五十四元五角七分
付项	支付	薪金洋三十元
	支付	工资洋二十四元
	支付	文具费洋六元五角七分
	支付	消耗品洋三十八元九角
	支付	房租洋三十四元
	支付	书报费洋二十一元一角
	结存	无
	合计	共支出洋一百五十四元五角七分

注：会长：解心齐　委员：吴石侨　会计：高星垣。
资料来源：《为呈报三十年六月份款项收支报告表由》，1941年7月28日，济南市档案馆藏76—1—89。

三　日常业务监管

日常业务监管，作为上级主管官署对同业公会实施的一项高频且基础的监督手段，其核心内容主要包括：

（一）严格审核章程

对于各同业公会提交的章程内容并非仅作简单备案处理，若经审核发现其不符合政府相关规定，将直接退回并拒绝备案，同时明确提出具体的

---

① 《为呈报三十年六月份款项收支报告表由》，1941年7月28日，济南市档案馆藏历临76—1—89。

修改要求。此类情况在同业公会的档案记录中屡见不鲜，例如济南市政府发布的第 320 号训令便是一个典型例证。令济南市屠宰牛肉业同业公会为令知事，案查前据该会呈送章册请予核转一案，当经指令并转呈在案，兹奉山东省政府实业厅第 1497 号指令内开，查所送济南市屠宰牛肉业同业公会章程第二十一条"委"字应改为"会"字；第二十三条"及"字应改为"并呈由地方"五字；"备案始生效力"应改为"转呈省政府转咨实业部备案"，除由本厅代为更正，检同原件，据情呈请省政府鉴核转咨实行外，仰即遵照，转饬更正，等因，奉此，合行令仰该会即便遵照。① 山东省政府建设厅训令（第 4783 号）令济南市政府：案奉省政府实字第八零六二号训令内开，案查前据该厅呈送济南市钱业同业公会章程及汇票章程请核转备案等情。当经据情转咨并指令在案。兹准实业部商字第二八五四七号咨复内开，关于济南市钱业同业公会请讲汇票章程备案一案，前准贵省府。

一、济南市钱业同业公会章程应行修改各点：第二十三条末句应加"并呈请主管官署核定报部核准备案"十五字。第二十四条"实业部"下应加"财政部"三字。

二、济南市钱业同业公会汇票章程应行修改各点：第六条"否则"下各句应删第九条"可注明未见票根"下应加"字样"二字，同条"该票根仍未到"应改为"该票根仍未到达"。第十二条"如逾限则不负责"七字应删。第十五条"生有"之"生"字应改为"设"字。第二十八条"设票汇电汇有格外纠葛时"应改为"或票汇电汇遇有特殊纠葛时"，同条"议处之"三字应改为"各规定议决办理"。第二十九条全文应改为"本章程仍有应行修改之处，应由本公会议决修正呈部核准备案"②

山东省公署指令：令济南市长呈一件为据日用碎货业渔业等公会成立

---

① 《奉令该会章程不合代为更正检同原件转请咨部等因仰遵照更正由》，1932 年 3 月 17 日，济南市档案馆藏历临 76—1—34。

② 《奉省令准实业部等准财政部咨复济南市钱业同业公会章程及汇票章程有应行修改之点开单咨请查照饬送等因令仰转饬遵照更正具报核转灯因仰即转饬遵办》，1943 年 10 月 4 日，济南市档案馆藏历临 76—1—40。

呈送章册等件请核转备案由。呈件均悉。经核转送该日货业渔业等公会章册与本署前令准则未尽相符,复核日用碎货业公会职会员名册,多有遗漏不合规定式样之处,自难准予咨转备案,除渔业公会职会员名册尚属相合暂存外,兹将应行改正补充各事须缮列清单连同各该公会章程名册一并随令发还,仰即分别转饬,切实参照准则依法补正,再行呈侯核夺,此令。①附发章程名册各四本,清单一纸。

济南市日用碎货业渔业公会章程应行改正补充各事清单。章程应补正事项:一、渔业公会章程第三十一条应依照准则删除第三十一条,改为第三十一条以下顺推。二、日用杂货业渔业公会章程第三十六条第一项事物费分摊标准依照准则第四十一条规定应列表补充以作准绳。名册应补正事项:一、会员名册漏填报年月日职员名册漏,"选举年月日"均应依照准则式样分别补充。

山东省公署训令:令济南市长,案查据该市长先后呈送广货业等十五家公会章册,请核转一案,经本署分别指令并转各在案,兹准华北政务委员会实业总署工字第二五四号咨,该广货业、藤竹绳经业、绸布业、印刷业、卷烟业、铜锡业、染业、食物业、砖瓦业、碳业、粮业等十一家公会章程名册,经加复核,大致尚无不合,自应准予备案,惟酿酒业、山果业、油业、木料业等四公会章程,尚有应行改正暨补充各事项,兹分别开列清单,请转饬分别改正补充后,再为备案,等因,准此,合行检同酿酒业等四家公会章程八册并照抄清单一纸,令仰该市长转饬酿酒业等四公会遵照改正,呈候核转备案。此令。附清单一纸。省长唐仰杜。

山东省济南市酿酒业等四家同业公会章程应行改正补充各事项清单。酿酒业同业公会章程:第六条"凡在本区域内经营烧锅业之公司行号"句烧锅二字与酿酒业名称不合,应请转饬改正。

山果业同业公会章程:第二十条董事会之职权如左面下列甲乙两项系

---

① 《据呈送日用碎货业渔业二公会成立章册等件请核转备案等情核与章程准则规定多有未合发还章程名册并开列应行补正清单一纸饬令转饬依法补正再行呈侯核夺由》,1942年3月,济南市档案馆藏历临76—1—56。

董事与监事并列，应于条文内董事会下加入"监事会"三字方与项目相符，至所列监事职权比较简略，应依照商会章程准则第三十四条加以补充。第二十三条"董监事缺额时由候补董事依次递补……"候补董事递补监事与法规未符，应于章程中规定设置候补监事名额符合法规。

木料业同业公会章程：第三十五条"可否同数取决于出席"，"出"字当系"主"字之该应饬改正。

油业同业公会章程：第二十三条第一第二两款所列监事职权似较简略，应依照商会章程准则第三十四条加以补充。①

（二）把关各同业公会规约

济南市钟表业同业公会呈报："兹据属会同业各号声称，因鉴物价竞相减低而生活反增高，以致工商业日行衰落，各业受此不景气影响，无不叫苦连天，具有不能维持之势。现在京沪平津汉各工商业竞相减价之，无不力谋团结提高以资挽救。济埠同业夙无团结，处此不景气环境中应即觉悟，共谋自救之策。为此迭经召集会议，决定订立行规俾同业共同遵守以维营业。谨特拟定行规五则计共二十四条，请予转呈备案等情，准此查所拟行规为维持营业似属可行，理合缮具一份，呈请钧府鉴核指示只遵。"② 而济南市政府5月21日第1637号训令指出："呈暨附件均悉。查行规所刊，多与商业惯例不合，罚则一项由出乎同业公会职权以外。该商业所请备案之处，未便照准。仰即转饬知照，附件归还。此令。"③ 1939年，济南市理发业同业公会呈文："呈为遵令更正规则送请鉴核备案事窃案奉：钧府社字第二零八号指令内开呈件均悉。查所拟规则多有不合，兹经修正还发，仰即遵照签示各点，另缮具报，以凭核夺此令件还等因，发还规则

---

① 《准实业总署咨以该市广货等十一公会章册经核尚核应准备案惟酿酒业等四公会章程应行修改补充等因仰转饬该四公会遵照改正由》，1942年11月28日，济南市档案馆藏历临76—1—78。
② 《呈为同业拟定行规请转备案伏乞鉴核指示只遵由》，1935年5月16日，济南市档案馆藏历临76—1—85。
③ 《据呈送拟定行规请备案等情，查该行规岁列多有未合碍难照准由》，1935年5月21日，济南市档案馆藏历临76—1—85。

一份，奉此当即遵照。签示各节逐加更正，令行缮具一份，理合备文呈送，伏乞鉴核备案，实为公便。"① 济南市蔬菜业同业公会呈："呈为拟具订定整理业务暂行规约恳请鉴核备案，以资施行。事窃以属会矫正弊害，发展业务起见，依据公会章程第四条订定整理业务暂行规约十一条，所拟否当，理合缮具一份，备文呈送，伏乞钧署赐予审核备案，以资施行，实为公便。"② 由此可见，各同业公会规约实施生效之前，必须向上级主管官署报备。

（三）核定物价标准

市场的重要规则是行业组织可自主调整物价。但民国时期济南市政府对物价调整有严格把控，若有同业公会调整物价，必须呈报主管官署备案同意。1943年济南市戏曲电影业同业公会呈："呈为生活高尚百物飞涨恳请准予略增票价而维现状以利营业，事窃戏曲电影同业公会自去年呈递自肃价格业蒙准予备案，各会员莫不兢兢业业奋力自勉以期减低物价之实现。惟近月来百物飞涨生活日尚，职演员等之日常生活困苦已达极点。会员欲体恤，然所入票价寥寥无几，实则力与心违，处此冰天雪地，营业萧条之期，若不急于设法前途将何以堪，前经各会员议决拟将票价略以增加以维现状而利营业，除分呈各主管官署备案外，理合具文申请准予备案，实为德便。"③ 山东省公署训令地300号："呈件均悉。据此查该市长转呈各节尚属实情，维原请增加五成为数过巨，拟按原价增加二成以示体恤等，此令。"④ 山东省公署并没有完全同意戏曲电影业同业公会的要求，仅仅增加二成。这足以表明上级主管的行政权威性和控制力。

---

① 《呈为遵令更正规则送请鉴核备案由》，1939年8月29日，济南市档案馆藏历临76—1—92。

② 《呈为拟具订定业务整理暂行规约恳请鉴核备案由》，1941年8月7日，济南市档案馆藏历临76—1—98。

③ 《呈为生活高尚百物飞涨恳请准予略增票价而维现状以利营业由》，1943年12月16日，济南市档案馆藏历临76—1—24。

④ 《为省会警察转饬据济南市戏曲电影业同业公会呈请加价一案准予拟增加二成令仰遵照由》，1944年8月16日，济南市档案馆藏历临76—1—24。

山东省政府训令第665号："令济南市长程镕：为令知事案据省会警察署长郝庆泉呈略称，据本市澡堂业同业公会长刘紫云呈，以物价腾涨十倍，但同业等仍维旧价，赔累不堪。本市较小之澡堂前后歇业者已有五家，较大之澡堂长此以往，恐亦难免蹈其前辙，影响市民卫生，伏乞钧署迅查民意，洞悉商情，澡堂业等定属困难万分，可否从权矜恤，暂准增加一倍，俟物价低落时再为恢复原价，避免踵接歇业，而两千劳动工不致沦为饿莩等情，附新表一件。据此查所请各节尚属实情，原请一律加倍增价，似较稍多，兹酌核实际情形，将甲乙等级之特官盆大房间按原价加倍，其余按原价加六成以示体恤。除指令省会警察署转饬该会自九月十五日起施行增价，并饬属随时取缔外，合行标发新增价格表，令仰知照，此令。"① 实际上，作为上级官署，政府对同业公会的相关业务直接以命令的方式加以干预，直至作出具体行情规定。

四 矛盾纠纷监管

在同业公会的发展运作中，受政治动荡、市场波动等因素的影响，发生了众多纷繁复杂的行业纠纷。按照主体性质，工商业组织的纠纷可分为运作类、商事交易类、票据类等纠纷。

（一）监管依据

这种调解依据实际上是整个民国时期国家层面和地方政府颁布的各项行业法令。从国家层面讲，北京政府于1912年陆续颁布了《商人通则》《商人通则施行细则》《商会法》及《商会法施行细则》《公司条例》及《公司条例施行细则》等多部经济法规，这些法规是商人及商人组织遵循的基本要求和准则。1927年南京国民政府成立后，为全面掌控商人组织，先后修订了较为全面的经济法规。据统计，在1928年至1930年，政府新

---

① 《为本市澡堂业呈准加价自九月十五日起实行仰知照由》，1944年9月15日，济南市档案馆藏历临76—1—91。

颁布修订了约 109 部工商经济法规，如 1930 年颁布《商会法》和《工商同业公会法》，其他还有《公司法》《商业登记法》《票据法》等，特别是直接涉及商人组织的法规，更是受到主管官署的重视。

地方政府对商会和同业公会章程有最终的审核权。因此，济南市政府审核通过的济南市商会章程和各同业公会章程，具有行政法令的属性。如济南市商会先后制定的《山东济南总商会章程》《济南商埠商会商事公断处办事细则》《山东省济南市商会章程（1932 年）》《山东省济南市商会章程（1944 年）》和各同业公会依据济南市政府《济南市同业公会模范章程》通过的各业章程，这些章程也是调解商人及行业纠纷的重要依据。

（二）直接参与日常纠纷监管

随着社会经济的持续进步，组织机构不断完善，运作秩序日益良好。然而，围绕组织运作所产生的纠纷频繁出现，已成为同业公会纠纷的主要表现形式之一。官方机构如社会局、警察系统等，均可以参与同业公会纠纷的调解与处理。同时，同业公会内部也时常发生诸如乱收会费、违反章程、选举舞弊、以权谋私等矛盾与纷争，这些问题的解决同样依赖于上述官方机构的介入与干预。

1. 解决乱收会费的纠纷

会费是同业公会顺畅运作的坚实基石，在民国时期，济南市同业公会的顺畅运作离不开会费这一经济支撑。当时，济南市对会费的收取和支出制定了明确的规章制度，并确立了具体的征收标准。例如，木业同业公会依据甲乙丙丁四个等级来规定会费，而色纸业同业公会则进一步细化为五个等级：甲乙丙丁戊。尽管如此，实际操作中仍不时出现违反规定的情况，这些违规行为在济南市同业公会的档案记录中得到了记录和反映，揭示了会费管理的复杂性。会费构成了同业公会日常运营的经济基础，并对其规范运作和持续发展起到了至关重要的作用。

1941 年 7 月 25 日，商民尹崇贵等人揭露济南市蔬菜业同业公会擅自提高会费标准的违规行为，严重背离了同业公会为同业谋求福利的初衷。

为此，尹崇贵等11人联名向济南市公署递交呈文，控诉蔬菜业同业公会会长刘宽及其雇佣的职员。他们指出，这些职员多为地方流民或无业游民，公会非但不依据章程合理收取会费，反而假冒主管官署之名，对商民进行无理欺压与勒索，甚至擅自将会费标准提升至百分之四，此举实属不法。尹崇贵声指出："自蔬菜业同业公会成立后，不但没有给同行业带来福利，反而使同行会员蒙受损失。7月12日，窃民自连镇到济南后卖藕30斤，蔬菜业公会收取会费大洋1元，经查该客商不属于同业公会，竟然强制收取会费，不符合该会章程规定。经查证蔬菜为老百姓日常用品，政府早就命令规定严禁私自收取会费。该公会无视法令，派员强行收敛，本就属于违法，但在商民交纳会费时，稍有迟缓，轻则辱骂，重则武力暴打，甚至声称押送宪兵队关押。"鉴于该公会存在多项违规收取会费等不法行为，特向济南市公署提出正式请求："迅速派人督查，惩办不法行为，以体恤商户之艰难。"① 济南市公署在接到尹崇贵等人就勒索会费事宜的正式控诉后，即刻派遣专员展开详尽深入的调查，最终确认了尹崇贵等人的指控属实无误。基于此，公署正式通知蔬菜业同业公会会长刘宽，要求其亲自前往署内，面对面阐述事件的完整经过，还原事实真相。经过周密而严谨的核查，公署发现尽管刘宽身居会长之职，却因不识字而难以直接管理公会事务，诸多事务实际上由公会雇员代为执行。然而，针对公会内部确实存在的乱收会费问题，作为会长，刘宽在监管与监督方面存在疏忽与失职之处，难辞其咎，因此，公署认为刘宽必须为此承担相应的责任与后果。"蔬菜业各商户多为小商小贩，散居各处，并且多数人不识字，如果训令改选并不是一件容易的事情，因此该会却无存在之必要，应立即解散并清算会费，核实后发现多数人不识字，即使要求进行改选也不是容易的事情，由此认为该会根本没有存在的必要，明令要求即刻解散，结算清理会费，待核算完成后在五日内张贴公告，令该会长遵照

---

① 《为蔬菜业同业公会任意勒索会费恳请彻查惩办以恤商艰由》，1941年7月25日，济南市档案馆藏档案历临76—1—98。

执行，勿延。"①

2. 解决会务纠纷

炭商李梦庚、张季如、郭崑山等11位商人呈诉济南市炭业同业公会会长王宜卿把持会务一案即为发生在济南市行业间的典型会务纠纷案。1940年，李梦庚等人向山东省公署诉称，炭业同业公会主席王宜卿营私舞弊，致使煤荒价昂，病商害民，因此请求公署恩准彻查严办，秉公改选以恤商民，借维市面，"济南市自民国二十七年冬季发生煤荒炭价高昂，为空前之未有之现象。虽经山东煤矿产销公司之调剂配备，济南铁路局之统筹运输，物资调整委员会之丰价统制，而煤荒现象，历二十八年度以至今日，反变本加厉，日甚一日。揆厥原因，由于本市明朗户口激增者小，而由于济南市炭业把持操纵营私舞弊者大。若长此以往，不予纠正救济，则不维市民生活可虞，即市面治安且恐受其影响"②。为了广大市民全体利益和炭商切身生存考虑，李梦庚等人决定不再沉默，上述市公署，揭露王宜卿把持操纵营私会务、舞弊之事，控诉王宜卿三大罪状："第一，把持公会排斥同业，查炭业公会现有会员九十三家。内八十三家系于二十七年春季，由该公会主席王宜卿于二百余家会员中，任意开单，呈报山东陆军特务机关，而伪称被指定为会员者。其余十家，则系于二十八年十月，由该公会以救济城内煤荒之理由，与产销公司之妥协，而加入之新会员。按本市炭商，尚有一百七十余家，内有七十八家原系会员，均被拒绝入会。查同业公会法制规定，在同一地域之同业，均须入会，其有规避入会者，公会且请求官厅代为勒令入会。本市于事变后，其他公会其有此项办法。济南市公署案卷俱在，不难复查，该主席扬言八十三家会员，系属前机关长所指定，原系蒙上欺下。缘于二十七年之春，前机关长召集各公会主席，谕令开业。其他公会未闻有指定之事，炭业公会何能独异？且二十八年十月新增之十家会员，据公会负责人声称，系属产销公司所指定。产销公司有分

---

① 《济南市公署训令第106号》，1941年10月1日，济南市档案馆藏档案历临76—1—98。
② 《为炭业公会主席王宜卿把持操纵营私舞弊致使煤荒价昂病商害民恳请钧鉴恩准彻查严办秉公改选以恤商民借维市面由》，1940年12月4日，济南市档案馆藏历临76—1—43。

车分炭之权，何能指定会员。该王宜卿任意删除会员，诡称系前机关长所指定，拒绝同业入会，而于指定之外，又准许十家入会，前后自相矛盾，其意存把持，借便私图，不辩自明。第二，居奇囤积操作煤价：该公会以把持之优势，与产销公司间之妥协，凡属会员均有分车分炭之权。因此造成炭业界之垄断，居奇囤积为所欲为。市民用户之购用，非会员炭商之买卖均须按照暗盘，先收货款，但不出具发票。倘不如此，即推称无煤。此其操纵抬价者一也。又会员炭商工于心计，效狡兔三窟之智，暗盘交易，多系迳由车站交易，如不成交易，即运往他处囤积，规避经济调查班之调查，此其操纵囤积者二也。又会员炭商违背出境之规定，偷运出境，如义兴公、志诚雨号，由小清河私运出口殆为同业所周知之事，又如最近益和公等八号私运出口被山东煤矿产销公司查明属实，予以六个月停止分炭之处分，尤为有力之证明。此其操纵私运者三也。会员炭商肆行操纵，其结果自二十七年冬季以来，市民用户殆无能按公定价格购炭者，即代表等为维持营业，而向会员炭商批货，入价额已当公定价格二倍以上。更有甚者。即该王宜卿于本年四月以来，排斥代表等之加入新民分会，未尝如愿，竟而迁怒，强制会员炭商，不得批发与非会员炭商。该王宜卿如此操作，一意垄断，不惟代表等陷于失业，而煤价之高昂，超过公定价格每吨在二十元，较二十八年冬季之暗盘尤高。兹将最近市面价格与公定价格作一比较表，附呈如另纸所记，即可见其一斑。第三，蒙蔽欺骗营私舞弊：查该王宜卿蒙蔽前机关长，排斥同业，拒绝入会，已如前述。然实际上会员炭商，亦未能开诚布告，如被所经营之义兴恒分炭独多，即为原明知证明。此外关于会议之资格，黑幕尤多。据调查所知，如（一）东升栈于二十八年以六百五十元，将图章卖于聚兴昌王立奎。（二）广源成之图章，被王宜卿强行扣留，而介绍由义记耿仙洲价买。其他尚多，不必缕指。总之八十三家会员，有根本无此字号者有仅有图章而无厂址者，既非正式营业，即不配为炭业公会会员，确为事实。至于新增之十家会员，尤极尽营私舞弊之能事。缘十家会员，均系临时设立。名为救济城内煤荒即实际上则为取得分炭权利，开于一垄断操纵之新途径耳。据调查所知，如（一）

· 236 ·

义兴公即系王宜卿投资新设,据产销公司广告,该号设立于正觉寺街,但实际上则开设天桥北丹凤街北首一零五号;(二)至诚系炭业公会雇员李子光投资新设,据产销公司广告,该号设立于北小门街六十八号,但查得该街号仅有门面二间,柜房一间,存货三五吨,而实际上每月所分之炭,均存入天桥东街成通纱厂前路东复盛和号内,门首订有木牌可查。其他八家,亦均于王宜卿有特殊关系不必缕指。总之非会员炭商有为事变前之会员者,有设立较早者均不得入会,而临时设立者,反得入会,谓非营私舞弊,其谁信之。"①

表7—6 济南石炭小卖公私价格比较表

石炭	种类	公定价格（每吨）单位:元	暗盘价（每吨）单位:元	公定价格（百斤）单位:元	暗盘价（百斤）单位:元
块炭	一号	24.60	53.00	1.63	2.80
块炭	二号	24.10	44.00	1.60	2.40
块炭	三号	23.50	42.00	1.56	2.20
粉炭	一号	16.70	36.00	1.10	2.00
粉炭	二号	16.00	34.00	1.06	1.80
粉炭	三号	15.40	32.00	1.02	1.80

资料来源:《为炭业公会主席王宜卿把持操纵营私舞弊致使煤荒价昂病商害民恳请钧鉴恩准彻查严办秉公改选以恤商民借维市面由》,1940年12月4日,济南市档案馆藏历临76—1—43。

根据以上三点诉状,李梦庚等炭商认为王宜卿利用机会,于事变后非法取得主席,乃利令智昏,蒙蔽前机关长,将旧有200余家会员,仅开列83家呈报,原系蒙蔽官府,复欺骗同业,诡称前机关长不准入会,破坏公会之法规定,更系别有用意,且操纵居奇,勿视公定价格,行使暗盘,就现在情形,每吨超过20元,计全市50万市民,每日用煤统计约四百吨,即须受8000元以上之损失,而至冬季尤甚,统计全年约在500万元之谱,其危害社会之经济,影响市面治安,尤有应得之处。是该炭业公会既非全

---

① 《为炭业公会主席王宜卿把持操纵营私舞弊致使煤荒价昂病商害民恳请钧鉴恩准彻查严办秉公改选以恤商民藉维市面由》,1940年10月14日,济南市档案馆藏历临76—1—43。

体炭商之组织体，根本既不健全。该主席王宜卿即系非法产生，且亦早经任期届满，且复把持操纵，营私舞弊，根本既不配为炭业公会首领，似此不健全之公会，非法自私之公会主席，如不及早改善救济，势将演成社会种种不安之现象。欲求改善之方，唯有遵照同业公会法扩大组织，依法改选。欲求救济之方，亦唯有健全公会，审定会员资格，严守公定价格。请求严查王宜卿蒙蔽官府，把持公会，率领少数奸商，暗盘抬价，病商害民，易使一般市民不明真相，转疑统治之不便。吾等为谋市民全体福利，为保自身生存，爰敢披露上陈，据实揭穿，以惩奸刁，而清积弊。

炭价关乎百姓日常生活，影响极大，此纠纷引起省公署的极大重视。接到李梦庚等人的行政诉状后，山东省公署即刻发出训令：为训令事查前据新民会济南市炭业分会副会长李梦庚呈诉炭业同业公会会长王宜卿操纵舞弊一案，迭逖令行俟市长查复在案，兹复据李梦庚等呈请速予彻查严究以伤民等情。[①] 1940年12月山东省公署再次训令济南市市长，要求"李梦庚等一再呈诉炭业公会主席王宜卿营私舞弊一案，业经先后令行该市长查复在案，令仰该市长并业彻查呈复以凭核办"[②]。

济南市政府派员调查，详细还原纠纷情形及广大炭商对公会成立之质疑。报告认为济南炭商之纠纷主要集中在两个方面：一是会员炭商与非会员炭商之划分，二是王宜卿操纵公会之黑幕。李梦庚等人的控诉也集中体现了以上矛盾焦点。

报告认为：济南市炭业商约二百余家，于事变前已注册在案，1937年夏黄水为灾停业他移者有之，固守济南而伺机复业者亦有之，1938年春日军特务机关以市面亟应恢复即招催各同业公会转知各行业迅速复业，自称炭业公会主席王宜卿（实为公会主席张瑞周）出来竟于二百余家炭商内擅开83家报告特务机关，对未开列之炭商则伪称特务机关指定83

---

① 《为李梦庚呈诉炭业公会主席王宜卿操纵舞弊等请速予彻查严究具复以凭核办由》，山东省公署实字第75号，1940年10月28日。
② 《为复据新民会炭业分会副会长李梦庚等呈诉炭业公会主席王宜卿营私舞弊抄发原呈及附件仰并案彻查呈复由》，山东省公署实字第100号，1940年9月2日，济南市档案馆藏历临76—1—43。

家为正式炭商,他商不得与闻,于是旧在公会之炭商凡未被开列者均无形中消失炭商之资格。济南炭界遂别为会员炭商与非会员炭商之两种。

1939年10月,王宜卿等又以救济城内煤荒为理由商请山东煤矿产销公司准予添设新炭商十家,统计济南市炭业界,在公会之会员炭商增至93家,其不得入会非会员炭商,仍有170余家之多,会员炭商有由山东煤矿产销公司分炭分车之权,而非会员炭商则无此权利,不得向会员炭商以高价批发之,此170余家一而为零卖小商,而会员炭商,暗中操纵,坐享厚利,于是一方艰巨拒绝非会员炭商之入会,另一方则要求入会不遂,即互选攻击纠纷之主因也。①

公会主席王宜卿反诉拒绝非会员炭商入会之理由。4月10日,派遣公会雇员李子光在新民会济南市总会召集之座谈会,当众宣布下列各项。(1) 炭业公会会员系由公会开具会员名单一纸,呈由机关长当面指定者,惟因名单过长,在衣袋内磨破,以致残缺一部分,所有83家以外之未被指定者,即系在残缺部分而被遗漏。(2) 又因机关长办公桌太短,而会员名单过长,其垂于桌下之部分被机关长撕去而遗漏。(3) 指定时,以日军过济时,凡拟招待费被褥费等者为指定之标准,83家会员均摊任以上费用,故皆列入会员名单,其余各家均未摊费,故未列入。(4) 1939年10月新增之10家会员,系救济城内煤荒而设,且增设之初,乃由山东煤矿产销公司所指定,公会并不知情。(5) 未被指定之炭商,皆因被水灾歇业或皇军莅济时逃避,当特务机关谕令开业时,公会因其无人负责,故未列入,此乃自行放弃权利。②

李梦庚等人就李子光拒绝入会之所谓理由,再次呈控反驳理由。查李子光仅一公会雇员,即造出毫无理由之词,不击自破,其不合之点如下:(1) 特务机关谕令开业,确为事实,当时各业普遍办理,其他各同业公

---

① 参见《济南市炭业界纠纷情形之经过及公会黑幕》,1940年12月4日,济南市档案馆藏历临76—1—43。

② 参见《济南市炭业界纠纷情形之经过及公会黑幕》,1940年12月4日,济南市档案馆藏历临76—1—43。

会,未闻有指定之事实,炭业公会何能独异?且历来公会法规乃同业之组合,在同一地域,同一营业,有相当之介绍,及保证金,即可入会,以此变更公会法之舞弊行为,断无默然之理。(2)造具会员名单,呈送特务机关,当然须慎重行事,断无放在衣袋磨破之理,又会员名单即便过长垂于桌下,身当机关长要职,必不致因其纸长而故意撕裂,为此言者,不仅系属遁词,且有毁谤长官之嫌。(3)摊费一节纯系污蔑之词,未被指定之炭商,亦有七十余家被公会收受公费。(4)新增十家炭商,多系公会职员投资新设,公会何得谓为并不知情!(5)当黄水为灾,被淹没而迁移者有之,因避难而他往者亦有之,然如黄台桥之裕兴祥等20余家均系被淹没而迁移者,何亦列入会员名单内,而有分车分炭之资格。①

总之,王宜卿李子光等闪烁其词,种种狡诈,而非会员炭商多至170余家,等于失业,则对于公会之差别待遇,不能不求其改善也。

另一焦点即为王宜卿李子光操纵93家会员炭商之黑幕。济南市公署首先调查新添十家会员炭商之黑幕,认为公会借口特务机关之统制,拒绝其他同业之入会,已为非会员炭商之生存攸关,所非难攻击,此外对于会员炭商之资格,亦抱有疑问,尤以新增之10家炭商多系王宜卿等所投资经营,认为原系排斥异己,如果特务机关之统制属实,何以于83家之外,可以新增十家,而且新增之十家,何以皆为与公会有关者,非会员炭商之怀疑指摘不为无见。

(1)义兴公,经理杨淑云,系王宜卿新设,据产销公司广告,刊明设正觉寺街,但遍查该街门牌二八二号中,曾无义兴公,即询问本街住户,亦均示不知,实际上义兴公则开设天桥北丹凤街北首一零五号,与王宜卿开设纬十二路之义兴恒,与义兴公仅一字之差,据调查义兴公囤积煤炭,专备由小清河私运出口,最近以羊角沟盐警队用炭之名义,于二旬之间,私运煤炭十五六船之多。

(2)人和栈,经理张凤亭,系公会主席王宜卿之表兄,原在博山开设

---

① 参见《济南市炭业界纠纷情形之经过及公会黑幕》,1940年12月4日,济南市档案馆藏历临76—1—43。

人和栈，并充任博山炭业公会主席，事变后歇业来济，由王宜卿出资，在东流水北首启盛街九鹤阿胶厂内，租房三间，院内积子石约有十吨，锨磅均无，一望而知其并非营业，据调查该号分炭甚多，国际公司运输账簿可查可证，大都经由站上，整车高价售于非会员炭商，或由王宜卿之义兴恒代卸。

（3）志诚，经理魏某，系公会雇员李子光外甥，并系李子光出资经营者，据产销公司广告，刊明开设北小门街六八号。查得该街，该号租房有门面二间，柜房一间，存货三五吨，但实际上该号每月所分之炭，均积存天桥东街成通纱厂前路东复盛和号内，门首钉有木牌可查，据调查该号亦系由水路私运出口，与前述之义兴公勾结。

（4）镇兴东，经理王某，系产销公司要员张叔衡新设，现开设升官街十三号，租房五间存货不过半吨，一人守门，磅秤锨锹全无，该号即系张叔衡投资，近水楼台，分炭既多且易，但如何销售，尚未调查明白，要亦不出走私二字。

（5）衡利、经理不详，亦为产销公司之张叔衡新设，顾名思义，思过数知，据产销公司广告，刊明开设大布政司街五十三号，但查得该房屋面不配作贮炭场。

（6）裕大、经理叶明轩，系产销公司职员齐景三之婿，副经理张子凡系张叔衡之本家，据调查系齐景三新设，按产销公司广告，系开设按察司街，但实际则附设于县东巷一二号汉记成衣铺内，门面二间，柜房一间，存货不过半吨，有十五六岁之小孩子看门，该号所分之炭，均卸于天桥南志兴东内。

（7）玉隆、经理贾玉航，与张叔衡各出资一半新设富官街，于空地用铁蒺藜圈起，钉筑木板屋该处存货，系张叔衡粗广茂之货，至玉隆分得之炭，则全部运存小纬北路铁道北街之本号内。

（8）志成，经理不详，系产销公司职员王仲山新设，据产销公司广告，开设小北门里，但遍查该街并无此号，实际上，该会附设纬二路北首东和公内，门首钉有志成货栈木牌可查。

（9）聚成公，经理系趵突泉一街贩，分得之炭均卸于大马路益盛栈内该贩与王宜卿有密切关系。

（10）恒和栈，经理周蕴山，系事变后与王宜卿有秘密关系，故得加入，所谓秘密者均有送礼，或交换条件也。

由于前述之情形，显与救济城内煤荒之宗旨不符，不惟影响于用户之公益，且更见营私舞弊之事实，查炭业界之失业者，将近一百七十余户，不但不图救济，反假借救济城内煤荒为名，而自行渔利，此急应查明罚办者一也。

对于八十三家炭商之黑幕，调查结果为：

（1）东升栈，住经四路纬一路，经理王焕章，虽被指定而因管理固守，不善迎奉，分车甚少，以致进行困难，于去年六百五十元将图章价卖于聚兴昌王立奎，其未被指定者自勿待言，纵被指定，如不得炭业公会会长王宜卿等之欢欣，或未有权富有传之运输，亦不易分得煤炭也。

（2）广源成，住乐山街，经理崔凤林，虽被指定图章，竟被炭业公会会长王宜卿强行扣去，介绍由义记耿仙洲价买，堂堂指定，竟成买卖之品实构成抬高物价私行囤积之局。

如炭业公会会长王宜卿者，自充会长，不但不加督察，反而从中渔利，似此依权舞弊行为，实为法律所不许。

（3）三义成，住杆石桥外路北，经理潘兴隆，与东升栈情形相同，会长王宜卿以为有机可乘，乃介绍将图章押于恒聚泰曹寿春（押款八百元以三个月为期）每月并由恒聚泰负责，交付三义成煤三十吨，以维持三义成之营业，现已过期十个月，潘兴隆以曹寿春煤不照付，图章亦交回，乃勾介绍人王宜卿交涉王自知情形曲，乃托炭业公会委员张玉山等负责，向潘谋交涉中。

（4）大成东，经理王景山，原在北小门经理炭业，后因故被累，逐移于麟详街同生里，被指定为会员炭商，会长王宜卿乃将大成东收为己有至今对外不承认商号，而产销公司广告栏内，载有大成东之商号，住麟详街同生里（电话四四六号）且电话四四六号，为山东时报社装用，而王景山向会长王宜卿交涉，王宜卿竟不承认有此商号，于此可见济南市炭业公会之蒙蔽情形也。

（5）公兴泰，住新马路，经理陈子臻，于事变前早已停止歇业多年，在产销公司指定时，亦未复业，又无经营税，而竟被指定为贩卖商，无从证缴纳营业税，而一般非会员炭商，无从证明营业不能继续请求歇业时，既不易批准，由此可见炭业公会营私操纵之结果，而构成济南市政治之不平等。

由于前述之调查，深足证明炭业公会之把持操纵，不惟予非会员炭商以生存之打击且影响市民之煤价者尤巨，兹就现在济南全市居民五十万论每日用煤统计约四百吨，依照现在暗盘（每吨超过公定价格平均为二十元）每日商民因抬价暗盘而吃亏者计洋八千元，月须二十四万，至冬季尤甚，据统计全年须吃亏五百万元之多，此种暗盘主持者为会员炭商，操纵者为炭业公会，事实昭然，无可掩饰，如不及早设法救济，恐将演成社会种种不安之现象，欲求救济之方，一曰遵照同业公会法，在同一区域内，营同样职业，经会员之介绍，或交付保证金，即皆得为会员，不以把持舞弊之九十三家为限，二曰严守公定价格，卖给用户，不准暗盘抬价，剥削商民。

但欲兴此利，必先除弊，经此少数公会员王宜卿李子光等上下其手病商殃民，而使中华人民发生疑虑，该公会员司之罪状不小，拟请先将上列九十三家黑幕按户清查而罚办其从中舞弊之人物，不从炭商与居民蒙其福利，况此炭业公会应察炭商入会之是否合格，不能论开单列名之先后，先列名者，果有病商殃民之事，不但消除其会员资格，又当依法罚办，盖少数奸商，暗盘抬价，而社会一般人民，不明真相，转疑为统制法之不便，是不能不据实揭穿，以惩奸刁而利商民全体者也。[①] 整个炭业界矛盾纠纷案结果显然。

1939年，机器缝纫业同业公会会长李传谟呈文诉讼成衣组会员丁玉

---

① 参见《济南市炭业界纠纷情形之经过及公会黑幕》，1940年12月4日，济南市档案馆藏历临76—1—43。

村、吴慧吉、范岐昌等及缘鞋口组会员张学曾四人,认为他们抗不登记、不遵价目表,屡经劝导不惟不遵,反对调查员口出不逊等情事。据此查丁玉村等实系有意破坏同业团体,违反职会规则。倘不严加训斥,有碍会务前途,请求官署严办,并详细列举违反会规会员名单①,见表7—7:

表7—7　　　　　　违反会规会员名单一览表

姓名	年龄	籍贯	商号	地址	违纪缘由
丁玉村	40	山东省历城县人	中华泰成衣店	望平街八九六号	抗不登记
吴慧吉	35	山东省章丘县人	惠东号成衣店	县东巷十六号	抗不登记
范岐昌	47	河北省人	同合义成衣店	通惠街十六号	抗不遵照会规侮辱公会名誉
张学曾	29	山东省历城县人	缘鞋口作坊	府门前六号	抗不登记不遵会规

资料来源:《呈为会员丁玉村等违反会规恳请鉴核严加训斥由》,1939年12月,济南市档案馆藏历临76—1—21。

矛盾一度激化,市公署派社会科调查,据社会科科长呈文,据本市机器缝纫业公会呈以同业丁玉树等四人扰乱会务破坏团体请予鉴核严加惩处等,职以该丁玉村等均系缝纫工人,知识浅陋,对公会之意义必不了然或不遵会章或信口雌黄,亦所难免,当拟传召来署面加开导,以求息事宁人。讵丁玉村、吴慧吉、张学曾三人屡传不到,显系藐视官署目无法纪,殊堪痛恨。伏思公会之组织乃政府所特许,不惟福利商民且便于宣达政府之命令,凡属同业均应加入。该丁玉村等以其藐视官署之态度,可知其扰乱会务,绝非虚构。倘不予以惩处,难免不群起效尤,长此以往何堪设想②,请公署决断。于是济南市公署请求山东省警署协助办理此案,"案查前据本市机器缝纫业同业公会呈称为呈请事云实为德便等情形附呈违反会规名单到署据此查,本署初以缝纫工人多属知识浅陋,对公会意义必不明

---

① 《呈为会员丁玉村等违反会规恳请鉴核严加训斥由》,1939年12月,济南市档案馆藏历临76—1—21。
② 《调查机器缝纫业同业公会会员丁玉村等签呈》,1939年12月,济南市档案馆藏历临76—1—21。

了，原本分别传令来署，面加开导俾双方之误会化为冰释。据该丁玉村等竟屡传不到，其顽固之极可以想见，藐视官署殊堪痛恨。除指令外相应检同违反会规会员名单，函请贵署查照转饬该管分局勒令该丁玉村等四家即日停业而罪法纪"①。山东省警察署接到济南市公署公函后，随即展开调查，并于1940年2月12日向济南市公署复函称：贵署社字第九四号公函略开，据机器缝纫业同业公会呈称据调查员报告，会员丁玉村、吴慧吉、范岐昌、张学曾四人抗不登记等情函请查照转饬该管分属勒令该丁玉村等即日停业以儆效尤而肃法纪并祈将办理情形见覆等因准此，当经本署派员调查，除丁玉村住址不符无从传唤外，其余吴慧吉、范岐昌、张学曾情愿入会，唯有会费稍有争执等情，当即饬令该吴慧吉等从速赴会登记外相应函复。②

济南市公署接到山东省警察公署公函后12月17日向机器缝纫业同业公会训令指出：转函山东警察公署勒令丁玉村等即日停业在案，兹准复函略开丁玉村住址不符无从传唤，其余吴慧吉、范岐昌、张学曾情愿服从会规，请往宽免究等由，准此查该吴慧吉等既已悔悟，应予以宽恕以示体恤。令仰该会饬知该吴慧吉等速到会登记，如有再犯严惩不贷。③ 至此，持续数月的机器缝纫业同业公会会长李传谟状告会员丁玉村、吴慧吉、范岐昌、张学曾等扰乱会务案才得以结案。

上述案件纠纷堪称地方政府监管与解决纠纷的典范案例。以下是对济南工商业组织纠纷解决途径的深入调研见表7—8，值得注意的是，这些纠纷材料仅为当事人向济南市政府提交的冰山一角，实际发生的纠纷案例远不止此。

---

① 《据机器缝纫公会呈以会员丁玉村等破坏团体等情函请查照勒令该民等停止营业由》，济南市公署公函社字第94号，1939年12月19日，济南市档案馆藏历临76—1—21。
② 《山东省警察公署公函》，特字第110号，1940年2月12日，济南市档案馆藏历临76—1—21。
③ 《前据该呈报会员丁玉村等抗不登记请予惩办一案已经函准省警察公署函复以吴慧吉等均已悔悟请勿追究等训令知照由》，1940年12月17日，济南市档案馆藏历临76—1—21。

表7—8　　　　　　　　地方政府主管部门解决纠纷一览表

序号	纠纷主体 甲方	纠纷主体 乙方	纠纷事由	主管部门	解纷的途径与手段	解纷效果
1	李传谟	丁玉村等	1939年12月，因违反会规纠纷	济南市公署、警察局	传讯，调解	达成和解
2	李梦庚	王宜卿	1930年9月因营私舞弊纠纷	济南市公署、山东省公署	彻查，调解	达成和解
3	李兆平	李青年等	1930年7月18日，因擅闯工厂行凶纠纷斗殴	济南市公署、警察局	传讯，调解	达成和解
4	李朝福	周凤珠等	1942年11月21日因扰乱市场纠纷	济南市公署	彻查，调解	达成和解
5	颜海峰	李元贞	1942年8月因不交会费纠纷	济南市公署、社会局	彻查，调解	达成和解
6	张海亭	陈玉奎等	1942年11月20日，因强收会费纠纷	济南市实业科、社会科	追缴圆记，调解	达成和解
7	李福生等5人	梁树林等	1939年9月13日因私霍会费纠纷	济南市公署	调解	调解未果，重新改选
8	焦兆成等6人	赵伯芳等	1941年8月1日，因违法成立组织纠纷	济南市公署	调解	调解未果，停止会务
9	赵靖远	任广远	1941年3月31日，因破坏会规纠纷	济南市公署	严惩，调解	达成和解
10	杨懋齐	禚韩庭	1941年5月2日，因私吞巨款纠纷	济南市公署、社会局	询问，调解	达成和解

资料来源：《为会员丁玉树等违反会规恳请训斥的呈文》，济南市档案馆藏历临76—1—21；《为炭业公会主席王宜卿把持操纵营私舞弊、致使煤荒价昂病伤害民、恳请钧鉴恩准彻查严办秉公改选以恤商民藉维市面由》，济南市档案馆藏历临76—1—43；《呈为群凶肆虐妨害业务之李青年等六人请求彻查惩处以维会务由》，济南市档案馆藏历临76—1—77；《为周凤珠等不法之徒扰乱公会请传究的呈文》，济南市档案馆藏历临76—1—77；《为呈诉铜锡业公会会员天聚永拖欠会费抗不交纳请传讯究办由》，济南市档案馆藏历临76—1—80、历临76—1—82；《呈为理事违背法令请转函警署饬警传讯由》，济南市档案馆藏历临76—1—84；《为复利福生等呈诉不符之处恭请鉴核由》，济南市档案馆藏历临76—1—84；《为赵伯芳等假冒名义成立茶馆同业公会茶馆各家不知情联名呈请批示由》，济南市档案馆藏历临76—1—110；《呈为同业私自落价破坏规则请予严加处分由》，济南市档案馆藏历临76—1—154；《为经手收纳各项垫款自应分项办理除将账目递交杨懋齐外理合报请备查由》，济南市档案馆藏历临76—1—132。由以上各号卷宗整理制作。

同业公会在运营管理中处理纠纷的一个显著特征，便是这些纷争多依赖于地方政府的直接介入。换言之，纠纷的化解过程离不开官方的深度参与，且从调解效果观察，双方最终达成和解的案例相当普遍。这一现象合理诠释了当事人在面对争议时，为何更倾向于选择官方介入作为解决途径，而非通过司法程序，深刻体现出对官方调解能力的信赖与认可。

结　语

　　同业公会的兴起，是近代中国独特社会经济背景下的制度创新典范。回溯历史，中国传统的公所、会馆在晚清时期经历了深刻的近代化转型，逐步孕育了近代同业公会的雏形。进入民国时期，新兴行业如雨后春笋般涌现，催生了大量新型行业组织。在政府的积极推动下，传统会馆、公所纷纷顺应时势进行改组，促进了近代同业公会的蓬勃发展。从1904年晚清政府颁布《商会简明章程》开始，到北京政府于1915年、1918年、1927年相继推出《商会法》《工商同业公会规则》《工艺同业公会规则》等法令，再到南京民国政府于1929年将《工商同业公会规则》升级为《工商同业公会法》，这一系列法律文件的出台为同业公会的发展提供了坚实的制度保障。1949年新中国成立后，同业公会逐渐融入工商联体系，其原有功能也随着社会主义改造的深入而逐渐淡化，并最终退出了历史舞台。可以说，同业公会是中国现代化进程中的重要参与者与见证者，它圆满完成了时代赋予的历史使命，成为研究近代中国社会发展与变迁不可或缺的关键视角。在不同的发展阶段，同业公会展现出多样化的形态，同时在社会发展的各个领域发挥着多元化的作用。

　　济南，作为中国首个自开商埠的省会城市，地理位置极为独特。在晚清至民国时期的政治风云变幻中，因其地缘的特殊性，地方政治格局展现出异于其他省会城市的独特面貌。济南同业公会置身于这一特殊历史背景下，其组织形态的演变深受政权更迭与政治格局变迁的直接影响。

　　济南同业公会是中国近代化进程中的重要成果。公会的组织形式多借鉴欧美及日本等国的先进模式，而非沿袭传统的"会馆""公所"制度，是一种新型工商行业社团组织。

在济南，同业公会的组建坚持自愿原则。尽管部分公司、行号在政府部门或商会的多次敦促，乃至严厉训诫下才成立同业公会，但公会的筹备与组建工作始终由民间工商业者自主承担，政府机构并未越俎代庖。因此，济南同业公会的组建，始终保持着自下而上的民间自发性，而非由上而下的行政强制性。

在经费的筹集与运用层面，济南同业公会秉持自筹资金、自主支配的原则。其中，会员的入会费用以及常设的运营费用构成了经费的主要支柱，确保了公会日常运作的顺畅进行。为了进一步拓宽经费渠道，部分同业公会还积极探索通过经营盈利性事业来增加收入，但这些盈利所得主要被导向慈善与公益事业，而非单纯追求经济回报。经费的这种相对独立性，对于维护同业公会的民间性质，以及确保其行动始终围绕维护行业利益这一核心目标，具有深远的意义。

同业公会中构建了蕴含内部权力监督与制衡机制的执监事制度。在会员大会、执委会及监事会等核心组织机构的引领下，同业公会成功汇聚了同业会员的广泛意见，从而形成了具有行业共识的决策，并有力维护了行业的整体利益。此外，同业公会内部还建立了完善的议事、选举与调控制度，能够灵活应对行业发展的瞬息万变，精准调整内外政策，以持续捍卫行业的共同福祉。同业公会所构建的权力运作架构，深植于实力与民主两大基石之上。相较于旧式行会组织那略显朴素的民主氛围却难以制度化的状况——如司年、司月等职务的频繁轮换与决策执行中的随意性——同业公会的制度建设则显得尤为完备。在这里，会长、理事与监事各司其职，分工明确且细致入微。正是这些努力，构筑了同业公会赢得同业广泛信任、汇聚行业强大力量的坚实组织基础。

作为新式社团组织的一员，济南同业公会并未像上海、汉口、苏州等城市同业公会一样享有高度的自治权，其运作始终受到政府多层次的严密监管。政府对同业公会的监管体系，具体涵盖了组织程序、运作机制、日常业务及矛盾纠纷处理四大核心领域。

回溯至民国时期，政府对同业公会的组织程序监管展现出一种逐步加强、细化和规范化的趋势。起初，相关法律规定较为宽泛，多停留于宏观指导层面，缺乏具体操作性。然而，随着时间的推移，各类规定与限制逐渐细化、深入，并趋于严格，构建起一套日益完善且严密的法律监控网络。在这一背景下，同业公会原本享有的部分自主权利逐渐受到侵蚀，其活动范围与决策空间被政府力量所严格界定与限制，从而被更加牢固地置于政府的监管之下。

在济南同业公会中，运作监管与日常业务的体现尤为显著。政府部门对同业公会的行政控制，主要通过细致的指导与严格的监督来实现，其核心手段在于全面检核报备材料，涉及会员名册、职员名单、章程、人民团体总报告表、会员大会决议、办事规则、经费收支等团体活动的各个关键领域。

此外，政府部门还积极敦促同业公会的成立，及时回复提案，并有效催缴欠费，这些措施同样构成了行政监控的重要组成部分。然而，相较于检核报备材料的纯粹管理性质，后几项手段更多地融入了为社团服务的元素。值得注意的是，政府部门在拒绝那些企图扩张权力、可能损害政府权威的同业公会提案时，态度坚决。同时，同业公会也并非完全受制于行政控制，他们巧妙地利用政府权力实现自身目标，从而在两者之间形成了一种微妙的互动关系。正是基于这种互动，同业公会得以充分发挥其应有的功能与作用。

总体来看，济南同业公会组织形式的"现代性"与其受监控程度的严密性，这种表面上的矛盾状态实则是中国多数城市同业公会所共有的普遍现象。毕竟，如上海、汉口般经济发展水平高且深受西方外来文化冲击的城市在中国近代史上尚属少数，这些城市中同业公会的特性难以全面反映同业公会的普遍特征。工商社团组织所展现的这种矛盾性，实则根植于中国的历史传统与现实特点之中。换言之，在中国近代特定的政治环境下，济南这种类型的同业公会才更为普遍和典型。

济南同业公会，自民国时期正式组建以来，历经沧桑，直至新中国成立初期一度隐匿于历史长河之中。然而，随着改革开放的春风拂面，它再次焕发生机，蓬勃发展，展现出了强大的生命力。党的二十届三中全会高瞻远瞩，明确指出要深化行业协会商会改革，进一步健全社会组织管理制度，为新时代新征程的社会组织发展指明了方向。在这一背景下，为了充分调动一切积极因素，汇聚磅礴力量，共同参与到中国式现代化建设的伟大征程中来，我们必须致力于构建完善的社会组织运行机制。这一机制应当既能够保障社会组织自身运行的高度自治权，激发其内在活力与创造力；又能够实现与国家监督权的有机融合与统一，确保社会组织在健康有序的轨道上稳步前行。唯有如此，我们才能在新时代的浪潮中乘风破浪，开创社会组织发展的新篇章。美国法学家罗伯特·A. 克拉克强调："在很大程度上，一个秩序井然的社会取决于自治与他治的结合，学者应当勇敢面对这个观点，然后在决定最佳的组合所设计的原则方面，研究能够获得什么样的成果。"[1] 一方面，确保社会组织享有充分的高度自治权至关重要。若缺乏自治，社会组织将无法发挥应有的价值和功能。为此，需确保社会组织在内部治理上具备自主与自治的能力，这涵盖组织机构设立的自主性、机构成员选拔的自主性，以及内部运作的自治性。另一方面，关于社会组织的外部监督，其核心并非实施直接而全面的干预，而是在赋予其高度自治权的基础上，通过立法监督、登记管理、司法审查等手段施加外部制约。因此，在处理社会组织自治权与国家监督权的辩证关系与深度融合时，关键在于将国家监督权控制在合理范围内，实现从直接干预向间接监督、从具体管理向宏观管理、从事前严密控制向事后约束的转变。在中国式现代化全面推进中华民族伟大复兴的关键时期，我们需致力于实现社会组织自治权与国家监督权的高度统一，既要"放得开"，让社会组织充分发挥活力，又要"管得住"，确保其运作的法治化与规范化，进而有效激发社会组织的内生动力与创新活力。

---

[1] ［美］罗伯特·A. 希尔曼：《合同法的丰富性：当代合同法理论的分析与批判》，郑云瑞译，北京大学出版社 2005 年版，第 268 页。

附录　部分同业公会业务规则

济南市制鞋业同业公会整理业务暂行规则

第一条，本公会以增进同业公共之利益及矫正营业之弊害为宗旨。

第二条，各制鞋业商号对于一切设备及工作所属器具均须完善清洁以重卫生。

第三条，凡在济南市区内现有之制鞋店，经公会册报市公署有案者，须由公会制发证章以示区别而便查考。

第四条，凡市区所属商埠村镇之经营制鞋业者，由会员二人之介绍。经董事会议许，可发给入会证，方得为本会会员。

第五条，各制鞋店，如有迁移情事须先报之公会存案。

第六条，无论新开旧有之制鞋店，非公会之入证不能执行业务，否则以违反规则论由公会呈请官署勒令入会。

第七条，各会员商号得依照本会公议等级价目施行，不准私自升落，如不遵行者即以五元以上二十元以下之处罚。

第八条，各制鞋店使用之工人工徒，除报户籍外，须一律报告公会登记，不准私自用人，倘有不遵者，一经查出以违反规则论处，以五元以上二十元以下之罚金。

第九条，凡新开业者，入会时须交纳登记费洋五元，工人入会者须交纳登记费洋五角，证章费洋壹元。

第十条，本会收入各费，除办公开支外，余款存作同业老弱无能之工人疾病医疗、死亡埋葬之用，但如何开销必须公布通知。

第十一条，凡制鞋店使用工人，倘有品行不端及染有不良嗜好者，一经查出即取消其执业资格。

第十二条，本规则呈准之日始行之。

第十三条，本规则如有未尽事宜，得随时修正之。

中华民国三十年十二月二十四日

济南市蔬菜业同业公会整理业务暂行规约

第一条，本规约依据本会章程第四条订定之。

第二条，凡本会会员除遵守本会章程外，均须依据本规约经营业务。

第三条，凡会员批发各种蔬菜时，须按照公会标定之价格，以免操纵市价之弊（肩担贩卖者不在此限）。

第四条，凡批发各种蔬菜，须以公会设备之衡器为标准。

第五条，本会有代客买卖之义务。

第六条，本会为代客买卖，免除短量掺杂取巧种种弊害并主张公道起见，得派员分赴各蔬菜交易所专司检查衡量之责。

第七条，本会得于会员售卖后酌收百分之四以作会费。

第八条，凡机关或友军方面如有委托种植及购买大宗蔬菜时，由公会负责办理之。

第九条，凡会等均须遵守本会规约，否则送请官署惩处之。

第十条，本规约如有未尽事宜，得由董事会议议决修正之，惟呈报官署备案后方生效力。

第十一条，本规约自呈准之日施行。

中华民国二十九年八月七日

济南市棉业同业公会同行规约

第一条，各花行以代客买卖居间抽佣为主要业务，但亦可自行运销花衣及设立仓库营业。以上营业无论现货期货各家均不得自己买存卖空，如有自己实买实卖等事，亦得照行规章程纳佣，以维同业之信用而免意外之亏累。

第二条，凡花行经手买卖遵章收佣二分，对于买客卖客不得丝毫包佣，如有包佣行为一经同业查出按包数加十倍处罚。

第三条，各行成交现货买卖两方各出单据以作凭证，免致因市价涨落发生纠葛。

第四条，买卖过磅时各行办事员会同过磅往往有要求加改磅码于中取利等事，此种陋习于花行信用有疑，同行议决一律拒绝。

第五条，各花行经手买卖包数，每月底结算一次，须按实际报告不得隐匿以全同行义气。

第六条，各花行所抽辛用，每到月底按账结算，每百斤应提大洋一角以作同行公积金由开会公议指定银行存储生息，如遇有需用必要时须由公会召集开会公决，至公积金所生利息应作公会费用及其他公益之用。

中华民国一十九年十月十七日

济南市理发业同业公会整理业务暂行规则

第一条，本规则根据公会章程第二条规定订定之。

第二条，各理发业店必须时刻扫除污秽器具，尤应以药水酒精之类消毒理发，工人须身穿白色外衣及口罩以重卫生。

第三条，济南市区内现有之理发店，经公会册报市公署有案者，经公会制发证章以示区别而便查考。

第四条，凡市区所属商埠城镇之经营理发业者，不分性别由二人之介绍，经董事会议许可发给入会证方得为本会之会员。

第五条，凡设立理发店即迁移者必须距离旧有店址十五佰门牌以外，市场内八佰门牌以外（如在交叉拐角马路对过以纵横计算），否则以违犯规则论，即由公会呈请官署予以制止。

第六条，各理发店如有迁移受盘让盘之情事，应先报告公会存案。

第七条，理发店有转租他接营者，得以一月之租价交公会出兑者以百分之二抽费统交公会补助办公之用。

第八条，无论新开旧有之理发店，非有公会之入会证者不能执行业务，否则即以违反规则论由公会呈请官署勒令入会。

第九条，各会员得依照本会议定等级价目定价，不准私自更改升落，如不遵行者，即以违反规则论由本会呈请官署处分，上街包活者同。

第十条，各理发店使用之工人工徒除报户籍外，须一律报告公会登记，不准私自用人，倘有不遵一经查出以违反规则论处以五元以上二十元以下之罚金。

第十一条，本会从前收取会费办法分为六等，甲等月纳一元五角，乙等月纳一元，丙等月纳七角，丁等月纳五角，戊等月纳三角，己等月纳一角。

第十二条，本会收费除办公正当开支外，余款存作购回本会房屋、置买坟地、设立学校，维持同业老弱无能工人及疾病医疗死亡埋葬之用。

第十三条，凡各理发店使用之男女工人，倘有品行不端及染有暗疾不良嗜好者，一经查出呈请官署立即取消其执业资格。

第十四条，凡在澡堂内执行理发业者，均应遵守本规则。

第十五条，本规则如有未尽事宜，得随时呈请修改之。

第十六条，本规则自呈请之日施行。

中华民国二十八年八月二十九日

济南市刻字印刷业同业公会整理业务暂行规则

第一条，本规则依据本会章程第四条所载各事项订定之。

第二条，凡本会会员除遵守本会章程外，得依照本规则办理。

第三条，凡在本市区内经营刻字印刷业者，无论新开旧设须经公会登记转报注册方为正式会员，其不履行登记手续者即呈请主管官署制止设立。

第四条，凡会员登记时须填具申请书并同时缴纳登记费国币　元角。

第五条，凡同业技工均应遵照本规则第四条所载手续办理登记，其未经登记者不得接受同业家之雇聘，无业师者不予登记。

第六条，凡会雇聘技工或辞退技工时须报告公会，如未经登记及无业师者均不得雇聘。

第七条，凡同业技工无论其已否登记注册，概不得接受非同业之雇聘，倘有违背者从重议罚。

第八条，凡会员商号均得依照本会公议价目营业，不准私自更改升落，查有操纵破坏规则者从重议罚。

第九条，凡接受官署刊刻大宗关防及乡镇圆记，须经公会验明负责以昭慎重，但须于价目内提出二成补助公会公费。

第十条，凡会员不准接受红样（即仿刻伪章），倘有私自刊刻者发觉或查出时定即请主管官署按律治罪。

第十一条，凡会员商号收徒时须由其家长备具连环保单二份，一份送公会，一缴本号存查，如版图改业或发生意外事端，概由铺保负完全责任并应追缴伙食费，每日以三角计算，须报知公会备查。

第十二条，凡会员商号如有学徒期满者，须报知公会登记转报注册，否则不准执行业务。

第十三条，本会员及技工人等如有品行不端破坏公会名誉及不遵守本规则者，会中予以相当之警告，如三次仍不悔改者，即呈请主管官署取消其执业资格。

第十四条，本会所收会费，除办公及正当开支外，余款存储于殷实商号备作救济老弱无能之同业疾病死亡或倡办公共事业之用。

第十五条，本规则如有未尽事宜须得随时增添修改之。

第十六条，本规则自呈准之日施行。

中华民国二十九年二月

济南市黑白铁业同业公会会员商号整理业务暂行细则

第一条，本规则根据公会章程第二条之规定订定之。

第二条，凡市区内经营黑白铁业者经同业二人介绍并经董事会议许可，由会发给入会证得为本会之会员。

第三条，市区现有之黑白铁商号领取入会证后，所有经理人皆须领本会制就之证章，随身佩戴以示区别。

第四条，无论新开旧有之黑白铁商号均须加入本会为会员并遵守本会章程，如有违反章程者得由会员大会予以除名。

第五条，凡本会会员商号使用之工人工徒均须一律报告注册。

第六条，凡收学徒以四年为期，衣服由学徒人自备并须具妥实铺保立志愿书一份交公会备查。

第七条，凡欲歇业者除向主管官署申请歇业外，须报告缴回入会证及证章。

第八条，商号迁移者须将原住地址及迁入地址报明会内以资更改名册。

第九条，商号转租他人得双方具保来会声明以便换名注册。

第十条，各同业家如因包活过多，工人不敷应用时刻由同业家彼此请借，然必须按会中订定之价目发给工资，工资数目如下（每日工资1.8元）。

第十一条，凡本会登记之会员有被他人阻抑其营业者，由公会负责调处之货呈报官署予以处理之。

第十二条，同业家如因营业与同业发生纠纷时均得将理由据实陈明，本会据理和平调处之。

第十三条，本细则经会员大会议决呈准市公署备案后，凡黑白铁业会员商号均须遵行之。

第十四条，本细则如有未尽事宜得随时呈请修正之。

第十五条，本细则自呈准之日施行。

中华民国二十九年十一月

济南市茶馆业同业公会整理业务暂行规则

第一条，本规则依据本会章程第四条所载各事项订定之。

第二条，凡本会会员除遵守本会章程之外得依据本规则办理。

第三条，凡在本市区域内经营茶馆业者无论新开旧设须经公会登记转报主管官署注册方为正式会员，其不履行登记手续者得严加取缔。

第四条，凡有新设立茶馆者，其主体人得向本公会报告，由公会派员查勘其设立地点是否需要，总期与旧有茶馆距离相当各不妨碍营业为原则，其闭歇时亦须报告公会备查。

第五条，会员与会员或与非会员若发生纠纷时由会内公平解决之，如不能解决时由本会报请主管官署裁判之。

第六条，会员等如因疾苦或不得因事故将业务闭歇，无力继续进行时，经本会查明属实时，得予以款项之接济，业务发还时须将接济之款分期偿还并不收取利息。

第七条，各会员须遵守会章按月交纳会费不得拒绝推诿有碍会务之进行。

第八条，各茶馆需用之火炉、水壶务要整洁，水缸加以木盖，每日刷清一次以维清洁。

第九条，各茶馆室内须力求整齐不得柴炭狼藉以防发生火警。

第十条，各茶馆需用之凉水以自来水及清洁之井泉水为标准，如苦盐浑浊之水不得汲用以重卫生。

第十一条，关于清洁卫生各事项，须由会派员赴各处检查指导以资改善，如不听指导时应呈请主管卫生机关取缔之。

第十二条，凡会员各家售卖熟水，必须沸开，不准以温水冒充之。

第十三条，各会员倘有违背本规则各条之规定时，得呈请主管机关从严议罚或停止其营业。

第十四条，本规则如有未尽之事项得随时议决呈请修改之。

第十五条，本规则自呈准之日施行。

中华民国二十九年七月十六日

济南市机器缝纫业同业公会执行业务规则

第一条，本会为增进同业之公共利益及矫正营业之弊害为宗旨。

第二条，各机器缝纫商号对于一切设备及工作所需器具均有须完善清洁以重卫生。

第三条，凡在济南市区内现有之成衣店即缘鞋口商店，经本会册报市公署有案者，由公会制发证章分给会员佩带以示区别而便查考。

第四条，凡设立机器缝纫商店及迁移者，必须距离旧有商店地址在公步七十步以外，市场内以八个门牌以外，否则以违反规则论即由公会呈请立予制止。

第五条，各机器缝纫商店如有迁移情事须先报知公会以便据报转呈市署备案。

第六条，无论新开旧有之机器缝纫商店非有本会之登记证不得为本会会员，倘有破坏同业行规及侮辱本会名誉者，应即呈请市署停止其营业。

第七条，各会员商号得依据本会公议等级价目不准私自更改任意涨落，如抗不遵行即以违反规则论即由本会呈请处分之。

第八条，凡新开业者入会时须交纳登记费洋二元，工人入会者须交纳登记费洋壹元，证章费叁角。

第九条，本会缘鞋口组公议凡作坊招收徒弟得由该徒弟家长及介绍人立给字据，以四年为限，期限未满不准自由出号，违者处罚。

第十条，本会成衣组议定历年祭祖各段办事人轮流值年演戏敬神，庆祝人皇大地圣诞，无论经理工师学徒一律休息一日，违者照章处罚，如有不法会员不受指挥即以违犯行规论由本会呈请罚办。

第十一条，本会成衣组议定，成衣店招收徒弟得由荐师人引进以五年为限，双方订立字据，期限未满不准自由出号，违者处罚。

第十二条，本会成衣组议定徒弟学艺限满出师，不准在本街设立生意，若有无耻之徒抗不遵守者，以违犯行规论由本会呈请市署罚办。

第十三条，凡入会成衣商店及缘鞋口作坊所收徒弟未满学艺年限，私自出号者同业商店不准收用，倘有明知故违以破坏行规论呈请处罚。

第十四条，本会收费除办公正当开支外，每月月终公布一次，其结余款项留作维持同业老弱不能自谋生活之工人以及疾病医疗等费之用。

第十五条，凡成衣店及缘鞋口作坊使用之工人，倘有品行不端，染有不良嗜好者，一经查出应即呈请取消其执业资格驱逐出号。

第十六条，本规则如有未尽事宜随时呈请修正之。

第十七条，本规则呈准公布之日施行。

中华民国二十八年十一月七日

济南市机器缝纫业同业公会整理业务规则

第一条，同业有不在会者，同仁应负劝导入会之义务，否则呈请取缔之。

第二条，同业各号应遵守本会规则，如有违犯者处经调查员查出，应受罚金处分开会解决之。

第三条，同业如有出师徒弟欲另设机营业者，须先在公会登记而后开张，以示尊重会规。

第四条，同业开会议定价目务须格外注意，各宜遵守不得无故破坏，如有只图私利妨害公益，不遵议定价格者。查出应予以相当之处罚。

第五条，同业必须先领议定价目表以便交易，不然不准营业。

第六条，同业将领到价目表应用镜框装置悬挂以示郑重并可增高价值。

第七条，同业如有贫困无力维持生活者调查此人忠诚应由公会设法补助之。

第八条，同业中如有生意赔累不堪者，公会须得设法出款若干，维持生意，其款或分几期待还并无利息。

第九条，同业中如有老弱不能回籍或亡于此处者，公会应得出款若干补助葬埋之货送原籍。

第十条，本会如有余款甚居，救济贫民一切慈善事业，无不竭力协助。

中华民国二十九年五月二十九日

济南市面食业同业公会规约

第一条，本会为调剂民食解除同业困难检否妨害卫生杜绝物价垄断并谋统一本市同业业务值进行以期裨益社会民生规定之。

第二条，凡本市经营面食业者均须加入本会。

第三条，凡会员所售面食均须遵守本会规定划一价格，不得高抬物价或操纵垄断，违者严加取缔。

第四条，凡会员制造面食不得掺杂米面及各种粗面，违者严加取缔。

第五条，凡会员制造面食务须力求清洁以及卫生，本会不时派员检查，违者严加取缔。

第六条，不入会私行制造或已入会不遵定价任意增长者查出严行取缔。

第七条，凡本会会员须遵守会章不得违反，如遇会员因营业发生事故，本会随时加以障俾得安心营业。

第八条，凡本会会员违反会章及规约者得按情节轻重由本会呈请官署予以惩处或勒令停业。

第九条，本会如遇重要事须召开会员大会，各会员接到通知后均须按时参加不得延误。

第十条，凡新设铺号须先报告公会，经调查核准后方准设立，如未经核准擅自开市者一经查出并严加取缔或勒令停止营业。

第十一条，凡会员迁移铺号或停业者，须事先报明本会经调查属实后方准实行，违者依章严罚。

第十二条，本会会员均须遵照会长按月交纳会费不得拖延。

第十三条，擅自新设铺号未经本会查明者得由本会员随时报告本会办理之。

第十四条，自本会办理登记完竣后仍抗不登记者，一经本会查明照章处罚或勒令停业。

第十五条，本规则如有未尽事宜得随时修正之。

第十六条，本规则自经呈请官署批准后施行之。

中华民国二十九年七月六日

济南市故物业同业公会规约

第一条，本约以整顿会众图谋改革期能维护同业合法权益计划公共营业发展为宗旨。

第二条，凡在本市经营故物之商人均得申请加入本会，唯一行为为正当风操事业者为限。

第三条，申请入会之故物商须觅具同业之介绍并缴纳登记费国币壹元，经本会审查合格许可后发给会员证书暨公会证章准为本会会员，但每一同业介绍不得超逾十人以资限制。

第四条，会员有遵守本会规约及服从一应决议之义务

第五条，本会会员不得买卖违禁品或来历不明物件。

第六条，本会遭人诬陷致其营业受损失或本身受灾害时，如确系无辜，本会当尽力为之营救昭雪以资保障。

第七条，会员若于中途改业或因事故退出公会时须将发出之会员证书证章缴销。

第八条，会员如有违反本约四五两条之行为得按其情节轻重提出警告或进行开除会籍，倘仍妨碍本会名誉时原介绍人不得不辞咎。

第九条，本会为会长制，以会长主持会务，代表全体负责人。

第十条，本会于会长下设常务董事四人，承会长之命助理一切会务，如遇会长缺席即由常务董事推举一人代理之，常务出缺则由现任董事内递补之。

第十一条，会长暨各董事任期为三年，期满改选举为名誉职，但因办理会务得以支给车马费，用其数目由董事会议决定之。

第十二条，本会为增加办事效率起见，得聘雇员役分任会计、文牍等职，每月酌给薪资。

第十三条，本会为谋会员便利计特商埠另设办事处，置常务董事二

人，司其事，其办事规则另定之。

第十四条，本会暨办事一应开支具由全体会员负担，其数目多寡按其营业状况分别订定之，以每月下旬为收款会费之期，由本会制给正式印据以资凭证。

第十五条，本会每月收支状况例于月终造具月报分致各会员俾便明了。

第十六条，本会关于政府出入除经常费用外，所有款项由会长指定保管之，非经董事会议通过不得擅自动用，惟如有正当理由不及提议者可于事后提出追认之。

第十七条，本会每年举行全体大会一次，其日期临时通知之，董事会例于每月一日举行，倘有紧急事故得召集临时会议，会员如有任何意见可向会中随时提出，但须经出席半数以上之认可始得施行。

第十八条，本规约于呈奉主管官署核准备案后宣布施行。

中华民国二十九年四月十七日

济南市棉纱业同业公会营业所办事细则

第一章　总则

第一条，本所办事细则（以下简称细则）依据棉纱业同业公会整理业务暂行规则（以下简称暂行规则）第四十九条之规定订定之。

第二条，本所业务遵照暂行规则第六条之规定须受济南市公署之监督。

第三条，本所收支保证金及证据金分存准备济南鲁兴、朝鲜等银行保存之。

第二章　组织

第四条，本所除依照暂行规则办理外，所长承董事会议决案斟酌执行所内一切事宜，并于所长以下设营业主任一人，承所长之命统系左列各股长分担事务。

一、总务股，股长一人，办事员若干人。

二、交际股，股长一人，交际员若干人。

三、登记股，股长一人，办事员若干人。

四、会计股，股长一人，办事员若干人。

五、鉴定组，鉴定员若干人。

第三章 职掌

第五条，总务股长职掌如左：

一、办理文书事项；

二、办理总务事项；

三、办理不属于其他各股之事项。

第六条，交际股职掌如左：

一、办理联络事项；

二、办理交际事项。

第七条，登记股职掌如左：

一、办理买卖登记事项；

二、办理表册、报告、统计、记载事项。

第八条，会计职掌如左：

一、办理会计事项；

二、办理以货借款事项；

三、办理保管货物事项；

四、办理买卖双方货物交付事项。

第四章 职员任免

第十条，本所主任及个股股长、办事员、鉴定员均由董事会遴选保荐，缮具简明履历及二寸半身相片一张，由所长任用之，呈请市公署备案。

第十一条，本所职员如有违背职守，营私舞弊及妨害本所名誉者，由常务董事会审查确实后，由所长撤换或依法惩处之，并报市公署备案。

第五章 市场代理人

第十二条，凡营业人为委派市场代理人时，须备函开具姓名、年龄、籍贯、住址、履历及相片经本所承认注册方为有效，市场代理人之代理权消灭或更换时，营业人须进行申请，本所注册更正后始生效力。

第十三条，本所认为市场代理人有扰乱市场秩序或妨害信用之行为时，得令其解职并禁止其入场。

第十四条，每一会员商号代理人之人数以二人至四人为限。

第十五条，市场代理人非佩戴本所发给之入场符号不得入场。

第十六条，市场代理人入场证章，如借与他人或让与他人时作为无效并应由本所收回之，如以上项情事发生交易上之关系时，其责任应由借与或让与者担任之。

第六章　交易单位叫价及价银

第十七条，交易之单位叫价及价格之单位分别如左：

品类	棉纱	棉布
交易单位	五件	二百匹
叫价	一件	一匹
价格之单位	二角五分	二分五厘

第十八条，交易物价之价款以通行国币为准。

第十九条，叫价以完税之货物为准，其税金在内。

第七章　交付

第二十条，现货交易自买卖成交之日起，最迟一日双方须将其买卖交付清楚。

第二十一条，交易之货物照本所定之契约期限并按照先组合之办法不得另用其他之办法，其交付日如左：

棉布于每月之月中月末；

棉纱交付在棉布交付之前一日；

交付日如逢星期或休假日时提前一日；

交付之前一日停止本期买卖，新期开市由本期交付之翌日起，但必要时得变更之。

第二十二条，本所之买卖宗旨，以交易时言明之牌号货物为交付之标准，均以现货为例。

第二十三条，交付范围兑除各交易者本期买卖之对等数量，只照其实际剩余数量实行交付。

第二十四条，行将交付双方须于本期最终买卖日下午一时以前，将交付物件之种类、商标、数量、所在地址、仓库栈单、号码、检查书号码及数量证书等报告本所，其在请求检查中者亦须载明之。

第二十五条，营业人交于本所之交付价金须以现款或经本所认为有付款保证之银行号支票为准。

第二十六条，交付物件之保管费以仓库栈单交付于买方之当日为止，自次日起保管费归买方负担。

第二十七条，卖方交于本所之交付物件以现货或仓库栈单为准，如系存货物品，其借款手续费须卖方先行清理。

第二十八条，卖方将物件之仓库栈单交于本所后，在交付买方以前该栈单记载之物件发生减失或损坏时，其减失或损坏之责任仍归卖方负担。

第二十九条，现货交付时如有残缺，以大残三角，小残二角，一寸者为大残，不及一寸者为小残，每个不超过四十层残为限。

第八章 市场之集合及交易方法

第三十条，市场之集合于每日午前一次，其成交时开本所于市场公布之，但必要时本所得变更时间或停止之。

第三十一条，本所除星期日休业外，其他临时遇有友邦纪念庆祝等休假日，休市日由本所预先规定公告之。

第三十二条，本所交易采用封买封卖之方法，应由买卖双方将商号数量价值及日期填写交换单交由登记股登记。

第三十三条，前条之交易于登记手续完备后方认为买卖成交。

第三十四条，本所认为市场字号买卖不稳及其他必要时不予登记，凡不予登记之买卖，本所概不负责管理。

第三十五条，营业人交于本所之支票不能支款时以未交款论，当令即改交现金以符信用。

附则

第三十六条，本细则如有未尽事宜得由董事会议决呈准市公署修正之。

第三十七条，本所遇有临时发生之事故，在本细则及暂行规则内无明文规定者，得由董事会议决所长处理之。

第三十八条，本细则自呈准市公署核准后施行之。

中华民国三十年一月二十三日

济南市建筑业同业公会办事细则

第一条，本细则依据本会执行监委员联席会议决案制定之。

第二条，本会最高权力机关为全体会员代表大会，但全体会员代表大会闭会后为执监委员联席会。

第三条，常务委员会处理日常事务，遇有重大事件得提交执监委员联席会决议后施行之。

第四条，常务委员会下设五股：

总务股——掌理一切文件收发、交际、调查、统计、报告、总务、会计等事项。

工务股——计划并调查各建筑工厂状况以及发展实业改良工具或工程做法，创设各种合作社等事项。

训练股——掌理会员之政治的、组织的、行动的、会务的各种训练及创设各种补习班、俱乐部等事项。

宣传股——掌理本会对内对外一切宣传事项。

组织股——掌理本会对内对外一切宣传转移、退会暨会员统计等事项。

第五条，上列各股设股长一人、副股长一人，均由执监委员会中选任之，但为人才起见亦可由本会会员中选任之。

第六条，照公会法之规定各委员兼任各股长均为义务职，但因办理会务的核实支给公费。

第七条，常务委员下暂设干事二人：

总务干事——秉承常务委员暨各股股长之命令总理日常事务。

助理干事——协理总务干事理科各股事务。

第八条，遇公务忙迫会务发展时随手酌量增加，办事员所聘任之干事暨事务员得酌给薪金。

第九条，各股长每日至少须来会一次，查阅并处理应办之事务。

第十条，本会如有重点事件发生时须经会员代表大会或执监委员联席会决议后得组织特种委员会。

第十一条，本会常务委员会定每月一日、十一日、二十一日为例会日期，执监委员联席会定每月一日、十六日为例会日期，全体会员代表大会临时由常务委员会规定之。

第十二条，本会各种会议除例会外，均于会前呈准县党部许可，于闭会后须将一切情况及决议案一律呈请县党部市政府备案。

第十三条，本会会员暨委员职员等对于召开各种会议，如无故缺席，不到二次者即以本会名义予以警告，三次者受应得处罚，但于事前通知者不限，此例具处罚条例另定之。

第十四条，本会办公时间除星期外，每日上午八时至十一时，下午一时至六时，遇有纪念日由主席临时公布放假，凡在办公时间各职员不得擅离职守暨会客，但因交洽会务者不限，此例如有特别事件须向主席或常务委员请假准许后方能离会。

第十五条，本细则如有未尽事宜由执监委员联席会修正之。

第十六条，本细则自决议备案后施行之。

中华民国二十年八月十八日

济南市白灰业同业公会会员共同贩卖所细则

第一章　总则

第一条，本规程依据本会章程第三条、第五条第四第五两项之规定订定之。

本所定名为济南市白灰业同业公会会员共同贩卖所。

第三条，本所以维持增进所员之利益及矫正营业之弊害为宗旨。

第四条，本所所址附设本公会会址。

第二章　组织及职权

第五条，本所所员以本公会会员充当之。

第六条，本所职员以本所所员担任之。

第七条，本所设所长一人，主持一切所务，以本公会会长担任之，设顾伟一人襄助所在办理所务，以本公会顾问兼任之。

第八条，本所设常务干事五人在所轮流值日，协助所在办理所务，以本公会新民分会副会长二人及常务董事三人充任之。

第九条，本所设干事十人，在本所轮流值日办理营业事宜，以本公会董事监事充任之。

第十条，本所设调查员若干人，以所员充任之，分别调查同业各家货物有无私售，货色有无蒙混事宜。

第十一条，本所设会计员二人，分掌货物出纳及金额出纳各种账簿。

第十二条，本所设文牒、缮书各一人，文牒员以本公会文牒员兼任之。

第十三条，本所所长顾问常务干事暨干事均为名誉职，但因办理营业事务得核实支给公费，文牒、会计、缮书均分别支给薪俸，调查员每于值日时支给饭费。

第三章　共同贩卖方法

第十四条，本所所员所有烧成之白灰统归本所售卖，所有用灰雇主均来本所购买。

第十五条，本所所员有之白灰不得自行售卖，但在五百斤以下之，零灰及自用之灰不在此限。

第十六条，本所按照白灰之等级所定之价目须依照原料及工资各价目之涨落随时增减，兹将现时所定各等级之价目表列左：

各等货色价目表

第级	一等	二等	三等
名称	原窑碛灰	半碛半末	粉灰
数目	每千市斤	每千市斤	每千市斤
价目	十四元	十三元	十元
备考			

第十七条，本所售灰之手续须由雇主先将灰价交清，然后由本所通知所员送灰。

第十八条，本所所员所发售之白灰须依照本所通知单内所注明之等级货色发货，不得蒙混假冒，违者照章处罚。

第十九条，本所所售之灰价由所员持送灰收据及领款收条来本所会计处领取，每五日领取一次。

第二十条，送灰脚力概由雇主担负。

第二十一条，送灰脚力之计算法均以本公会所规定之脚力价目表计算之。

第二十二条，本所营业费按照预算之总额，由各所员所售灰数之多寡比例分担之。

第二十三条，本所收支条款于每年度之终公布之。

第四章 会议

第二十四条，本所干事会，以所长常务干事暨干事组织之，其决议之方式与本公会董事会同。

第二十五条，本所所员大会以全体所员组织之，其决议之方式与本公会会员代表大会同。

第五章 罚则

第二十六条，凡所员发货，如有掺杂劣货混乱等级者，即照通知单所注等级之价目罚之。

第二十七条，凡所员不经通知私自售灰者，即将私售之灰价没收之。

第二十八条，调查员查知所员弊端而隐匿不报者，其罚金与舞弊者同，前列各项罚金均归本所公积金。

第七章　附则

第二十九条，本规程如有未尽事宜得由所员大会议决修正之。

第三十条，本规程经所员大会议决呈请主管官署备案后施行之。

中华民国三十一年五月二十一日

参考文献

一　档案史料

济南市档案馆藏：济南市商会各行业同业公会档案（全宗号：历临 76）。

济南市档案馆藏：济南市商会档案（全宗号：历临 77）。

全国工商联文史办公室编：《中华全国工商业联合会重要历史文献选编》，中华工商联合出版社 1993 年版。

中共济南市委统战部、济南市档案馆编：《济南市资本主义工商业的社会主义改造文献资料选编》，济南出版社 1993 年版。

彭泽益主编：《中国工商行会史料集》，中华书局 1995 年版。

二　地方志、资料汇编

济南金融志编纂委员会编：《济南金融志（1840—1985）》，1989 年。

济南市工商业联合会、济南总商会编印：《济南工商文史资料》（第 1 辑），1994 年。

济南市工商业联合会、济南总商会编印：《济南工商文史资料》（第 2 辑），1996 年。

济南市志编纂委员会编印：《济南市志资料》（第 1 辑），1981 年。

济南市志编纂委员会编印：《济南市志资料》（第 2 辑），1981 年。

济南市志编纂委员会编印：《济南市志资料》（第 3 辑），1982 年。

济南市志编纂委员会编印：《济南市志资料》（第 4 辑），1983 年。

济南市志编纂委员会编印：《济南市志资料》（第 5 辑），1984 年。

济南市志编纂委员会编印：《济南市志资料》（第 6 辑），1986 年。

济南市志编纂委员会编印：《济南市志资料》（第 7 辑），1987 年。

济南市总工会调研室编：《济南工运史料》（第 1 辑），1982 年。

济南市总工会调研室编：《济南工运史料》（第 2 辑），1983 年。

山东卷编审委员会员编：《中国资本主义工商业的社会主义改造》（山东卷），中共党史出版社 1992 年版。

山东省地方史志编纂委员会编：《山东省志·粮食志》，山东人民出版社 1994 年版。

山东省地方史志编纂委员会编：《山东省志·民政志》，山东人民出版社 1992 年版。

山东省地方史志编纂委员会编：《山东史志资料》（第 2 辑），山东人民出版社 1982 年版。

山东省地方史志编纂委员会编：《山东史志资料》（第 3 辑），山东人民出版社 1983 年版。

山东省政协文史资料委员会、济南市政协文史资料委员会、章丘县政协文史资料委员会编：《遐迩闻名的祥字号》，济南出版社 1991 年版。

山东省政协文史资料委员会、济南市政协文史资料委员会编：《济南老字号》，济南出版社 1990 年版。

山东省政协文史资料委员会编：《山东工商经济史料集萃》（第 1—3 辑），山东人民出版社 1989 年版。

山东省政协文史资料委员会编：《山东文史集粹》（社会卷），山东人民出版社 1993 年版。

山东省政协文史资料委员会编：《山东文史集粹》（文化卷），山东人民出版社 1993 年版。

山东省政协文史资料委员会编：《山东文史集粹》（政治卷），山东人民出版社 1993 年版。

山东省政协文史资料委员会编：《山东文史集粹》（工商经济卷），山东人民出版社 1993 年版。

中国民主建国会济南市委员会、济南市工商业联合会编印：《济南工商史料》（第1辑），1987年。

中国民主建国会济南市委员会、济南市工商业联合会编印：《济南工商史料》（第2辑），1988年。

中国民主建国会济南市委员会、济南市工商业联合会编印：《济南工商史料》（第3辑），1988年。

中国民主建国会济南市委员会、济南市工商业联合会编印：《济南工商史料》（第4辑），1992年。

中国人民政治协商会议山东省济南市委员会文史资料委员会编：《济南文史资料选辑》（第10辑），1992年。

中国人民政治协商会议山东省济南市委员会文史资料委员会编：《济南文史资料选辑》（第11辑），1995年。

中国人民政治协商会议山东省济南市委员会文史资料委员会编：《济南文史资料选辑》（第2辑），1982年。

中国人民政治协商会议山东省济南市委员会文史资料委员会编：《济南文史资料选辑》（第3辑），1983年。

中国人民政治协商会议山东省济南市委员会文史资料委员会编：《济南文史资料选辑》（第4辑），1984年。

中国人民政治协商会议山东省济南市委员会文史资料委员会编：《济南文史资料选辑》（第5辑），1984年。

中国人民政治协商会议山东省济南市委员会文史资料委员会编：《济南文史资料选辑》（第6辑），1985年。

中国人民政治协商会议山东省济南市委员会文史资料委员会编：《济南文史资料选辑》（第7辑），1986年。

中国人民政治协商会议山东省济南市委员会文史资料委员会编：《济南文史资料选辑》（第8辑），1987年。

中国人民政治协商会议山东省济南市委员会文史资料委员会编：《济南文史资料选辑》（第9辑），1991年。

中国人民政治协商会议山东省委员会文史资料委员会编：《山东文史资料选辑》（第 26 辑），山东人民出版社 1989 年版。

中国人民政治协商会议山东省委员会文史资料委员会编：《山东文史资料选辑》（第 27 辑），山东人民出版社 1989 年版。

中国银行济南分行行史办公室编著：《济南中国银行史》，1986 年。

三　学术著作

安作璋主编：《山东通史·近代卷》（下册），山东人民出版社 1994 年版。

党明德、林吉玲主编：《济南百年城市发展史——开埠以来的济南》，齐鲁书社 2004 年版。

党明德主编：《济南通史·近代卷》（下册），齐鲁书社 2008 年版。

济南市社会科学研究所编著：《济南简史》，齐鲁书社 1986 年版。

解维汉编选：《中国衙署会馆楹联精选》，陕西人民出版社 2006 年版。

刘华政：《近代中国手工业社会纠纷解决机制研究》，中国政法大学出版社 2022 年版。

吕伟俊：《韩复榘传》，山东人民出版社 1997 年版。

吕伟俊等：《山东现代区域化研究（1840—1949）》，齐鲁书社 2002 年版。

吕伟俊主编：《民国山东史》，山东人民出版社 1995 年版。

聂家华：《对外开放与城市社会变迁——以济南为例的研究（1904—1937）》，齐鲁书社 2007 年版。

彭南生：《行会制度的近代命运》，人民出版社 2003 年版。

唐力行：《商人与中国近世社会》，商务印书馆 2006 年版。

王迪：《街头文化：成都公共空间、下层民众与地方政治（1870—1930）》，商务印书馆 2013 年版。

王笛：《走进中国城市内部：从社会的最底层看历史》，清华大学出版社 2013 年版。

王俊秋：《中国慈善与救济》，中国社会科学出版社 2008 年版。

王守中、郭大松：《近代山东城市变迁史》，山东教育出版社 2001 年版。

王音:《济南城市近代化历程》,济南出版社 2006 年版。

徐畅:《鲁商撷英》,山东人民出版社 2010 年版。

学兰:《中国商人团体习惯法研究》,中国社会科学出版社 2010 年版。

杨天宏:《口岸开放与社会变革——近代中国自开商埠研究》,中华书局 2002 年版。

朱英:《近代中国商会、行会及商团新论》(增订本),华东师范大学出版社 2022 年版。

朱英:《近代中国商会、行会及商团新论》,中国人民大学出版社 2008 年版。

朱英:《辛亥革命时期新式商人社团研究》,中国人民大学出版社 1991 年版。

朱玉湘:《山东近代经济史述丛》,山东大学出版社 1990 年版。

庄维民:《近代山东市场经济的变迁》,中华书局 2000 年版。

庄维民编:《近代鲁商史料集》,山东人民出版社 2010 年版。

四 学术论文

马德坤:《近代工商业组织"自治"性刍议——以同业公会为例》,《学术界》2015 年第 8 期。

马德坤:《论民国同业公会的组织制度与运作机制——以济南为考察中心》,《兰州学刊》2014 年第 3 期。

马德坤:《民国济南工商业组织的经济职能及评价》,《云南民族大学学报》(哲学社会科学版) 2013 年第 3 期。

马德坤:《民国时期的济南同业公会》,《河北大学学报》(哲学社会科学版) 2013 年第 2 期。

马德坤:《民国时期政府对同业公会的监督与控制》,《贵州社会科学》2013 年第 10 期。

马敏、付海晏:《近 20 年来的中国商会史研究(1990—2009)》,《近代史研究》2010 年第 2 期。

彭南生：《近代中国行会到同业公会的制度变迁历程及其方式》，《华中师范大学学报》（人文社会科学版）2004年第3期。

魏文享：《回归行业与市场：近代工商同业公会研究的新进展》，《中国经济史研究》2013年第4期。

魏文享：《近代工商同业公会的慈善救济活动》，《江苏社会科学》2004年第5期。

魏文享：《近代工商同业公会研究之现状与展望》，《近代史研究》2003年第2期。

魏文享：《抗战胜利后的天津商人与政府摊派（1946—1949）》，《史学月刊》2020年第2期。

张忠民：《从同业公会"业规"看近代上海同业公会的功能、作用与地位——以20世纪30年代为中心》，《江汉论坛》2007年第3期。

朱英、向沁：《近代同业公会的经济与政治功能：近五年来国内相关研究综述》，《中国经济史研究》2016年第4期。

庄维民：《近代山东行栈资本的发展及其影响》，《近代史研究》2000年第5期。

后 记

党的二十届三中全会提出,继续坚持和完善中国特色社会主义制度、推进国家治理体系和治理能力现代化,是当前和今后工作的中心任务。作为国家治理体系和治理能力现代化的重要组成部分,深入开展中国式社会治理现代化的理论研究,持续推进中国式社会治理现代化实践显得至关重要。党的十八届三中全会通过了《中共中央关于全面深化改革若干重大问题的决定》,明确把"完善和发展中国特色社会主义制度,推进国家治理体系和治理能力现代化"作为全面深化改革的总目标。《中共中央关于全面深化改革 若干重大问题的决定》首次正式使用"社会治理"概念,提出"创新社会治理体制,改进社会治理方式,激发社会组织活力"。"社会治理"成为国家治理体系和治理能力现代化的重要内容,这是一个重大的理论创新,也是党领导国家治理方式的革命性变革,是从统治、管理向治理的历史性跨越,具有划时代意义。新时代新征程,社会组织如何参与到社会治理现代化中来?如何在中国式现代化建设进程中发挥重要作用?这些都需要立足国情,从理论与实践层面作出积极回应。

"以史为镜,可以知兴替。"当代社会组织存在的问题,在历史上也曾经存在过。审视近代以来济南同业公会的历史变迁和功能活动,对于目前推进中国社会组织治理现代化有比较重要的现实启示。基于以上思考,笔者完成本书《近代以来济南同业公会研究》。笔者认真查阅并梳理济南同业公会档案,从七个方面论述近代以来济南同业公会治理结构、运作机制、主要功能及与外部关系,试图勾勒出同业公会组织的历史变迁轨迹,尝试梳理近代社会组织参与国家治理的面貌。需要说明的是，本书中的一些内容先前以学术论文等方式发表过。

这本拙著凝聚着笔者的心血和诸多人的帮助。感谢博士生单文远，硕士研究生王建坤、武俊臣、董明峻、刘世元、李正、宋禹等对于书稿的校对；感谢山东师范大学马克思主义学部出版基金的资助；感谢济南市档案馆与高燕处长在查阅档案时提供的热情帮助和周到服务；感谢中国社会科学出版社杨晓芳编审为本书出版所付出的艰辛劳动。

近几年笔者一直致力于社会治理的研究工作，希望以社会治理的视角来审视近代济南同业公会的地位和作用，但由于能力水平有限，仍存在不足，希望能得到同行学者和广大读者的批评指正。

马德坤
2024年10月7日